KATECHISMUS DER NEUAPOSTOLISCHEN KIRCHE

IN FRAGEN UND ANTWORTEN

Gestaltung: Jennifer Lennermann artdirection | illustration, Essen
Druck und Weiterverarbeitung: Friedrich Pustet, Regensburg

Verlag Friedrich Bischoff GmbH, Frankfurt am Main
Bestellnr. 221 011
ISBN: 978-3-943980-29-5
1. Auflage 2015

Vision und Mission der Neuapostolischen Kirche

Die Vision

Eine Kirche, in der sich Menschen wohlfühlen und – vom Heiligen Geist und der Liebe zu Gott erfüllt – ihr Leben nach dem Evangelium Jesu Christi ausrichten und sich so auf sein Wiederkommen und das ewige Leben vorbereiten

Die Mission

Zu allen Menschen hingehen, um sie das Evangelium Jesu Christi zu lehren und mit Wasser und Heiligem Geist zu taufen

Seelsorge leisten und eine herzliche Gemeinschaft pflegen, in der jeder die Liebe Gottes und die Freude erlebt, ihm und anderen zu dienen

Vorwort

Im Jahr 2012 wurde der „Katechismus der Neuapostolischen Kirche“ (KNK) zeitgleich in den Sprachen Deutsch, Englisch, Französisch, Portugiesisch, Russisch und Spanisch herausgegeben. Zwischenzeitlich steht er in diesen Sprachen im Internet weltweit kostenlos zur Verfügung und ist in viele weitere Sprachen übersetzt worden.

Das vorliegende Werk „Katechismus der Neuapostolischen Kirche in Fragen und Antworten“ ist in methodisch-didaktischer Form aufbereitet worden und erleichtert so den Zugang zum Inhalt des KNK. Damit kann die Glaubenslehre weltweit auch in den kirchlichen Unterrichten in geeigneter Weise weitergegeben werden. Mittels der 750 Fragen und Antworten wird der Leser gleichsam an die Hand genommen und leicht verständlich von Aussage zu Aussage geführt.

Der Inhalt des „Katechismus der Neuapostolischen Kirche in Fragen und Antworten“ entspricht den Aussagen im KNK. Auch im Aufbau lehnt sich das Werk eng an den KNK an. Beide Bücher ergänzen sich und lassen eine parallele Nutzung zu.

Weil viele der aufgeführten Bibelzitate vollständig abgedruckt sind, ergibt sich ein Werk „aus einem Guss“. So hat der Leser, der keine Bibel zur Hand hat, zugleich wichtige Bibelstellen zu den einzelnen Lehrinhalten vor Augen. Außerdem sind Erläuterungen zu bestimmten Begriffen enthalten. Damit erschließen sich die Ausführungen auch dem Leser, der keine theologischen Vorkenntnisse hat.

Wie der KNK, ist auch diese Fassung des Katechismus ein Aufruf an alle neuapostolischen Christen, sich mit den Inhalten ihres Glaubens intensiv zu beschäftigen. Auch lädt sie alle Interessierten ein, die neuapostolische Glaubenslehre kennenzulernen.

Möge dieses Werk zum gesegneten Gebrauch dienen!

Jean-Luc Schneider

Zürich, im März 2014

Inhaltsverzeichnis

1 DIE OFFENBARUNGEN GOTTES

Heilige Schrift

Gott in der Natur

Inhalt des Glaubens

Gott in der Geschichte

Glaube

1

Wo ist der Ursprung des Glaubens an Gott?

Der Ursprung des Glaubens ist in Gott selbst. Er gibt sich den Menschen zu erkennen: Er „offenbart“ sich.

Das Wissen, dass Gott ist, hat also Gott selbst den Menschen geschenkt. Gott verbirgt sich nicht, sondern lässt sich von den Menschen erkennen, so dass die Menschen von Gott reden und an Gott glauben können.

„Was man von Gott erkennen kann, ist unter ihnen [den Menschen] offenbar; denn Gott hat es ihnen offenbart. Denn Gottes unsichtbares Wesen, das ist seine ewige Kraft und Gottheit, wird seit der Schöpfung der Welt ersehen aus seinen Werken, wenn man sie wahrnimmt ...“
Römer 1,19.20

2

Wie offenbart sich Gott?

Gott offenbart sich auf unterschiedliche Weise, in der Natur und in der Geschichte.

3

Wie zeigt sich Gott in der Natur?

Gott zeigt sich in der Natur als Schöpfer: in der Existenz des Universums, der Menschen, Tiere und Pflanzen.

„Du feuchtest die Berge von oben her, du machst das Land voll Früchte, die du schaffest. Du lässest Gras wachsen für das Vieh und Saat zu Nutz den Menschen, dass du Brot aus der Erde hervorbringst ...“
Psalm 104,13.14

4

Wie zeigt sich Gott in der Geschichte?

Gott zeigt sich in der Geschichte der Menschen. So führte er beispielsweise das Volk Israel aus der Gefangenschaft in Ägypten und gab ihm die Zehn Gebote. Die größte Offenbarung Gottes in der Geschichte war, dass Gott in Jesus Christus Mensch wurde und auf Erden wirkte. Er lebte vor 2.000 Jahren. In Jesus Christus offenbarte sich Gott als Erlöser.

→ ***Erlöser:*** *siehe Fragen 66, 108-109*

„Als aber die Zeit erfüllt war, sandte Gott seinen Sohn ..."
Galater 4,4

5

Als was gibt sich Gott zu erkennen?

Gott ist ein geistiges Wesen. Er gibt sich zu erkennen als Gott,

- der Vater, der Schöpfer und Erhalter der Schöpfung (vgl. 1. Mose 1; 1. Mose 8,21.22),
- der Sohn, der Erlöser und Heilsbringer (vgl. 1. Johannes 5,20),
- der Heilige Geist, der Tröster, der in alle Wahrheit leitet (vgl. Johannes 16,13).

6

Wo sind Offenbarungen Gottes festgehalten?

Offenbarungen Gottes sind in der Heiligen Schrift festgehalten.

Unter „**Offenbarungen Gottes**" verstehen wir mehreres:

- Gott lässt sich erkennen. Er gibt Aufschluss über sein Wesen („Selbstoffenbarung" Gottes).
- Gott teilt dem Menschen seinen Willen mit.
- Gott begegnet dem Menschen in seiner Liebe, vornehmlich in seinem Wort und in den Sakramenten.

7

Gibt Gott auch Offenbarungen über die Zukunft?

Ja, Gott gibt Offenbarungen über die Zukunft: Er hat verheißen, dass Jesus Christus wiederkommen wird (vgl. Johannes 14,3). Für diejenigen, die bei seiner Wiederkunft verwandelt und entrückt werden (vgl. 1. Thessalonicher 4,13-18), wird sich Gott in vollkommener Weise offenbaren – sie werden ihn dann sehen, wie er ist (vgl. 1. Johannes 3,1.2).

„Seht, welch eine Liebe hat uns der Vater erwiesen, dass wir Gottes Kinder heißen sollen – und wir sind es auch! Darum kennt uns die Welt nicht; denn sie kennt ihn nicht. Meine Lieben, wir sind schon Gottes Kinder; es ist aber noch nicht offenbar geworden, was wir sein werden. Wir wissen aber: wenn es offenbar wird, werden wir ihm gleich sein; denn wir werden ihn sehen, wie er ist."
1. Johannes 3,1.2

8

Gibt es weitere Erkenntnisse über göttliches Handeln?

Ja, durch das Wirken des Heiligen Geistes im Apostelamt werden Erkenntnisse und Einsichten über das Handeln Gottes zum Heil der Menschen geschenkt. In der Bibel sind diese angedeutet und werden durch den Heiligen Geist weiter enthüllt.

9

Wie soll sich der Mensch gegenüber Gottes Offenbarungen verhalten?

Der Mensch soll an Gott und seine Offenbarungen glauben. Nur durch den Glauben kann der Mensch die göttlichen Offenbarungen erfassen. Wenn er glaubt, wird Göttliches für ihn wertvoll und bestimmend für sein Leben.

Für jemand, der nicht an Gott als den Schöpfer glaubt, ist beispielsweise das Weltall kein Werk Gottes, in dem sich der Schöpfer zu erkennen gibt, sondern Ergebnis zufälliger Prozesse in der Natur.

10

Was verstehen wir unter Glauben als Antwort auf Gottes Offenbarungen?

Glaube ist unerlässlich, um in die Nähe Gottes zu kommen. Dabei ist Glaube nicht etwas, was der Mensch aus sich selbst vollbringt. Glaube ist eine Gnadenerweisung Gottes, also ein Geschenk. Nach diesem Geschenk soll der Mensch Verlangen haben und er soll es annehmen. Der Glaube führt dazu, dass der Mensch Gott erkennt, auf Gott vertraut und sein Leben nach dem Willen Gottes gestaltet.

→ ***Glaube:*** *siehe Fragen 239 ff.*

„Es ist aber der Glaube eine feste Zuversicht auf das, was man hofft, und ein Nichtzweifeln an dem, was man nicht sieht."
Hebräer 11,1

„Aber ohne Glauben ist's unmöglich, Gott zu gefallen; denn wer zu Gott kommen will, der muss glauben, dass er ist und dass er denen, die ihn suchen, ihren Lohn gibt."
Hebräer 11,6

11

Wie gelangt der Mensch zum Glauben?

Der Glaube wird durch den Heiligen Geist geschenkt und gestärkt. Dies geschieht unter anderem durch die Predigt des Evangeliums auf der Grundlage der Heiligen Schrift.

„So kommt der Glaube aus der Predigt, das Predigen aber durch das Wort Christi."
Römer 10,17

12

Was ist die Heilige Schrift?

Die Heilige Schrift – die Bibel – ist die Sammlung der Schriften von Gottes Handeln, Verheißungen und Geboten. Sie besteht aus dem Alten Testament und dem Neuen Testament. Die Heilige Schrift gibt Zeugnis von Gottes Offenbarungen, sie ist jedoch kein vollständiger und lückenloser Bericht aller Taten Gottes. Gott hat dafür gesorgt, dass erhalten blieb, was für das Heil der Menschen wichtig ist.

„**Bibel**" ist vom lateinischen Wort „biblia" abgeleitet und bedeutet „Bücher, Buchrollen".

13

Wer ist Urheber der Heiligen Schrift?

Urheber der Heiligen Schrift ist Gott. Menschen, die der Heilige Geist dazu anregte (inspirierte), haben aufgeschrieben, was Gott offenbarte. Hinsichtlich Form und Ausdrucksweise sind die biblischen Bücher geprägt von den jeweiligen Verfassern und deren Vorstellungswelt sowie den Erfahrungen in ihrer Zeit.

„**Inspiration**" heißt übersetzt: „Eingebung, Einhauchung". Göttliche Inspiration bedeutet, dass der Heilige Geist einen Menschen zu etwas anregt bzw. ihm etwas vermittelt.

14

Sind die Texte der biblischen Bücher zuverlässig überliefert worden?

Ja, Gott hat dafür gesorgt, dass die Texte der biblischen Bücher über die Jahrhunderte hinweg unverfälscht erhalten geblieben sind.

15

Wie kam die Sammlung der biblischen Bücher zustande?

Die Sammlung der biblischen Schriften geschah im Lauf von Jahrhunderten. Sie verdankt ihr Zustandekommen nicht nur menschlichen Überlegungen, sondern vor allem dem göttlichen Willen.

Der christliche Kanon des Alten Testaments gründet auf dem hebräischen Kanon des Judentums, dessen Schriften in einem Zeitraum von vermutlich 1.000 Jahren entstanden.

Der Kanon des Neuen Testaments besteht aus den Evangelien, der Apostelgeschichte, Briefen und einem prophetischen Buch, der Offenbarung des Johannes. In der Urkirche hatten zunächst die Briefe des Apostels Paulus großes Ansehen. Später kamen die Evangelien – von denen das Evangelium nach Markus das älteste ist – und die anderen Schriften hinzu. Die Schriften des Neuen Testaments entstanden innerhalb von etwa 70 Jahren.

Um diese ursprünglichen Zeugnisse des christlichen Glaubens zu bewahren und weiterzugeben, wurden sie zu einer Sammlung zusammengestellt, die schließlich auf verschiedenen Synoden als „Kanon" bestätigt wurde.

„**Kanon**" wird die Sammlung der Schriften genannt, die für die Lehre einer Religion maßgeblich sind. Für den christlichen Glauben sind dies die Schriften des Alten und Neuen Testaments.

Der Begriff „**Synode**" ist vom Griechischen „synodos" abgeleitet und bedeutet „Zusammenkunft". Unter einer Synode ist die Zusammenkunft eines kirchlichen Gremiums zu verstehen, das die Vollmacht hat, verbindliche Beschlüsse zu fassen.

16

Welchen Aufbau und Inhalt hat die Heilige Schrift?

Die Heilige Schrift ist in zwei Hauptteile gegliedert: in das Alte Testament, das die Zeit vor Christi Geburt betrifft, und in das Neue Testament, das mit der Zeit von Christi Geburt beginnt.

17

Was enthält das Alte Testament?

Das Alte Testament enthält bildhafte Berichte über die Schöpfung und die ersten Menschen sowie Texte zu Ursprung und Geschichte des Volkes Israel. Ferner finden sich im Alten Testament Lobpreisungen Gottes, Mahnungen und Verheißungen an den Menschen.

18

Was enthält das Neue Testament?

Das Neue Testament berichtet in den vier Evangelien und der Apostelgeschichte von Jesus Christus, seinen Aposteln und den ersten christlichen Gemeinden. Es enthält ferner Briefe der Apostel, die an Gemeinden und an einzelne Personen geschrieben wurden. Die Offenbarung des Johannes, das prophetische Buch des Neuen Testaments, handelt von der Wiederkunft Jesu Christi und weiteren zukünftigen Ereignissen.

19

Welche Einteilung, Anzahl und Reihenfolge haben die alttestamentlichen Bücher?

Das Alte Testament besteht aus 17 Geschichtsbüchern, fünf Lehrbüchern und 17 prophetischen Büchern.

Die 17 Geschichtsbücher sind:
- Die fünf Bücher Mose (Genesis, Exodus, Leviticus, Numeri, Deuteronomium)
- Das Buch Josua
- Das Buch der Richter
- Das Buch Rut
- Die zwei Bücher Samuel
- Die zwei Bücher der Könige
- Die zwei Bücher der Chronik
- Das Buch Esra
- Das Buch Nehemia
- Das Buch Ester

Die fünf Lehrbücher sind:
- Das Buch Hiob
- Der Psalter
- Die Sprüche Salomos
- Der Prediger Salomo
- Das Hohelied Salomos

Die 17 prophetischen Bücher sind:
- Jesaja
- Jeremia
- Klagelieder Jeremias
- Hesekiel
- Daniel
- Hosea
- Joel
- Amos
- Obadja
- Jona
- Micha

- Nahum
- Habakuk
- Zefanja
- Haggai
- Sacharja
- Maleachi

20

Welche biblischen Bücher zählt man zu den Apokryphen?

Die 14 apokryphen Bücher sind:

- Das Buch Judit
- Die Weisheit Salomos
- Das Buch Tobias
- Das Buch Jesus Sirach
- Das Buch Baruch
- Die zwei Bücher der Makkabäer
- Stücke zum Buch Ester
- Stücke zum Buch Daniel
  - Die Geschichte von Susanna und Daniel
  - Vom Bel zu Babel
  - Vom Drachen zu Babel
  - Das Gebet Asarjas
  - Der Gesang der drei Männer im Feuerofen
- Das Gebet Manasses

Der Begriff „**Apokryphen**" ist vom griechischen Wort „apokryphos" abgeleitet, was „verborgen, dunkel" bedeutet. Apokryphen („verborgene Schriften") sind biblische Bücher, die nicht in allen Bibelausgaben enthalten sind. Sie stellen ein Bindeglied zwischen Altem und Neuem Testament dar und enthalten Glaubensaussagen, die für das Verständnis des Neuen Testaments wichtig sind.

21

Wie werden die Apokryphen in der Neuapostolischen Kirche gewertet?

In der Neuapostolischen Kirche werden die Apokryphen gleich gewertet wie die anderen alttestamentlichen Schriften.

22

Welche Einteilung, Anzahl und Reihenfolge haben die neutestamentlichen Bücher?

Das Neue Testament besteht aus fünf Geschichtsbüchern, 21 Lehrbüchern und einem prophetischen Buch.

Die fünf Geschichtsbücher sind:

- Das Evangelium nach Matthäus
- Das Evangelium nach Markus
- Das Evangelium nach Lukas
- Das Evangelium nach Johannes
- Die Apostelgeschichte des Lukas

Die 21 Lehrbücher sind:

- Der Brief des Paulus an die Römer
- Die zwei Briefe des Paulus an die Korinther
- Der Brief des Paulus an die Galater
- Der Brief des Paulus an die Epheser
- Der Brief des Paulus an die Philipper
- Der Brief des Paulus an die Kolosser
- Die zwei Briefe des Paulus an die Thessalonicher
- Die zwei Briefe des Paulus an Timotheus
- Der Brief des Paulus an Titus
- Der Brief des Paulus an Philemon
- Die zwei Briefe des Petrus
- Die drei Briefe des Johannes

- Der Brief an die Hebräer
- Der Brief des Jakobus
- Der Brief des Judas

Das prophetische Buch ist:
- Die Offenbarung des Johannes (Apokalypse)

23

Welche Bedeutung hat die Heilige Schrift für die Neuapostolische Kirche?

Die Heilige Schrift ist die Grundlage für die Lehre der Neuapostolischen Kirche. Verse aus der Heiligen Schrift sind auch Ausgangspunkt für die Predigt in den Gottesdiensten.

24

Wer ist berufen, die Heilige Schrift auszulegen?

Das rechte Verständnis der Heiligen Schrift erschließt sich in ganzer Tiefe nur durch das Wirken des Heiligen Geistes. Es gehört zum Auftrag der Apostel Jesu, die Heilige Schrift für Lehre und Glaubenspraxis auszulegen.

„Dafür halte uns jedermann: für Diener Christi und Haushalter über Gottes Geheimnisse."
1. Korinther 4,1

25

Was versteht man unter dem Ausdruck: „Jesus Christus ist die Mitte der Schrift"?

Im Mittelpunkt der Heiligen Schrift steht Jesus Christus. Dies wird mit den Worten ausgedrückt: „Jesus Christus ist die Mitte der Schrift." Daher muss auch das Alte Testament von ihm ausgehend ausgelegt werden. Im Alten Testament wird die Ankunft des Messias vorausgesagt und vorbereitet. Das Neue Testament berichtet von Jesu Wirken in Gegenwart und Zukunft.

→ ***Messias:*** *siehe Frage 112*

26

Welche Bedeutung hat die Heilige Schrift für den Glaubenden?

Die Heilige Schrift hat im Leben des Glaubenden eine hohe Bedeutung: Sie tröstet und erbaut, gibt Wegweisung und Mahnung und fördert die Erkenntnis und den Glauben.

27

Was trägt dazu bei, dass durch die Beschäftigung mit der Bibel der Glaube gestärkt wird?

Gottesfurcht und ernsthaftes Gebet um das rechte Verständnis der Heiligen Schrift sind Grundlagen für die glaubensstärkende Beschäftigung mit der Bibel.

28

Was ist Grundlage und Inhalt des christlichen Glaubens?

Christen glauben an den einen Gott – Vater, Sohn und Heiliger Geist. Der Glaube an den dreieinigen Gott ist durch Jesus Christus den Menschen zugänglich geworden.

Der Sohn, Jesus Christus, sprach von seinem himmlischen Vater, an den die Menschen glauben sollen. Mehrfach bezeugte Gott, der Vater, dass Jesus Christus sein Sohn ist (vgl. Lukas 3,22; 9,35).

Schließlich verhieß Jesus Christus, dass der Heilige Geist als Tröster und Beistand kommen werde.

> „Taufet sie auf den Namen des Vaters und des Sohnes und des Heiligen Geistes ..."
> **Matthäus 28,19**
>
> „Aber der Tröster, der Heilige Geist, den mein Vater senden wird in meinem Namen, der wird euch alles lehren und euch an alles erinnern, was ich euch gesagt habe."
> **Johannes 14,26**

→ ***Zu den Grundlagen des christlichen Glaubens:*** *siehe auch Fragen 34 und 35*

2

DAS GLAUBENSBEKENNTNIS

Vater, Sohn, Heiliger Geist

neuapostolisches Glaubensbekenntnis

Apostolikum

Konfession

29

Was ist ein Glaubensbekenntnis?

Ein Glaubensbekenntnis ist eine Zusammenfassung der wesentlichen Inhalte einer Glaubenslehre. Im Glaubensbekenntnis steht, wozu sich die Mitglieder einer Glaubensgemeinschaft bekennen.

Durch ihr Glaubensbekenntnis unterscheidet sich eine Glaubensgemeinschaft zugleich von einer anderen.

30

Gibt es biblische Glaubensbekenntnisse?

Ja, schon im Alten Testament finden sich Texte, die die gemeinsame Glaubensüberzeugung zum Ausdruck bringen. In einem solchen Glaubensbekenntnis heißt es: „… der Herr ist unser Gott, der Herr allein" (5. Mose 6,4). Dieses Bekenntnis mit dem Titel „Höre Israel" legten die Israeliten gemeinsam ab. Sie bekundeten damit ihren Glauben an den einen Gott in einer Zeit, als die Völker um sie herum viele unterschiedliche Götter verehrten.

Im Neuen Testament finden sich Texte, die in Formeln ausdrücken, dass Gott das Heil in Jesus Christus schenkt.

Beispiele für neutestamentliche Glaubensbekenntnisse sind:
- „Jesus ist der Herr" (Römer 10,9);
- „Maranata" (1. Korinther 16,22) = „Unser Herr kommt!"
- „Der Herr ist wahrhaftig auferstanden" (Lukas 24,34)

„Denn wenn du mit deinem Munde bekennst, dass Jesus der Herr ist, und in deinem Herzen glaubst, dass ihn Gott von den Toten auferweckt hat, so wirst du gerettet. Denn wenn man von Herzen glaubt, so wird man gerecht; und wenn man mit dem Munde bekennt, so wird man gerettet."
Römer 10,9.10

31

Wie entstanden die ersten christlichen Glaubensbekenntnisse?

Die ersten christlichen Glaubensbekenntnisse werden „altkirchliche Glaubensbekenntnisse" genannt. Sie entstanden zwischen dem zweiten und vierten Jahrhundert nach Christus. In dieser Zeit wurden die Lehre von der Dreieinigkeit Gottes und die Lehre vom Wesen Jesu Christi, also von seiner Natur, ausformuliert.

Dies war nötig geworden, weil es Streit über Glaubensinhalte gegeben hatte. Zum Beispiel gab es die Meinung, dass Jesus Christus nicht wirklich am Kreuz gestorben und dass er nicht wirklich auferstanden sei. Durch die Glaubensbekenntnisse grenzte man sich von diesen Irrlehren ab.

32

Welche Aussagen wurden Inhalt der christlichen Glaubensbekenntnisse?

Entscheidend dafür, ob eine Aussage vom Wesen und Wirken Gottes in die Glaubensbekenntnisse aufgenommen wurde, war ihre Übereinstimmung mit der Lehre Christi und seiner Apostel.

33

Welches sind die wichtigsten altkirchlichen Glaubensbekenntnisse?

Die beiden wichtigsten altkirchlichen Glaubensbekenntnisse sind das Apostolische Glaubensbekenntnis („Apostolikum") und das Glaubensbekenntnis von Nizäa-Konstantinopel.

Das Apostolikum wurde in seinen Grundzügen im zweiten Jahrhundert zusammengestellt und im vierten Jahrhundert leicht ergänzt. Das Glaubensbekenntnis von Nizäa-Konstantinopel ist das Ergebnis der Konzile in Nizäa (im Jahr 325 n. Chr.) und in Konstantinopel (im Jahr 381 n. Chr.). In diesem Glaubensbekenntnis wird vor allem das Bekenntnis zur Dreieinigkeit Gottes festgeschrieben.

Ein **Konzil** ist eine Versammlung hoher geistlicher Würdenträger, die zur Beratung wichtiger Fragen des Glaubens zusammenkommen.

34

Wie lautet das Apostolikum?

„Ich glaube an Gott, den Vater, den Allmächtigen, den Schöpfer des Himmels und der Erde, und an Jesus Christus, seinen eingeborenen Sohn, unsern Herrn, empfangen durch den Heiligen Geist, geboren von der Jungfrau Maria, gelitten unter Pontius Pilatus, gekreuzigt, gestorben und begraben, hinabgestiegen in das Reich des Todes, am dritten Tage auferstanden von den Toten, aufgefahren in den Himmel; er sitzt zur Rechten Gottes, des allmächtigen Vaters; von dort wird er kommen, zu richten die Lebenden und die Toten. Ich glaube an den Heiligen Geist, die heilige allgemeine [katholische] Kirche, Gemeinschaft der Heiligen, Vergebung der Sünden, Auferstehung der Toten und das ewige Leben. Amen."

Der Begriff „**katholisch**" ist vom griechischen Wort „katholikós" abgeleitet und bedeutet „allumfassend“, „allgemein“. In den beiden altkirchlichen Glaubensbekenntnissen ist mit dem Begriff „katholisch“ nicht eine Kirche als Institution, sondern die Kirche Christi in ihrer Allumfassenheit gemeint.

35

Wie lautet das Glaubensbekenntnis von Nizäa-Konstantinopel?

„Wir glauben an den einen Gott, den Vater, den Allmächtigen, der alles geschaffen hat, Himmel und Erde, die sichtbare und die unsichtbare Welt. Und an den einen Herrn Jesus Christus, Gottes eingeborenen Sohn, aus dem Vater geboren vor aller Zeit: Gott von Gott, Licht vom Licht, wahrer Gott vom wahren Gott, gezeugt, nicht geschaffen, eines Wesens mit dem Vater; durch ihn ist alles geschaffen. Für uns Menschen und zu unserm Heil ist er vom Himmel gekommen, hat Fleisch angenommen durch den Heiligen Geist von der Jungfrau Maria und ist Mensch geworden. Er wurde für uns gekreuzigt unter Pontius Pilatus, hat gelitten und ist begraben worden, ist am dritten Tage auferstanden nach der Schrift und aufgefahren in den Himmel. Er sitzt zur Rechten des Vaters und wird wiederkommen in Herrlichkeit, zu richten die Lebenden und die Toten; seiner Herrschaft wird kein Ende sein. Wir glauben an den Heiligen Geist, der Herr ist und lebendig macht, der aus dem Vater und dem Sohn hervorgeht, der mit dem Vater und dem Sohn angebetet und verherrlicht wird, der gesprochen hat durch die Propheten, und die eine, heilige, allgemeine [katholische] und apostolische Kirche. Wir bekennen die eine Taufe zur Vergebung der Sünden. Wir erwarten die Auferstehung der Toten und das Leben der kommenden Welt. Amen.“

36

Welche Bedeutung haben die altkirchlichen Bekenntnisse für die Neuapostolische Kirche?

Die Lehre der Neuapostolischen Kirche beruht auf der Heiligen Schrift. Die altkirchlichen Glaubensbekenntnisse fassen wesentliche Inhalte zusammen, die in der Heiligen Schrift bezeugt werden.

Die Neuapostolische Kirche bekennt sich zu dem in den beiden altkirchlichen Bekenntnissen formulierten Glauben an den dreieinigen Gott, an Jesus Christus als wahren Gott und wahren Menschen, an Jesu Geburt durch die Jungfrau Maria, an die Sendung des Heiligen Geistes, an die Kirche, die Sakramente, die Erwartung der Wiederkunft Christi und die Auferstehung der Toten.

Trotz der Unterschiede zwischen den einzelnen Konfessionen stellen diese Bekenntnisse ein Element dar, das die Christen miteinander verbindet.

„**Konfession**“ (wörtlich: „Bekenntnis“) bedeutet „Glaubensbekenntnis, Kirchenzugehörigkeit“. Auch werden mit „Konfessionen“ die unterschiedlichen christlichen Glaubensgemeinschaften bezeichnet.

37

Wie lautet das neuapostolische Glaubensbekenntnis?

„Ich glaube an Gott, den Vater, den Allmächtigen, den Schöpfer des Himmels und der Erde.

Ich glaube an Jesus Christus, Gottes eingeborenen Sohn, unsern Herrn, der empfangen ist durch den Heiligen Geist, geboren von der Jungfrau Maria, gelitten unter Pontius Pilatus, gekreuzigt, gestorben, begraben, eingegangen in das Reich des Todes, am dritten Tag auferstanden von den Toten, aufgefahren in den Himmel; er sitzt zur Rechten Gottes, des allmächtigen Vaters, von dort wird er wiederkommen.

Ich glaube an den Heiligen Geist, die eine, heilige, allgemeine und apostolische Kirche, die Gemeinschaft der Heiligen, Vergebung der Sünden, Auferstehung der Toten und das ewige Leben.

Ich glaube, dass der Herr Jesus seine Kirche regiert und dazu seine Apostel gesandt hat und noch sendet bis zu seinem Wiederkommen mit dem Auftrag, zu lehren, in seinem Namen Sünden zu vergeben und mit Wasser und Heiligem Geist zu taufen.

Ich glaube, dass die von Gott für ein Amt Ausersehenen nur von Aposteln eingesetzt werden und dass aus dem Apostelamt Vollmacht, Segnung und Heiligung zu ihrem Dienst hervorgehen.

Ich glaube, dass die Heilige Taufe mit Wasser der erste Schritt zur Erneuerung des Menschen im Heiligen Geist ist und dass dadurch der Täufling aufgenommen wird in die Gemeinschaft derer, die an Jesus Christus glauben und ihn als ihren Herrn bekennen.

Ich glaube, dass das Heilige Abendmahl zum Gedächtnis an das einmal gebrachte, vollgültige Opfer, an das bittere Leiden und Sterben Christi, vom Herrn selbst eingesetzt ist. Der würdige Genuss des Heiligen Abendmahls verbürgt uns die Lebensgemeinschaft mit Christus Jesus, unserm Herrn. Es wird mit ungesäuertem Brot und Wein gefeiert; beides muss von einem vom Apostel bevollmächtigten Amtsträger ausgesondert und gespendet werden.

Ich glaube, dass die mit Wasser Getauften durch einen Apostel die Gabe des Heiligen Geistes empfangen müssen, um die Gotteskindschaft und die Voraussetzungen zur Erstlingsschaft zu erlangen.

Ich glaube, dass der Herr Jesus so gewiss wiederkommen wird, wie er gen Himmel gefahren ist, und die Erstlinge aus den Toten und Lebenden, die auf sein Kommen hofften und zubereitet wurden, zu sich nimmt; dass er nach der Hochzeit im Himmel mit diesen auf die Erde zurückkommt, sein Friedensreich aufrichtet und sie mit ihm als königliche Priesterschaft regieren. Nach Abschluss des Friedensreiches wird er das Endgericht halten. Dann wird Gott einen neuen Himmel und eine neue Erde schaffen und bei seinem Volk wohnen.

Ich glaube, dass ich der weltlichen Obrigkeit zum Gehorsam verpflichtet bin, soweit nicht göttliche Gesetze dem entgegenstehen.“

38

Wie ist das neuapostolische Glaubensbekenntnis entstanden?

Das neuapostolische Glaubensbekenntnis ist Ergebnis der Auslegung der Heiligen Schrift und der altkirchlichen Bekenntnisse durch die Apostel.

Es ist inhaltlich und sprachlich in seiner heutigen Form entsprechend der Entwicklung der Glaubenslehre und der Vertiefung der Erkenntnis entstanden.

Beim Verfassen war man sich bewusst: Gottes Liebe, Gnade und Allmacht können nicht erschöpfend beschrieben werden. Sie sind immer noch größer als das, was Menschen von ihnen sagen können. Das Glaubensbekenntnis zieht somit keine Grenze, die anderen Christen eine Teilhabe am Heil abspricht.

→ ***Heil:*** *siehe Fragen 243 ff.*

39

Welche Bedeutung hat das neuapostolische Glaubensbekenntnis?

Das neuapostolische Glaubensbekenntnis bringt in zehn Artikeln die Glaubenslehre der Neuapostolischen Kirche verbindlich zum Ausdruck. Es hat auch die Aufgabe, die Glaubenshaltung neuapostolischer Christen zu prägen.

Zudem dient das Glaubensbekenntnis dazu, andere Menschen mit wesentlichen Inhalten des neuapostolischen Glaubens bekanntzumachen.

40

Wie ist das neuapostolische Glaubensbekenntnis aufgebaut?

Die ersten drei Glaubensartikel entsprechen weitgehend dem Apostolikum; sie handeln vom dreieinigen Gott. Die darauffolgenden Artikel 4 und 5 beschreiben die Tätigkeit der Apostel, Artikel 5 darüber hinaus die Tätigkeit der weiteren Amtsträger. Artikel 6, 7 und 8 erläutern die drei Sakramente. Artikel 9 hat die Zukunftshoffnung zum Inhalt (Eschatologie). Artikel 10 hat das Verhältnis zur staatlichen Obrigkeit zum Thema.

Der Begriff „**Eschatologie**" steht für die „Lehre von den letzten Dingen". Dies kann sowohl auf die Zukunft des einzelnen Menschen („individuelle Eschatologie") als auch auf die Vollendung der Heilsgeschichte („universelle Eschatologie") bezogen werden.

41

Wovon handelt der erste Glaubensartikel?

Der erste Glaubensartikel handelt vom Schöpfersein Gottes, des Vaters.

→ ***Gott, der Vater:***
siehe Fragen 37 und 67 ff.

42

Wovon handelt der zweite Glaubensartikel?

Der zweite Glaubensartikel spricht von Jesus Christus, dem Grund und Inhalt christlichen Glaubens.

→ ***Jesus Christus:***
siehe Fragen 37 und 93 ff.

43

Wovon handelt der dritte Glaubensartikel?

Der dritte Glaubensartikel bekennt den Glauben an den Heiligen Geist, also die dritte Person der Gottheit, sowie den Glauben an die Kirche, die Gemeinschaft der Heiligen und an weiteres Heil.

→ ***Heiliger Geist:***
siehe Fragen 37 und 197 ff.

Zur „**Gemeinschaft der Heiligen**" zählen im engeren Sinn alle Glaubenden, die wiedergeboren sind aus Wasser und Geist, sich durch die Apostel Jesu Christi auf den Tag des Herrn vorbereiten ließen und von ihm als seine Braut angenommen wurden. Wer zu dieser Gemeinschaft gehört, wird also erst bei der Wiederkunft Christi offenbar.

Im weiteren Sinn gehören zur „Gemeinschaft der Heiligen" alle, die zur Kirche Christi zählen. Es sind also damit all jene gemeint, die schon heute Heil aus Jesus Christus empfangen.

In Vollkommenheit wird sich die „Gemeinschaft der Heiligen" in der neuen Schöpfung zeigen.

44

Wovon handelt der vierte Glaubensartikel?

Der vierte Glaubensartikel spricht davon, dass Jesus Christus seine Kirche regiert und dass Ausdruck dieser Regentschaft die Sendung der Apostel ist.

→ ***Apostel:*** *siehe Fragen 37 und 421, 453 ff.*

45

Wovon handelt der fünfte Glaubensartikel?

Im fünften Glaubensartikel geht es um das geistliche Amt.

→ ***Amt:*** *siehe Fragen 37 und 411 ff.*

46

Wovon handelt der sechste Glaubensartikel?

Der sechste Glaubensartikel gilt der Heiligen Wassertaufe.

→ ***Wassertaufe:*** *siehe Fragen 37 und 481 ff.*

47

Wovon handelt der siebte Glaubensartikel?

Der siebte Glaubensartikel handelt vom Heiligen Abendmahl.

→ ***Heiliges Abendmahl:*** *siehe Fragen 37 und 494 ff.*

48

Wovon handelt der achte Glaubensartikel?

Der achte Glaubensartikel thematisiert die Heilige Versiegelung.

→ ***Heilige Versiegelung:*** *siehe Fragen 37 und 515 ff.*

49

Wovon handelt der neunte Glaubensartikel?

Der neunte Glaubensartikel spricht von der Wiederkunft Christi und den darauffolgenden Ereignissen.

→ ***Lehre von den zukünftigen Dingen, Wiederkunft Christi:*** *siehe Fragen 37 und 549 ff.*

50

Wovon handelt der zehnte Glaubensartikel?

Der zehnte Glaubensartikel hat das Verhältnis von Christ und Staat zum Inhalt.

→ ***Neuapostolische Kirche als Teil der Gesellschaft:*** *siehe Fragen 37 und 745 ff.*

3

DER DREIEINIGE GOTT

Evangelium

sichtbare und unsichtbare Schöpfung

Mensch, Ebenbild Gottes

Gott, der Eine

Opfertod Jesu Christi

die Liebe

Gott, der Vater

Gott, der Sohn

Gott, der Heilige Geist

Auferstehung

51

Wer ist der dreieinige Gott?

Gott ist ein geistiges, vollkommenes, völlig unabhängiges Wesen. Er ist ewig, er ist ohne Anfang und Ende. Der eine Gott ist der Vater, der Sohn und der Heilige Geist.

Wenn von „dem Vater, dem Sohn und dem Heiligen Geist" gesprochen wird, dann sind damit nicht drei Götter gemeint, sondern drei Personen, die der eine Gott sind.

→ *Trinität Gottes:*
siehe Fragen 61 ff., 198

52

Welche Wesensmerkmale Gottes kennen wir?

Menschen können Gott nicht umfassend beschreiben. Wir kennen aber Wesensmerkmale Gottes: Er ist der Eine (Einzige), der Heilige, der Allmächtige, der Ewige, der Liebende, der Gnädige, der Gerechte, der Vollkommene.

53

Was bedeutet: „Gott ist der Eine"?

Es gibt nur einen Gott. Der Glaube an den einen Gott ist grundlegendes Bekenntnis des Alten und Neuen Testaments und somit auch grundlegend für den christlichen Glauben.

Die Lehre, dass es nur einen einzigen Gott gibt, bezeichnet man als **„Monotheismus"**. Monotheistische Religionen sind z.B. das Christentum, das Judentum, der Islam.

„So spricht der Herr, der König Israels, und sein Erlöser, der Herr Zebaoth: Ich bin der Erste und ich bin der Letzte, und außer mir ist kein Gott."
Jesaja 44,6

„Höre, Israel, der Herr, unser Gott, ist der Herr allein ..."
Markus 12,29

54

Was bedeutet: „Gott ist der Heilige"?

Heiligkeit gehört zum Wesen Gottes, zu seinem Sein und Wirken. Heiligkeit umfasst Majestät, Unantastbarkeit, Abgeschieden-Sein vom Alltäglichen. Auch Gottes Wort und Wille sind heilig.

Die Heiligkeit Gottes heiligt den Ort, an dem er sich offenbart.

„Heilig, heilig, heilig ist der Herr Zebaoth, alle Lande sind seiner Ehre voll!"
Jesaja 6,3

55

Was bedeutet: „Gott ist der Allmächtige"?

Gott kann alles, für ihn ist nichts unmöglich. Gottes Willen und Wirken kann niemand einschränken.

Deutlich zeigt sich in der Schöpfung, dass Gott allmächtig ist. Allein durch sein Wort ist alles geschaffen. Alles was ist, was wir Menschen sehen und auch nicht sehen können, hat er aus Nichts geschaffen. Aus seiner Allmacht wird er auch die neue Schöpfung entstehen lassen.

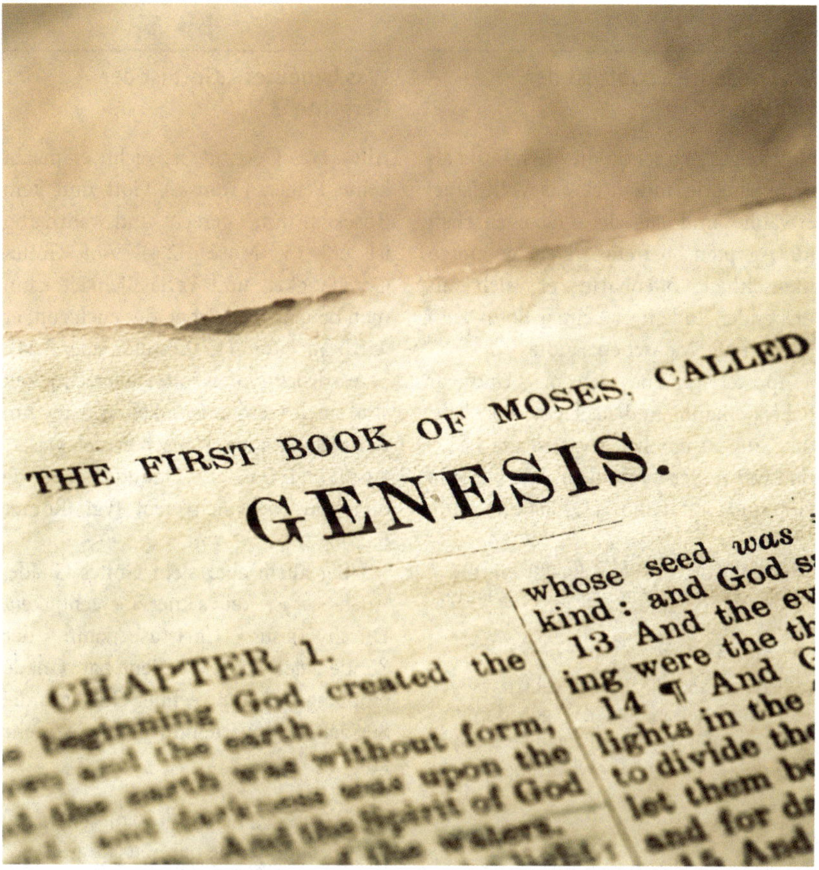

Zur Allmacht Gottes gehören auch seine Allwissenheit und Allgegenwart.
→ ***neue Schöpfung:*** *siehe Frage 581*

„Er aber sprach: Was bei den Menschen unmöglich ist, das ist bei Gott möglich."
Lukas 18, 27

„Durch den Glauben erkennen wir, dass die Welt durch Gottes Wort geschaffen ist, sodass alles, was man sieht, aus nichts geworden ist."
Hebräer 11,3

56

Was bedeutet: „Gott ist der Ewige"?

Gott ist ohne Anfang und ohne Ende. Zeitliche Begrenzungen gibt es für ihn nicht. Gott ist Schöpfer der Zeit und Herr über sie.

„Ehe denn die Berge wurden und die Erde und die Welt geschaffen wurden, bist du, Gott, von Ewigkeit zu Ewigkeit."
Psalm 90,2

57

Was bedeutet: „Gott ist der Liebende"?

Gott zeigte sich schon im Alten Bund als der Liebende, indem er das Volk Israel erwählte und aus der Gefangenschaft in Ägypten befreite. Der gesamten Menschheit offenbarte er sich als Liebender, indem er seinen Sohn zum Heil für alle Menschen sandte.

Apostel Johannes schrieb: „Und wir haben erkannt und geglaubt die Liebe, die Gott zu uns hat. Gott ist die Liebe; und wer in der Liebe bleibt, der bleibt in Gott und Gott in ihm" (1. Johannes 4,16).

„Ich habe dich je und je geliebt, darum habe ich dich zu mir gezogen aus lauter Güte."
Jeremia 31,3

„Also hat Gott die Welt geliebt, dass er seinen eingeborenen Sohn gab, damit alle, die an ihn glauben, nicht verloren werden, sondern das ewige Leben haben."
Johannes 3,16

58

Was bedeutet: „Gott ist der Gnädige"?

Gott wendet sich dem Menschen in Barmherzigkeit, Gnade, Geduld und Güte zu (vgl. Psalm 103,8). Dass Gott gnädig ist, zeigt sich vor allem daran, dass er sich des in Sünde verstrickten Menschen annimmt und Sünde vergibt. Hierzu gehört, dass Gott in Jesus Christus Mensch wurde.

Niemand kann sich Gottes Gnade verdienen, sie ist Geschenk.

59

Was bedeutet: „Gott ist der Gerechte"?

Alles, was Gott tut, ist recht; er macht keine Fehler. „Treu ist Gott und kein Böses an ihm, gerecht und wahrhaftig ist er" (5. Mose 32,4). Auf Gottes Gerechtigkeit und Verlässlichkeit kann man bauen: „Treu ist er, der euch ruft; er wird's auch tun" (1. Thessalonicher 5,24).

Ausdruck von Gottes Gerechtigkeit sind auch Gesetzmäßigkeiten, wie zum Beispiel, dass der Mensch erntet, was er aussät (vgl. Galater 6,7), und dass Sünde den Tod nach sich zieht (vgl. Römer 6,23).

Über allem aber steht Gottes Gnade. Auch sie ist Teil seiner Gerechtigkeit. Durch Jesus Christus kann der Sünder, der Strafe verdient hat, Gnade empfangen: Dann rechnet Gott ihm die Sünden und Verfehlungen nicht mehr an.

„Dein Wort ist nichts als Wahrheit, alle Ordnungen deiner Gerechtigkeit währen ewiglich."
Psalm 119,160

„Allmächtiger Gott, deine Gerichte sind wahrhaftig und gerecht."
Offenbarung 16,7

„[Sie] werden ohne Verdienst gerecht aus seiner Gnade durch die Erlösung, die durch Christus Jesus geschehen ist."
Römer 3,24

60

Was bedeutet: „Gott ist der Vollkommene"?

Gottes Werke sind gut, seine Wege sind richtig. Er handelt nicht aufgrund von irgendwelchen Notwendigkeiten oder Zwängen, sondern allein nach seinem vollkommenen Willen. Gott ist in seinen Entscheidungen völlig frei.

Zur Vollkommenheit Gottes gehört die Wahrheit. Bei Gott gibt es keine Lüge, keine Täuschung, keine Unsicherheit und keinen Unterschied zwischen Wollen und Tun.

Gottes Vollkommenheit kann der Mensch in Jesus Christus erfahren, denn als Einziger auf Erden war Jesus Christus in seinem Sprechen und Handeln ohne Sünde, ohne Fehler, also vollkommen.

„Gottes Wege sind vollkommen, die Worte des Herrn sind durchläutert. Er ist ein Schild allen, die ihm vertrauen."
Psalm 18,31

61

Was bedeutet: „Gott ist der Dreieinige"?

„Gott, der Dreieinige", bedeutet, dass Vater, Sohn und Heiliger Geist der eine Gott sind. Es sind also nicht drei Götter, sondern es ist ein Gott in drei Personen.

62

Warum glauben Christen, dass Gott dreieinig ist?

Für die Dreieinigkeit Gottes (Trinität) gibt es im Alten und im Neuen Testament Hinweise. Aufgrund dieser biblischen Zeugnisse glauben Christen an Gott, den Dreieinigen.

63

Welche Hinweise auf die Dreieinigkeit Gottes gibt es im Alten Testament?

Ein erster Hinweis auf die Dreieinigkeit Gottes steht in 1. Mose 1,26: „Lasset uns Menschen machen, ein Bild, das uns gleich sei." Die Mehrzahl „Lasset uns" verweist auf das Wirken des einen Gottes in mehreren Personen.

Gott erschien Abraham in Mamre in Gestalt von drei Männern (vgl. 1. Mose 18). Dies wird als Hinweis auf die Dreieinigkeit Gottes verstanden.

Ebenso verhält es sich mit dem dreifachen Segen („Aaronitischer Segen"), den Aaron über dem Volk Israel aussprach (vgl. 4. Mose 6,24-26).

„Der Herr segne dich und behüte dich; der Herr lasse sein Angesicht leuchten über dir und sei dir gnädig; der Herr hebe sein Angesicht über dich und gebe dir Frieden."
4. Mose 6,24-26

64

Welche Hinweise auf die Dreieinigkeit Gottes finden sich im Neuen Testament?

Als Jesus, der Gottessohn, am Jordan getauft wurde, tat sich der Himmel auf und der Heilige Geist kam wie eine Taube auf ihn herab. Der Vater bezeugte aus dem Himmel: „Du bist mein lieber Sohn, an dir habe ich Wohlgefallen" (Markus 1,10.11). Der Vater, der Sohn und der Heilige Geist waren also gemeinsam zugegen.

Die drei göttlichen Personen werden auch im Taufbefehl genannt, den Jesus seinen Aposteln erteilt hat: „Mir ist gegeben alle Gewalt im Himmel und auf Erden. Darum gehet hin und machet zu Jüngern alle Völker: Taufet sie auf den Namen *des Vaters* und *des Sohnes* und *des Heiligen Geistes*" (Matthäus 28,18.19).

Auch die Segensformel in 2. Korinther 13,13 verweist auf die Dreieinigkeit Gottes: „Die Gnade *unseres Herrn Jesus Christus* und die Liebe *Gottes* [des Vaters] und die Gemeinschaft *des Heiligen Geistes* sei mit euch allen!"

65

Wann wurde die Lehre von der Dreieinigkeit Gottes formuliert?

Die Dreieinigkeit Gottes besteht von Ewigkeit her. Formuliert wurde die Lehre von der Dreieinigkeit Gottes in den Konzilien von Nizäa (325 n. Chr.) und Konstantinopel (381 n. Chr.).

Die Lehre von der Dreieinigkeit Gottes gehört zu den grundlegenden Aussagen des christlichen Glaubens.

→ ***Konzil:*** *siehe Erläuterung zu Frage 33*

66

In welchem Verhältnis stehen Vater, Sohn und Heiliger Geist zueinander?

Vater, Sohn und Heiliger Geist sind Namen für die drei göttlichen Personen. Obwohl sie voneinander zu unterscheiden sind, sind sie dennoch der eine Gott.

In der christlichen Tradition wird den drei göttlichen Personen jeweils ein Schwerpunkt zugeordnet:

Gott, der Vater, ist der Schöpfer des Himmels und der Erde.

Gott, der Sohn, ist der Erlöser, der Mensch wurde und sein Leben als Opfer zur Erlösung der Menschheit brachte.

Gott, der Heilige Geist, ist der Neuschöpfer: Er sorgt dafür, dass das Heil Gottes den Menschen zugänglich gemacht wird und dass die neue Kreatur zur Vollendung gelangt.

→ ***neue Kreatur:*** *siehe Fragen 528 ff.*

67

Was bedeutet der Begriff „Vater", wenn er im Zusammenhang mit Gott verwendet wird?

Wird der Begriff „Vater" im Zusammenhang mit Gott verwendet, verbinden sich damit die Gesichtspunkte des Erschaffens, der Autorität und der Fürsorge. Gott ist Schöpfer und Bewahrer des von ihm Geschaffenen. Insofern darf jeder Mensch Gott, der sein Schöpfer ist, als „Vater" ansprechen.

→ *siehe auch* ***Gotteskind:*** *Erläuterung zu Frage 530*

68

Was wissen wir von Gott als dem Schöpfer?

„Am Anfang schuf Gott Himmel und Erde" (1. Mose 1,1), das Sichtbare – also die materielle Schöpfung – und das Unsichtbare. Aus dem Schöpfungswirken Gottes ist alles hervorgegangen.

Gott hat aus dem Nichts und ohne Vorbild geschaffen: „Gott … ruft das, was nicht ist, dass es sei" (Römer 4,17). Auch hat er Dinge und Lebewesen aus der von ihm geschaffenen Materie gestaltet (vgl. 1. Mose 2,7.8.19) und Gesetzmäßigkeiten in sie hineingelegt. Ihm ist alles Geschaffene unterworfen.

> „Da machte Gott der Herr den Menschen aus Erde vom Acker und blies ihm den Odem des Lebens in seine Nase. Und so ward der Mensch ein lebendiges Wesen. Und Gott der Herr pflanzte einen Garten in Eden gegen Osten hin und setzte den Menschen hinein, den er gemacht hatte. ... Und Gott der Herr machte aus Erde alle die Tiere auf dem Felde und alle die Vögel unter dem Himmel und brachte sie zu dem Menschen, dass er sähe, wie er sie nennte; denn wie der Mensch jedes Tier nennen würde, so sollte es heißen."
> **1. Mose 2,7.8.19**

69

Was sagt die Schöpfung über Gott aus?

Die Schöpfung und ihre Gesetzmäßigkeiten legen Zeugnis ab von Gottes Weisheit, von deren Größe sich der Mensch keine Vorstellung machen kann. Bewundernd ruft der Psalmist aus: „Die Himmel erzählen die Ehre Gottes, und die Feste verkündigt seiner Hände Werk" (Psalm 19,2).

70

In welchem Zeitraum hat Gott die Welt erschaffen?

Gott hat die Welt in sechs „Schöpfungstagen" erschaffen. Mit „Schöpfungstagen" sind Zeiträume gemeint, deren Dauer nicht näher bestimmt ist. Ein „Tag" in der Schöpfung Gottes ist nicht mit einem Tag nach unserer Zeitrechnung gleichzusetzen.

In 1. Mose 2,2 heißt es: „Und so vollendete Gott am siebenten Tage seine Werke, die er machte, und ruhte am siebenten Tage von allen seinen Werken, die er gemacht hatte."

„... dass ‚ein' Tag vor dem Herrn wie tausend Jahre ist und tausend Jahre wie ein Tag."
2. Petrus 3, aus 8

„Denn tausend Jahre sind vor dir wie der Tag, der gestern vergangen ist ..."
Psalm 90,4

71

Was berichtet die Bibel über die Schöpfung Gottes?

Die Bibel berichtet, dass auf Gottes Wort hin Himmel und Erde, das Licht, die Gestalt der Erde, Sonne, Mond und Sterne, die Pflanzen und Tiere sowie der Mensch entstanden sind. Alles war sehr gut (vgl. 1. Mose 1,31).

72

Ist Schöpfung Gottes nur das, was der Mensch mit seinen Sinnen erfassen kann?

Nein, es gibt auch eine unsichtbare Schöpfung Gottes. Ihre Geheimnisse entziehen sich – wie Gott selbst – menschlichem Forschen. Die Heilige Schrift enthält jedoch Hinweise auf Bereiche, Vorgänge, Zustände und Wesen außerhalb der materiellen Schöpfung.

73

Was gehört zur unsichtbaren Schöpfung?

Zur unsichtbaren Schöpfung gehören das Reich, in dem Gott thront, die Engel, die unsterbliche Seele des Menschen sowie das Reich des Todes.

→ ***Reich des Todes:*** *siehe Fragen 537 ff.*

74

Gehört der Teufel zur unsichtbaren Schöpfung?

Der Teufel war ursprünglich einer der Engel. Als solcher gehörte er zur unsichtbaren Schöpfung. Dieser Engel lehnte sich gegen Gott auf und wurde mit seinem Anhang wegen seines Ungehorsams, Neides und Lügens aus dem Himmel und der Gemeinschaft mit Gott geworfen.

→ ***das Böse:*** *siehe Fragen 217 ff.*

„Denn Gott hat selbst die Engel, die gesündigt haben, nicht verschont, sondern hat sie ... in die Hölle gestoßen ..."
2. Petrus 2,4

„Auch die Engel, die ihren himmlischen Rang nicht bewahrten, sondern ihre Behausung verließen, hat er für das Gericht des großen Tages festgehalten mit ewigen Banden in der Finsternis."
Judas 6

75

Was sind Engel?

Engel sind von Gott geschaffene geistige Wesen. Sie gehören zur unsichtbaren Schöpfung. Im Einzelfall können sie nach Gottes Willen für den Menschen sichtbar werden.

76

Was ist Aufgabe der Engel?

Aufgabe der Engel ist es, Gott anzubeten, seine Aufträge zu erfüllen und ihm dadurch zu dienen.

Gottes Liebe zu den Menschen zeigt sich unter anderem darin, dass er Engel auch den Menschen dienen lässt. Dass insbesondere Kinder Engelschutz haben, kann aus Matthäus 18,10 geschlossen werden.

„Ich bin Rafael, einer von den sieben Engeln, die vor dem Herrn stehen. ... Denn nach Gottes Willen ist es geschehen, dass ich bei euch gewesen bin; darum lobt und preist ihn!"
Tobias 12,15.18

„Seht zu, dass ihr nicht einen von diesen Kleinen verachtet. Denn ich sage euch: Ihre Engel im Himmel sehen allezeit das Angesicht meines Vaters im Himmel."
Matthäus 18,10

77

Sollen Engel angebetet werden?

Nein, denn Engel werden immer nach dem Willen Gottes tätig: Deshalb kommt nicht ihnen Dank oder Verehrung zu, sondern allein Gott.

Engel sind „allesamt dienstbare Geister, ausgesandt zum Dienst um derer willen, die das Heil ererben sollen".
Hebräer 1,14

78

Warum soll man sich mit dem Unsichtbaren beschäftigen?

Der Mensch ist eine Einheit aus Geist, Seele und Leib (vgl. 1. Thessalonicher 5,23). Der Leib ist sterblich, gehört also zur sichtbaren Schöpfung Gottes. Seele und Geist sind unsterblich, gehören also zur unsichtbaren Schöpfung Gottes. Weil Seele und Geist auch nach dem Tod fortbestehen, ist es wichtig, sich mit dem Unsichtbaren zu beschäftigen.

Die Haltung, die der Mensch auf Erden gegenüber Gott einnimmt, wird Auswirkungen auf das Sein in der jenseitigen Welt haben. Diese Erkenntnis kann dazu beitragen, den Versuchungen des Teufels zu widerstehen und ein Gott wohlgefälliges Leben zu führen.

Die Bedeutung des Unsichtbaren in unserem Leben macht Apostel Paulus deutlich: „Unsre Trübsal, die zeitlich und leicht ist, schafft eine ewige und über alle Maßen gewichtige Herrlichkeit, uns, die wir nicht sehen auf das Sichtbare, sondern auf das Unsichtbare. Denn was sichtbar ist, das ist zeitlich; was aber unsichtbar ist, das ist ewig" (2. Korinther 4,17.18). So hilft die Beschäftigung mit dem Unsichtbaren, das besser einordnen zu können, was uns widerfährt.

79

Wie soll man sich mit dem Unsichtbaren beschäftigen?

Man soll sich mit dem Unsichtbaren beschäftigen, indem man sich Gott zuwendet und ihn anbetet.

Jedoch ist die Beschäftigung mit dem Unsichtbaren in Form von Geisterbeschwörung oder Totenbefragung (Spiritismus) gegen den Willen Gottes (vgl. 5. Mose 18,10 ff.; 1. Samuel 28).

Als „**Spiritismus**" (lateinisch „spiritus" = „Geist") werden Praktiken der Beschwörung von Geistern, insbesondere von Geistern Verstorbener, bezeichnet.

„... dass nicht jemand ... gefunden werde, der ... Wahrsagerei, Hellseherei, geheime Künste oder Zauberei treibt oder Bannungen oder Geisterbeschwörungen oder Zeichendeuterei vornimmt oder die Toten befragt. Denn wer das tut, der ist dem Herrn ein Gräuel ..."
5. Mose 18,10-12

80

Welche Stellung hat der Mensch in der Schöpfung?

Der Mensch gehört gleichermaßen zur sichtbaren und zur unsichtbaren Schöpfung, da er materielles Wesen (Leib) und immaterielles Wesen (Seele und Geist) hat.

Unter allen Geschöpfen hat Gott dem Menschen somit eine herausragende Stellung verliehen und den Menschen in eine enge Beziehung zu sich selbst gebracht: „Gott sprach: Lasset uns Menschen machen, ein Bild, das uns gleich sei, die da herrschen über die Fische im Meer und über die Vögel unter dem Himmel und über das Vieh und über alle Tiere des Feldes und über alles Gewürm, das auf Erden kriecht. Und Gott schuf den Menschen zu seinem Bilde, zum Bilde Gottes schuf er ihn; und schuf sie als Mann und Frau“ (1. Mose 1,26.27).

Der Begriff „**materiell**“ ist vom lateinischen Wort „materia“ abgeleitet, das „Stoff, Inhalt“ bedeutet. Als „materiell“ wird bezeichnet, was sichtbar, stofflich und körperlich greifbar ist. „Immaterielles“ dagegen ist für den Menschen unsichtbar, nicht greifbar, geistig.

81

Was bedeutet es, Ebenbild Gottes zu sein?

Gott hat durch sein Wort alles gemacht und den Menschen bei seinem Namen gerufen. Der Mensch wird also von Gott angesprochen („Du darfst essen …“) und geliebt. Er kann auf Gottes Ansprache hören und die Liebe Gottes erwidern.

Weil Gott den Menschen anspricht, sich um ihn sorgt und ihm Anteil an göttlichen Wesensmerkmalen wie Liebe, Vernunft, Unsterblichkeit schenkt, ist der Mensch Ebenbild Gottes.

Gott ist unabhängig, also völlig frei. Auch seinem Ebenbild, dem Menschen, hat er die Möglichkeit gegeben, sich frei zu entscheiden. Mit dieser Freiheit ist dem Menschen zugleich die Verantwortung für sein Handeln auferlegt (vgl. 1. Mose 2,16.17).

„Und Gott der Herr gebot dem Menschen und sprach: Du darfst essen von allen Bäumen im Garten, aber von dem Baum der Erkenntnis des Guten und Bösen sollst du nicht essen; denn an dem Tage, da du von ihm isst, musst du des Todes sterben.“
1. Mose 2,16.17

82

Sind Mann und Frau gleichermaßen Ebenbild Gottes?

Ja, Mann und Frau sind gleichermaßen Ebenbild Gottes. Insofern sind beide ihrem Wesen nach gleich.

83

Heißt „Ebenbild“, dass Gott und Mensch das gleiche Wesen und die gleiche Gestalt haben?

Nein. Dass der Mensch zu Gottes Ebenbild geschaffen ist, bedeutet nicht, dass man von der Person des Menschen aus auf Gottes Wesen oder Gestalt schließen könnte.

84

Wie ist das Verhältnis des Menschen zu seinem Schöpfer?

Der Mensch ist in seinem Dasein von Gott abhängig.

Dem Menschen ist gegeben, Gott, seinen Schöpfer, zu erkennen, ihn zu lieben und zu preisen. Insofern ist der Mensch auf Gott ausgerichtet, unabhängig davon, ob er an ihn glaubt oder nicht.

85

Welchen Auftrag hat der Mensch in der sichtbaren Schöpfung?

Gott hat dem Menschen seinen Lebensraum zugewiesen und ihm den Auftrag erteilt, über die Erde zu „herrschen", nämlich sie zu gestalten und sie zu bewahren (vgl. 1. Mose 1,26.28; Psalm 8,7).

„Und Gott segnete sie und sprach zu ihnen: Seid fruchtbar und mehret euch und füllet die Erde und machet sie euch untertan und herrschet über die Fische im Meer und über die Vögel unter dem Himmel und über das Vieh und über alles Getier, das auf Erden kriecht."
1. Mose 1,28

86

Wie soll sich der Mensch als Ebenbild Gottes innerhalb der Schöpfung verhalten?

Im Umgang mit der Schöpfung ist der Mensch Gott, dem Schöpfer, gegenüber verantwortlich. Er darf frei, aber nicht willkürlich mit der Schöpfung umgehen. Als Gottes Ebenbild soll er alles Leben und den Lebensraum so behandeln, wie es göttlichem Wesen entspricht: mit Weisheit, Güte und Liebe.

87

Durften die ersten Menschen uneingeschränkt tun, was sie wollten?

Nein, Gott als Schöpfer, Herr und Gesetzgeber gab Adam und Eva im Garten Eden das Gebot, nicht vom Baum der Erkenntnis des Guten und Bösen zu essen. Damit prüfte er, wie die Menschen mit der Entscheidungsfreiheit umgingen, die ihnen als Ebenbild Gottes übertragen war. Zugleich warnte er sie vor den Folgen einer Übertretung dieses Gebots.

→ ***Ebenbild Gottes:*** *siehe Frage 81*

88

Wie kam es zum Sündenfall?

Durch den Einfluss des Bösen, der als Schlange zu ihnen kam, gerieten die ersten Menschen in Versuchung. Sie verstießen gegen das von Gott gegebene Gebot. Damit wurde der Mensch zum Sünder.

89

Was ist mit dem Sündenfall verbunden?

Mit dem Sündenfall verbunden ist die Trennung von Gott, der geistliche Tod. Der Mensch muss jetzt ein sorgenvolles Dasein auf Erden führen, das mit dem leiblichen Tod endet (vgl. 1. Mose 3,16-19).

Seit dem Sündenfall ist der Mensch sündhaft, das heißt, er ist in Sünde verstrickt und daher unfähig, sündlos zu leben.

→ ***geistlicher Tod:*** *siehe Frage 532*

> „Verflucht sei der Acker um deinetwillen! Mit Mühsal sollst du dich von ihm nähren dein Leben lang. ... Denn du bist Erde und sollst zu Erde werden."
> **1. Mose 3,17.19**

90

Muss der Mensch im geistlichen Tod bleiben?

Den Zustand des Getrenntseins von Gott kann der Mensch von sich aus nicht aufheben. Aber auch als Sünder bleibt der Mensch nicht ohne Trost und Beistand Gottes. Gott lässt ihn nicht im geistlichen Tod: Mit der Menschwerdung Gottes in Jesus Christus, dessen Opfertod und Auferstehung hat Gott für alle Menschen die Möglichkeit geschaffen, aus dem geistlichen Tod errettet zu werden.

Einen ersten Hinweis auf das Opfer Christi erhält der Mensch, als Gott zur Schlange spricht: „Ich will Feindschaft setzen zwischen dir und der Frau und zwischen deinem Nachkommen und ihrem Nachkommen; der soll dir den Kopf zertreten, und du wirst ihn in die Ferse stechen" (1. Mose 3,15).

91

Was bedeutet es, dass Gott den Menschen als Einheit aus Geist, Seele und Leib geschaffen hat?

Geist, Seele und Leib sind aufeinander bezogen, sie durchdringen und beeinflussen sich.

Der Leib entsteht durch die Zeugung; er hat Anteil an Wesen und Gestalt der Eltern. Die Seele wird unmittelbar von Gott geschaffen; so wirkt Gott auch gegenwärtig und ist Schöpfer jedes einzelnen Menschen.

Durch Seele und Geist, die in der Bibel nicht eindeutig voneinander abgegrenzt sind, wird der Mensch befähigt, an der geistigen Welt teilzuhaben, Gott zu erkennen und Verbindung mit ihm zu haben.

„Seele" und „Geist": Die unsterbliche Seele darf nicht verwechselt werden mit der Psyche des Menschen, die man umgangssprachlich häufig ebenfalls als „Seele" bezeichnet. Auch ist der Intellekt vom „Geist" zu unterscheiden.

92

Was geschieht nach dem leiblichen Tod des Menschen?

Der Leib des Menschen ist sterblich, die Seele und der Geist sind unsterblich. Nach dem Tod des Leibes lebt der Mensch weiter als eine Einheit aus Seele und Geist. Das, was seine Person ausmacht, ist mit dem Tod nicht aufgehoben. Seine Personalität drückt sich dann aus durch Seele und Geist.

Bei der Auferstehung der Toten werden Seele und Geist mit einem Auferstehungsleib vereint.

→ ***Weiterleben nach dem leiblichen Tod:***
siehe Fragen 531 ff.

93

Wer ist Gott, der Sohn?

Gott, der Sohn, ist die zweite Person des dreieinigen Gottes. Zwischen Gott, dem Vater, und Gott, dem Sohn, gibt es keine Abstufung, auch wenn die Begriffe „Vater" und „Sohn" dies nahelegen könnten. Vater und Sohn sind gleichermaßen wahrer Gott, sie sind wesensgleich.

94

Wer ist Jesus Christus?

In Jesus Christus ist Gott, der Sohn, Mensch geworden und zugleich Gott geblieben. Er wurde in Bethlehem von der Jungfrau Maria geboren.

→ ***Jesus Christus, Gott und Mensch:***
siehe Fragen 103 ff.

„Es begab sich aber zu der Zeit, dass ein Gebot von dem Kaiser Augustus ausging, dass alle Welt geschätzt würde. Und diese Schätzung war die allererste und geschah zur Zeit, da Quirinius Statthalter in Syrien war. Und jedermann ging, dass er sich schätzen ließe, ein jeder in seine Stadt. Da machte sich auf auch Josef aus Galiläa, aus der Stadt Nazareth, in das jüdische Land zur Stadt Davids, die da heißt Bethlehem, weil er aus dem Hause und Geschlechte Davids war, damit er sich schätzen ließe mit Maria, seinem vertrauten Weibe; die war schwanger.

Und als sie dort waren, kam die Zeit, dass sie gebären sollte. Und sie gebar ihren ersten Sohn und wickelte ihn in Windeln und legte ihn in eine Krippe; denn sie hatten sonst keinen Raum in der Herberge. Und es waren Hirten in derselben Gegend auf dem Felde bei den Hürden, die hüteten des Nachts ihre Herde. Und der Engel des Herrn trat zu ihnen, und die Klarheit des Herrn leuchtete um sie; und sie fürchteten sich sehr. Und der Engel sprach zu ihnen: Fürchtet euch nicht! Siehe, ich verkündige euch große Freude, die allem Volk widerfahren wird; denn euch ist heute der Heiland geboren, welcher ist Christus, der Herr, in der Stadt Davids. Und das habt zum Zeichen: Ihr werdet finden das Kind in Windeln gewickelt und in einer Krippe liegen. Und alsbald war da bei dem Engel die Menge der himmlischen Heerscharen, die lobten Gott und sprachen: Ehre sei Gott in der Höhe und Friede auf Erden bei den Menschen seines Wohlgefallens."
Lukas 2,1-14

95

Welche Hinweise gibt es im Alten Testament auf die Geburt Jesu?

Im Alten Testament finden wir unter anderem die Verheißung des Propheten Jesaja: „Siehe, eine Jungfrau ist schwanger und wird einen Sohn gebären, den wird sie nennen Immanuel" (Jesaja 7,14).

Der Prophet Micha sagte den Geburtsort Jesu voraus: „Du, Bethlehem Efrata, die du klein bist unter den Städten in Juda, aus dir soll mir der kommen, der in Israel Herr sei, dessen Ausgang von Anfang und von Ewigkeit her gewesen ist" (Micha 5,1).

Jesaja beschrieb Jesus mit Namen, die dessen Einzigartigkeit unterstreichen: „Denn uns ist ein Kind geboren, ein Sohn ist uns gegeben, und die Herrschaft ruht auf seiner Schulter; und er heißt Wunder-Rat, Gott-Held, Ewig-Vater, Friede-Fürst" (Jesaja 9,5).

→ ***Immanuel („Gott mit uns"):***
siehe Frage 115

„... sandte Gott seinen Sohn, geboren von einer Frau und unter das Gesetz getan ..."
Galater 4,4
→ *siehe auch Frage 4*

96

Wer war der Wegbereiter Jesu?

Wegbereiter Jesu war Johannes der Täufer. Dieser von Gott verheißene Vorläufer Jesu (vgl. Maleachi 3,1) predigte Buße und kündigte Jesus Christus, den Erlöser, an: „Ich taufe euch mit Wasser zur Buße; der aber nach mir kommt, ist stärker als ich, und ich bin nicht wert, ihm die Schuhe zu tragen; der wird euch mit dem Heiligen Geist und mit Feuer taufen" (Matthäus 3,11).

Johannes der Täufer war der erste, von dem die Bibel berichtet, dass er Jesus ausdrücklich als Sohn Gottes bezeichnete und das dem Volk auch verkündete.

„Es war ein Mensch, von Gott gesandt, der hieß Johannes. Der kam zum Zeugnis, um von dem Licht zu zeugen, damit sie alle durch ihn glaubten. Er war nicht das Licht, sondern er sollte zeugen von dem Licht."
Johannes 1,6-8

„Und ich habe es gesehen und bezeugt: Dieser ist Gottes Sohn."
Johannes 1,34

97

Wie bezeichnete Johannes der Täufer Jesus Christus?

Als Jesus zu Johannes kam, sagte dieser: „Siehe, das ist Gottes Lamm, das der Welt Sünde trägt!“ Am nächsten Tag stand Johannes der Täufer mit zweien seiner Jünger zusammen und sagte wieder, als er Jesus vorübergehen sah: „Siehe, das ist Gottes Lamm!“ Daraufhin folgten diese zwei Männer Jesus nach und wurden Jünger von ihm (vgl. Johannes 1,29.36.37).

98

Was bedeutet hier „Lamm Gottes“?

Die Bezeichnung „Lamm“ soll Jesus Christus als den Erlöser vorstellen und lenkt auf Jesaja 53,7: „Als er gemartert ward, litt er doch willig und tat seinen Mund nicht auf wie ein Lamm, das zur Schlachtbank geführt wird“. Lämmer zählen im Alten Testament seit ältester Zeit zu den bevorzugten Opfertieren. Das Bild vom geschlachteten „Lamm Gottes“ ist ein Hinweis auf den Opfertod Jesu Christi.

99

Welche Bedeutung hat der Opfertod Jesu für uns?

Mit seinem Opfertod legte der Sohn Gottes den Weg, dass die Sünder aus dem geistlichen Tod errettet werden und das ewige Leben erlangen können: „Darin ist erschienen die Liebe Gottes unter uns, dass Gott seinen eingebornen Sohn gesandt hat in die Welt, damit wir durch ihn leben sollen. Darin besteht die Liebe: nicht dass wir Gott geliebt haben, sondern dass er uns geliebt hat und gesandt seinen Sohn zur Versöhnung für unsre Sünden“ (1. Johannes 4,9.10).

→ ***geistlicher Tod:***
siehe Fragen 89 und 532

100

Was heißt: Jesus Christus ist Gottes „eingeborener Sohn“?

Gottes „eingeborener Sohn“ bedeutet, dass Jesus Christus, der Gottessohn, einzig und ewig ist.

Der Gottessohn ist kein Geschöpf wie der Mensch; er ist auch nicht den Engeln vergleichbar, die einen Anfang haben: Er ist ohne Anfang und ohne Ende, er ist Gott und damit wesensgleich mit dem Vater und dem Heiligen Geist. Somit ist er schon immer – also vor aller Schöpfung – in Gemeinschaft mit dem Vater und dem Heiligen Geist (Präexistenz).

> Der Begriff „**Präexistenz**“ ist von den lateinischen Wörtern „prae“ und „existentia“ abgeleitet, die „vor“ und „Dasein“ bedeuten. Bezogen auf Jesus Christus bedeutet Präexistenz, dass der Sohn Gottes von Ewigkeit her ist, d.h. immer schon, also vor der Schöpfung und vor seiner Menschwerdung.

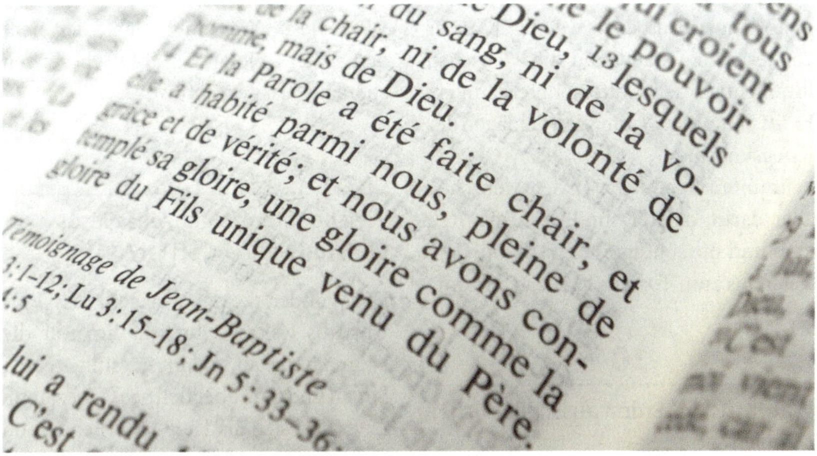

101

Wie ist es zu verstehen, dass der Gottessohn als „Wort" („Logos") bezeichnet wird?

Gott hat alles durch das Wort erschaffen („Gott sprach", 1. Mose 1,3) und sinnvoll geordnet. Insofern ist das Wort der Ursprung, von dem alles ausgeht.

Die Bezeichnung „Wort" (= griechisch „Logos") wird in Kapitel 1 des Johannes-Evangeliums zugleich für den Gottessohn verwendet. Dadurch wird darauf verwiesen, dass Gott, der Sohn, ebenso Schöpfer ist wie Gott, der Vater, und Gott, der Heilige Geist.

„Im Anfang war das Wort, und das Wort war bei Gott, und Gott war das Wort. Dasselbe war im Anfang bei Gott. Alle Dinge sind durch dasselbe gemacht, und ohne dasselbe ist nichts gemacht, was gemacht ist. ... Und das Wort ward Fleisch und wohnte unter uns, und wir sahen seine Herrlichkeit, eine Herrlichkeit als des eingeborenen Sohnes vom Vater, voller Gnade und Wahrheit."
Johannes 1,1-3.14

102

Was bedeutet: „Das Wort ward Fleisch und wohnte unter uns ..."?

In Johannes 1,14 wird ausgesagt, dass der Gottessohn (das „Wort") „Fleisch", also wirklicher Mensch, geworden ist. Er wurde in Betlehem geboren, er wuchs in Nazareth auf und lernte dort den Beruf des Zimmermanns. Er starb in Jerusalem: Auf Golgatha wurde er gekreuzigt.

103

War Jesus Christus als Mensch den anderen Menschen gleich?

Ja, Jesus Christus war seiner menschlichen Natur nach den anderen Menschen gleich. In seinem Menschsein hatte er einen Leib und entsprechende Bedürfnisse. Er hungerte, als er in der Wüste war; er hatte Durst, als er zum Jakobsbrunnen kam. Er freute sich auf der Hochzeit zu Kana mit den Fröhlichen. Er litt mit den Traurigen und weinte, als sein Freund Lazarus gestorben war. Ebenso weinte er, als er vor Jerusalem stand und die Menschen ihn nicht als den Gottessohn erkannten. Er litt Schmerzen unter den Schlägen der Kriegsknechte.

Er unterschied sich von den Menschen aber darin, dass er sündlos in die Welt kam und nie sündigte. Er war Gott, dem Vater, bis zum Tod am Kreuz gehorsam.

104

War Jesus auf Erden ausschließlich Mensch?

Nein, er war auf Erden gleichermaßen Mensch und der Gottessohn, also wahrer Gott.

Jesus Christus ist wahrer Mensch und wahrer Gott: Er hat zwei Naturen, eine menschliche und eine göttliche Natur.

105

Welche Stellen in der Heiligen Schrift bezeugen, dass Jesus Christus immer auch wahrer Gott ist?

Nur als wahrer Gott konnte Jesus Christus sagen: „Ich und der Vater sind eins“ (Johannes 10,30) und damit seine Wesensgleichheit mit dem Vater ausdrücken.

Bei der Taufe Jesu am Jordan war eine Stimme vom Himmel zu hören: „Dies ist mein lieber Sohn, an dem ich Wohlgefallen habe“ (Matthäus 3,17). Auch bei der Verklärung Jesu stellte Gott, der Vater, dessen Gottessohnschaft heraus: „Dies ist mein lieber Sohn, an welchem ich Wohlgefallen habe; den sollt ihr hören!“ (Matthäus 17,5). Die Worte Jesu „Wer mich sieht, der sieht den Vater“ (Johannes 14,9) bezeugen ebenfalls, dass er Gott ist.

106

Welche Taten zeigen, dass Jesus Christus wahrer Gott ist?

Die Wunder, die er tat, zeigen, dass Jesus Christus wahrer Gott ist. Ihm war die Natur untertan, denn er stillte einen Sturm und ging über den See Genezareth. Er erwies sich als Herr über Leben und Tod, indem er Kranke heilte und Tote zum Leben auferweckte. Dadurch, dass er Brot und Fische vermehrte und damit Tausende Menschen speiste, sowie dadurch, dass er Wasser in Wein umwandelte, überstieg sein Wirken alles, was Menschen können. Er war Herr über die Sünde; wiederholt hat er Sünde vergeben.

→ ***Jesu Wunder:*** *siehe Fragen 140 ff.*

> Gott „ist offenbart im Fleisch ...“
> **1. Timotheus 3,16**
>
> „Dieser [Jesus Christus] ist der wahrhaftige Gott und das ewige Leben.“
> **1. Johannes 5,20**

107

Was bedeutet der Name „Jesus“?

Der Name „Jesus“ bedeutet: „Der Herr rettet“.

Als der Engel Gabriel die Geburt Jesu ankündigte, gab er zugleich den Namen des Kindes vor. Zu Maria sagte er: „Siehe, du wirst schwanger werden und einen Sohn gebären, und du sollst ihm den Namen Jesus geben“ (Lukas 1,31). Auch zu Josef wurde gesagt, wie das Kind heißen sollte: „… dem sollst du den Namen Jesus geben, denn er wird sein Volk retten von ihren Sünden“ (Matthäus 1,21).

So wird schon in der Namensgebung deutlich, dass Jesus der verheißene Retter und Erlöser ist.

108

Woran erkennen wir, dass Jesus Christus der Erlöser ist?

In seinen Taten offenbarte sich Jesus Christus als der von Gott gesandte Erlöser (= Heiland): „Blinde sehen und Lahme gehen, Aussätzige werden rein und Taube hören, Tote stehen auf und Armen wird das Evangelium gepredigt“ (Matthäus 11,5). Dass Jesus Christus der Erlöser ist, zeigt sich vor allem darin, dass er den Willen Gottes verkündigte und sein Leben gab zur Erlösung der Menschen, also zu ihrer Befreiung von Sünden und Schuld.

109

Gibt es Erlösung nur durch Jesus Christus?

Ja, Erlösung gibt es nur durch Jesus Christus. Nur in ihm ist den Menschen das Heil zugänglich.

„Und in keinem andern ist das Heil, auch ist kein andrer Name unter dem Himmel den Menschen gegeben, durch den wir sollen selig werden.“
Apostelgeschichte 4,12

110

Was versteht man unter den „Hoheitstiteln“ Jesu?

Mit „Hoheitstiteln“ sind Namen und Bezeichnungen für den Sohn Gottes gemeint, mit denen in der Heiligen Schrift unterschiedliche Merkmale seiner Einzigartigkeit angesprochen werden.

Mit „**Hoheit**“ bezeichnet man einen Menschen aus einem Adelsgeschlecht, der eine besonders herausgehobene Stellung hat, z.B. einen König oder Kaiser.

111

Was bedeutet der Hoheitstitel „Christus“?

„Christus“ kommt ursprünglich aus der griechischen Sprache („Christos“) und heißt übersetzt „Gesalbter“.

Könige wurden in alttestamentlicher Zeit mit Öl gesalbt (vgl. Psalm 20,7); diese Handlung bedeutete eine Aussonderung zu ihrem heiligen Dienst. Jesus wird als „Gesalbter“ bezeichnet, weil er der Herr über alles ist, weil er Menschen mit Gott versöhnt und den Willen Gottes verkündigt.

Der Hoheitstitel „Christus“ ist so eng mit Jesus verbunden, dass er zum Eigennamen geworden ist: Jesus Christus.

112

Was bedeutet der Hoheitstitel „Messias"?

„Messias" kommt aus dem Hebräischen und heißt übersetzt ebenfalls „der Gesalbte". Dass Jesus von Nazareth der Christus, der von Israel erwartete Messias ist, wird im Neuen Testament ausdrücklich bekannt.

113

Was bedeutet der Hoheitstitel „Herr"?

Im Alten Testament kommt die Bezeichnung „Herr" überwiegend dann vor, wenn von Gott die Rede ist. Im Neuen Testament wird dieser Hoheitstitel auch auf Jesus Christus bezogen. Die Bezeichnung „Herr" kennzeichnet dabei die göttliche Autorität Jesu Christi, sie geht also über eine respektvolle Anrede weit hinaus. Wenn Jesus „der Herr" genannt wird, geschieht dies auch, um damit auszudrücken, dass Jesus Gott ist.

114

Was bedeutet der Hoheitstitel „Menschensohn"?

Wird „Menschensohn" als Hoheitstitel verwendet, ist damit nicht der Sohn eines Menschen gemeint, sondern ein himmlisches Wesen, das über die Menschen herrscht und richtet.

Zu Jesu Zeit wurde in frommen jüdischen Kreisen der „Menschensohn" erwartet, dem von Gott die Weltherrschaft übertragen werden sollte. Nach Johannes 3,13 gibt sich Jesus als dieser Menschensohn zu erkennen, der vom Himmel herabgekommen ist. Als solcher hat er Vollmacht, Sünden zu vergeben und selig zu machen (vgl. Matthäus 9,6).

„Denn der Menschensohn ist gekommen, zu suchen und selig zu machen, was verloren ist."
Lukas 19,10

115

Gibt es noch weitere Hoheitstitel Jesu?

Ja, die Heilige Schrift nennt weitere Hoheitstitel Jesu: „Immanuel“, „Knecht Gottes“, „Sohn Davids“.

Der hebräische Name „Immanuel“ bedeutet „Gott mit uns“. Jesus Christus trägt den Hoheitstitel „Immanuel“, weil Gott in ihm unter den Menschen ist und ihnen seinen Beistand anbietet.

Die Bezeichnung „Knecht Gottes“ findet sich in der Heiligen Schrift für herausragende Personen, die im Dienst Gottes stehen. Wenn Jesus als „Knecht Gottes“ bezeichnet wird, ist dies ein Hinweis auf sein Dienen und sein Leiden für die Menschen.

„Sohn Davids“ ist im Neuen Testament eine Bezeichnung für Jesus Christus. Schon am Beginn des Matthäus-Evangeliums heißt es: „Dies ist das Buch von der Geschichte Jesu Christi, des Sohnes Davids, des Sohnes Abrahams“ (Matthäus 1,1). Das bedeutet, dass in Jesus Christus die Verheißungen erfüllt sind, die David gegeben wurden (vgl. 2. Samuel 7; Apostelgeschichte 13,32-37).

116

In welcher Weise hat Jesus Christus seinen göttlichen Auftrag erfüllt?

Jesus Christus handelte als König, Priester und Prophet.

Bei einem König denkt man an Herrschen und Regieren. Der Priester in alttestamentlicher Zeit ist tätig, um die Versöhnung des Menschen mit Gott zu vermitteln. Ein Prophet verkündigt den göttlichen Willen und sagt kommende Ereignisse voraus. All dies hat Jesus Christus in vollkommener Weise verwirklicht.

117

Was heißt: „Jesus Christus – der König“?

Bei seinem Einzug in Jerusalem gab sich Jesus als der König des Friedens und der Gerechtigkeit zu erkennen. Auch vor Pilatus, einem Vertreter der Weltmacht Rom, bekannte Jesus, dass er König und Zeuge der Wahrheit ist.

Jesu König-Sein bezieht sich jedoch nicht auf irdische Regentschaft und wird auch nicht durch äußere Macht-

entfaltung deutlich. Dass er König ist, zeigt sich in der Vollmacht, mit der er handelte, und in der Kraft, mit der er Zeichen und Wunder tat.

Die königliche Würde Jesu Christi wird auch in der Offenbarung des Johannes betont: Jesus Christus ist „Herr über die Könige auf Erden“ (Offenbarung 1,5).

„Da fragte ihn Pilatus: So bist du dennoch ein König? Jesus antwortete: Du sagst es, ich bin ein König. Ich bin dazu geboren und in die Welt gekommen, dass ich die Wahrheit bezeugen soll. Wer aus der Wahrheit ist, der hört meine Stimme.“
Johannes 18,37

Bedeutende Könige in der Geschichte des Volkes Israel:
- König Saul
- König David
- König Salomo
- König Hiskia

118

Was heißt: „Jesus Christus – der Priester“?

Wichtigste Aufgabe der Priester in alttestamentlicher Zeit war es, Gott Opfer darzubringen und so Gott gnädig zu stimmen. Jesus Christus ist ein Priester, der über allen anderen steht, er ist der wahre Hohepriester. Er hat sein sündloses Leben geopfert, damit die Menschen aus dem geistlichen Tod errettet werden und das ewige Leben erlangen können.

Hohepriester in alttestamentlicher Zeit hatten die Aufgabe, die Sünden der Menschen vor Gott zu tragen. Dazu betraten sie fürbittend einmal im Jahr – am Versöhnungstag – den heiligsten Raum des Tempels (das „Allerheiligste“). Jesus Christus bedurfte nicht, wie die Hohepriester des Alten Bundes, der Versöhnung mit Gott: Er ist vielmehr selbst der Versöhner und vergibt die Sünden.

→ ***Opfertod Jesu:***
siehe Fragen 98 ff., 177 ff.

Bedeutende Priester im Alten Testament:
- Melchisedek
- Aaron
- Eli
- Zadok

119

Was heißt: „Jesus Christus – der Prophet“?

Gott hatte Mose verheißen: „Ich will ihnen einen Propheten, wie du bist, erwecken aus ihren Brüdern und meine Worte in seinen Mund geben; der soll zu ihnen reden alles, was ich ihm gebieten werde“ (5. Mose 18,18). Mit diesem Propheten ist Jesus Christus gemeint.

Als Prophet verkündigt Jesus Christus den Willen Gottes. Er weist den Weg des Lebens und offenbart Zukünftiges. In den Abschiedsreden verheißt er den Heiligen Geist. Im Buch der Offenbarung enthüllt er den Gang der Heilsgeschichte bis zur neuen Schöpfung.

Seine Aussagen sind in Ewigkeit gültig: „Himmel und Erde werden vergehen; meine Worte aber werden nicht vergehen“ (Markus 13,31).

„Denn es wird dann eine große Bedrängnis sein, wie sie nicht gewesen

ist vom Anfang der Welt bis jetzt und auch nicht wieder werden wird. Und wenn diese Tage nicht verkürzt würden, so würde kein Mensch selig werden; aber um der Auserwählten willen werden diese Tage verkürzt."
Matthäus 24,21.22

„Und es werden Zeichen geschehen an Sonne und Mond und Sternen, und auf Erden wird den Völkern bange sein, und sie werden verzagen vor dem Brausen und Wogen des Meeres, und die Menschen werden vergehen vor Furcht und in Erwartung der Dinge, die kommen sollen über die ganze Erde; denn die Kräfte der Himmel werden ins Wanken kommen. Und alsdann werden sie sehen den Menschensohn kommen in einer Wolke mit großer Kraft und Herrlichkeit. Wenn aber dieses anfängt zu geschehen, dann seht auf und erhebt eure Häupter, weil sich eure Erlösung naht."
Lukas 21,25-28

Bedeutende Propheten in der Geschichte des Volkes Israel:

- Mose
- Samuel
- Elia
- Elisa
- Jeremia
- Jesaja
- Johannes der Täufer

120

Wo wird über die Person und das Wirken Jesu Christi berichtet?

Im Neuen Testament wird in den vier Evangelien nach Matthäus, Markus, Lukas und Johannes vom Leben und Wirken Jesu Christi berichtet. Die Evangelisten (Verfasser der Evangelien) wollten jedoch keine Lebensgeschichte Jesu schreiben; vielmehr bezeugen sie den Glauben, dass Jesus von Nazareth der Messias ist.

→ ***Messias:*** *siehe Frage 112*

121

Wie trat der Sohn Gottes in das menschliche Dasein?

Der Sohn Gottes wurde als Mensch von der Jungfrau Maria in Bethlehem geboren. Seine Geburt wird in den Evangelien nach Matthäus und Lukas geschildert. Jesus wurde zu der Zeit geboren, als Herodes in Judäa als König herrschte und Augustus in Rom Kaiser war.

Jesus hat tatsächlich gelebt; er ist also eine Person der Weltgeschichte und nicht etwa eine Gestalt aus der Welt der Dichtung und der Sagen.

122

Was ging der Geburt Jesu voraus?

Der Engel Gabriel brachte der Jungfrau Maria die Botschaft: „Siehe, du wirst schwanger werden und einen Sohn gebären, und du sollst ihm den Namen Jesus geben. Der wird groß sein und Sohn des Höchsten genannt werden; und Gott der Herr wird ihm den Thron seines Vaters David geben, und er wird König sein über das Haus Jakob in Ewigkeit, und sein Reich wird kein Ende haben" (Lukas 1,31-33).

Der Engel gab Maria auch die Erklärung, dass sie durch den Heiligen Geist schwanger werde: „Der Heilige Geist wird über dich kommen, und die Kraft des Höchsten wird dich überschatten; darum wird auch das Heilige, das geboren wird, Gottes Sohn genannt werden“ (Lukas 1,35).

123

Wer waren die Eltern Jesu?

Maria war die leibliche Mutter Jesu. Josef nahm Jesus an wie einen Sohn. Deshalb wird Josef auch im Stammbaum Jesu erwähnt.

> „Und Jesus ... wurde gehalten für einen Sohn Josefs, der war ein Sohn Elis ...“
> **Lukas 3,23**

124

Was wissen wir von der Geburt Jesu?

Kaiser Augustus hatte eine Volkszählung angeordnet. Dazu musste jeder „seine“ Stadt, d.h. den Herkunftsort seiner Familie, aufsuchen. Daher ging Josef, der ein Nachkomme Davids war, mit Maria in die „Stadt Davids“, nämlich nach Betlehem. Dort bekamen sie keine Unterkunft. Maria gebar ihren Sohn wohl in einem Stall, denn sie legte ihn in einen Futtertrog: „Sie gebar ihren ersten Sohn und wickelte ihn in Windeln und legte ihn in eine Krippe; denn sie hatten sonst keinen Raum in der Herberge“ (Lukas 2,7).

Aus diesem Geschehen wird deutlich, dass Gott in armseligen Verhältnissen Mensch wurde.

125

Was ereignete sich zeitgleich mit der Geburt Jesu?

Engel erschienen und verkündeten Hirten, die auf einem Feld bei Betlehem ihre Herde hüteten, die frohe Botschaft: „Euch ist heute der Heiland geboren, welcher ist Christus, der Herr, in der Stadt Davids“ (Lukas 2,11; auch Micha 5,1).

Im Matthäus-Evangelium wird berichtet, dass auch ein Stern auf die Geburt Jesu hinwies. Weise Männer (Magier) aus dem „Morgenland“ (dem Osten) waren dem Stern gefolgt und nach Jerusalem gekommen, um den „neugeborenen König“ anzubeten: „Wo ist der neugeborene König der Juden? Wir haben seinen Stern gesehen im Morgenland und sind gekommen, ihn anzubeten“ (Matthäus 2,2). Sie wurden von König Herodes nach Bethlehem geschickt. „Siehe, der Stern, den sie im Morgenland gesehen hatten, ging vor ihnen her, bis er über dem Ort stand, wo das Kindlein war“ (Matthäus 2,9).

Diese Ereignisse verweisen auf die Einzigartigkeit der Geburt des Gottessohnes.

> Als „**Magier**“ wurden orientalische Gelehrte bezeichnet, die sich mit Sterndeutung und Traumdeutung befassten.

126

Was geschah nach der Geburt Jesu?

Da König Herodes glaubte, in Bethlehem sei ein König geboren, der ihn eines Tages vom Thron stürzen würde, trachtete er dem Kinde nach dem Leben. Er ließ alle Kinder in Bethlehem töten, die zwei Jahre und jünger waren (vgl. Matthäus 2,16-18).

127

Wie bewahrte Gott das Kind Jesus?

Gott veranlasste durch einen Traum Josef, den Mann der Maria, mit ihr und dem Kind nach Ägypten zu fliehen (vgl. Matthäus 2,13.14). Nach dem Tod des Königs Herodes zogen sie wieder nach Nazareth in Galiläa.

128

Was ist über die Kindheit Jesu bekannt?

In Lukas 2,52 steht, dass Jesus an Weisheit, Alter und Gnade bei Gott und den Menschen zunahm. In Lukas 2,41-49 wird berichtet, dass der zwölfjährige Jesus dort ein Gespräch mit Schriftgelehrten führte, die „sich über seinen Verstand und seine Antworten“ wunderten.

> „Und Jesus nahm zu an Weisheit, Alter und Gnade bei Gott und den Menschen.“
> **Lukas 2,52**

129

Was ging der Lehrtätigkeit Jesu voraus?

Jesus ließ sich durch Johannes den Täufer am Jordan taufen. Unmittelbar nach der Taufe durch Johannes fuhr der Heilige Geist sichtbar auf Jesus hernieder. In einer Stimme vom Himmel herab bezeugte Gott, der Vater: „Du bist mein lieber Sohn, an dir habe ich Wohlgefallen“ (Lukas 3,22). In diesem Geschehen wurde kundgemacht, dass Jesus der Gottessohn ist.

130

Warum ließ sich Jesus von Johannes taufen?

Jesus war ohne Sünde. Trotzdem ließ er sich von Johannes, dem Täufer zur Buße, im Jordan taufen. An diesem Taufakt – der Ausdruck von Buße war – wird deutlich, dass er sich erniedrigte und an sich das vollziehen ließ, was für die Sünder galt.

> „Jesus aber antwortete und sprach zu ihm [Johannes]: Lass es jetzt geschehen! Denn so gebührt es uns, alle Gerechtigkeit zu erfüllen.“
> **Matthäus 3,15**

131

Was ereignete sich nach der Taufe Jesu?

Jesus wurde vom Heiligen Geist in die Wüste geführt, „damit er von dem Teufel versucht würde“ (Matthäus 4,1). Jesus blieb 40 Tage lang dort, und der Teufel führte ihn mehrfach in Versuchung. Jesus widerstand den Versuchungen und wies den Teufel ab. Danach traten Engel zu Jesus und dienten ihm (vgl. Matthäus 4,11).

132

Welche Bedeutung haben die Versuchungen Jesu?

Indem Jesus den Versuchungen widerstand, erwies er sich noch vor Beginn seines öffentlichen Wirkens als Sieger über den Teufel.

Der erste Mensch, Adam, hat der Versuchung des Teufels nicht widerstanden. Adam wurde zum Sünder und mit ihm alle Menschen. Im Gegensatz dazu blieb Jesus ohne Sünde. Damit schuf er die Voraussetzung, dass alle Sünder wieder zu Gott finden können.

→ ***Erbsünde:*** *siehe Frage 482*

133

In welchem Alter begann Jesus zu lehren?

Jesus begann im Alter von ungefähr 30 Jahren in Galiläa zu lehren (vgl. Lukas 3,23).

134

Was steht im Mittelpunkt der Lehre Jesu?

Im Mittelpunkt der Lehre Jesu steht die Predigt vom Reich Gottes: „Die Zeit ist erfüllt und das Reich Gottes ist herbeigekommen. Tut Buße und glaubt an das Evangelium!“ (Markus 1,15).

135

Was bedeutet „Reich Gottes“?

Das „Reich Gottes“ ist kein Staatsgebiet, kein politischer Herrschaftsbereich. Vielmehr bedeutet „Reich Gottes“, dass Gott unter den Menschen gegenwärtig ist und herrscht.

In der Person von Jesus Christus, dem Gottessohn, ist „das Reich Gottes“ zu den Menschen gekommen (vgl. Lukas 17,21). Jesus Christus ist Herrscher, er schafft Gerechtigkeit, er schenkt Gnade, er wendet sich den Armen und Hilfsbedürftigen zu, er bringt Heil.

„Reich Gottes“ hat auch eine zukünftige Bedeutung – es wird mit der „Hochzeit des Lammes“ beginnen und in der neuen Schöpfung (vgl. Offenbarung 21,1-3) ewigen Bestand haben.

→ ***Hochzeit des Lammes:*** *siehe Fragen 566 ff.*
→ ***Friedensreich:*** *siehe Fragen 575 ff.*
→ ***neue Schöpfung:*** *siehe Frage 581*
→ ***„Dein Reich komme“:*** *siehe Frage 635*

Im Matthäus-Evangelium wird für **„Reich Gottes“** der Begriff „Himmelreich“ gleichbedeutend verwendet.

„Reich Gottes“ ist die Bezeichnung für die Gegenwart und Herrschaft Gottes unter den Menschen. Es konnte zur Zeit Jesu erlebt werden. Auch heute ist das „Reich Gottes“ gegenwärtig, es ist wahrnehmbar in der Kirche Christi, in der Jesus Christus wirkt – also in Wort und Sakrament.

Erwartet wird zum anderen das künftige „Reich Gottes“. Dieses wird gegenwärtig sein bei der „Hochzeit des Lammes“, im Friedensreich und in der neuen Schöpfung.

136

Was bedeutet „Buße tun“?

„Buße tun“ bedeutet, sich vom Bösen abzuwenden und sich Gott zuzuwenden. Wer Buße tut, ist bereit zu einer Veränderung seiner Gesinnung, um den Willen Gottes zu erfüllen.

137

Was bedeutet „Evangelium“?

„Evangelium“ bedeutet „frohe Botschaft“, „gute Nachricht“. Es ist die Botschaft von der Gnade, Liebe und Versöhnung, die Gott uns in Jesus Christus schenkt.

138

Wie ist Jesu Stellung zum Gesetz des Mose?

Das mosaische Gesetz besaß für das Volk Israel höchste Verbindlichkeit. Seine Erfüllung betrachtete man als Voraussetzung für das rechte Verhältnis des Menschen zu Gott. Jesus machte deutlich, dass er höhere Autorität besitzt als Mose und Herr über das Gesetz ist. Er fasste das Gesetz in dem einen Gebot zusammen, Gott zu lieben und den Nächsten wie sich selbst (vgl. Matthäus 22,37-40).

„Ihr sollt nicht meinen, dass ich gekommen bin, das Gesetz oder die Propheten aufzulösen; ich bin nicht gekommen aufzulösen, sondern zu erfüllen.“
Matthäus 5,17

„Jesus aber antwortete ihm: »Du sollst den Herrn, deinen Gott, lieben von ganzem Herzen, von ganzer Seele und von ganzem Gemüt« (5. Mose 6,5). Dies ist das höchste und größte Gebot. Das andere aber ist dem gleich: »Du sollst deinen Nächsten lieben wie dich selbst« (3. Mose 19,18). In diesen beiden Geboten hängt das ganze Gesetz und die Propheten.“
Matthäus 22,37-40

139

Was war eine der ersten Taten Jesu zu Beginn seiner Lehrtätigkeit?

Jesus berief Jünger (vgl. Markus 1,16 ff.). Aus ihnen setzte er zwölf ein, „die er auch Apostel nannte, dass sie bei ihm sein sollten und dass er sie aussendete zu predigen“ (vgl. Markus 3,14).

Jünger Jesu sind diejenigen Menschen, die dem Evangelium in Wort und Tat folgen.

140

Welche Wunder tat Jesus?

Die Wunder, die der Sohn Gottes tat, sind unterschiedlich: Heilungen von Kranken, Austreibungen böser Geister, Auferweckungen von Toten, Naturwunder, Speisungswunder, Geschenkwunder.

141

Warum tat Jesus Wunder?

Jesus tat Wunder, um zu zeigen, dass sich in ihm Gott als der Allmächtige und der Liebende dem leidenden

Menschen barmherzig zuwendet. Die Wunder offenbaren die Herrlichkeit des Gottessohnes und seine göttliche Vollmacht.

142

Von welchen Krankenheilungen wird in den Evangelien berichtet?

Die Evangelien berichten, dass Jesus blinde, lahme, taube und aussätzige Menschen heilte. Diese Heilungen verweisen auf das göttliche Wesen Jesu Christi, der so handelte, wie Gott von sich zu Israel sprach: „Ich bin der Herr, dein Arzt" (2. Mose 15,26). Die Heilungswunder stehen immer in engem Zusammenhang mit dem Glauben der betreffenden Menschen (vgl. z.B. Lukas 18,35-43).

143

Was wird über Austreibungen böser Geister durch Jesus berichtet?

In den Evangelien wird berichtet, dass Jesus Dämonen austrieb – die nach damaliger Vorstellung auch Verursacher von Krankheiten waren – und so die Menschen heilte. Jesus Christus wurde sogar von den Dämonen als Herr erkannt (vgl. Markus 3,11).

Als „**Dämonen**" werden im Neuen Testament böse, gottwidrige Geister bezeichnet, die nach antikem Verständnis Menschen zu beherrschen suchten und auch Krankheiten verursachten.

144

Von welchen Totenauferweckungen wird in den Evangelien berichtet?

Die Evangelien schildern drei Fälle, in denen Jesus verstorbene Menschen ins Leben zurückrief: die Tochter des Jairus (vgl. Matthäus 9,18-26), den Jüngling zu Nain (vgl. Lukas 7,12-15) und Lazarus, den Bruder von Maria und Marta (vgl. Johannes 11,1-44).

Die Auferweckungen vom Tod machen deutlich, dass Jesus Christus auch Herr über den Tod ist. Sie verweisen zugleich auf die Hoffnung, dass dereinst die Toten zum ewigen Leben auferstehen werden.

145

Von welchen Naturwundern wird in den Evangelien berichtet?

Jesus hatte Macht über den Wind und das Meer, sie waren ihm „gehorsam" (vgl. Matthäus 8,27): Es war Sturm und als er ihm Einhalt gebot, trat Windstille ein; das Wasser wurde ruhig. Damit zeigte sich Jesu Macht über die Elemente.

Die Herrschaft Jesu über die Naturgewalten unterstreicht, dass der Gottessohn Schöpfer ist, wie Gott, der Vater (vgl. Johannes 1,1-3).

146

Von welchen Speisungswundern wird in den Evangelien berichtet?

In allen Evangelien wird von dem Wunder berichtet, dass Jesus fünftausend Menschen mit fünf Broten und zwei Fischen satt machte (vgl. z.B. Markus 6,30-44). Das Matthäus- und das

Markus-Evangelium erzählen zudem von der Speisung der Viertausend (vgl. Matthäus 15,32-39 und Markus 8,1-9).

Diese Wunder erinnern daran, dass Gott bei der Wüstenwanderung des Volkes Israel für Speise (Manna) sorgte. Weiterhin verweisen diese Geschehen auf das Heilige Abendmahl.

147

Von welchen Geschenkwundern wird in den Evangelien berichtet?

Jesus tat auch Wunder, in denen Menschen eine Fülle irdischer Gaben empfingen. Beispiel für ein solches Geschenkwunder ist der reiche Fischfang des Petrus. Dieser hatte mit anderen Fischern eine ganze Nacht lang gearbeitet, doch nichts gefangen. Auf das Wort Jesu hin warfen die Fischer ihre Netze erneut aus, und sie fingen eine so große Menge Fische, dass die Netze zu reißen begannen und die Boote fast untergingen (vgl. Lukas 5,1-11).

Bei der Hochzeit zu Kana machte Jesus aus Wasser Wein (vgl. Johannes 2,1-11). Auch dies ist ein Geschenkwunder und damit Zeichen der Göttlichkeit Jesu Christi.

148

Wie brachte Jesus den Menschen seine Lehre nahe?

Jesus predigte den Menschen. Seine bekannteste Predigt ist die „Bergpredigt“, die im Matthäus-Evangelium überliefert ist. Am Beginn der „Bergpredigt“ stehen die „Seligpreisungen“.

Die Seligpreisungen:

„Selig sind, die da geistlich arm sind; denn ihrer ist das Himmelreich.

Selig sind, die da Leid tragen; denn sie sollen getröstet werden.

Selig sind die Sanftmütigen; denn sie werden das Erdreich besitzen.

Selig sind, die da hungert und dürstet nach der Gerechtigkeit; denn sie sollen satt werden.

Selig sind die Barmherzigen; denn sie werden Barmherzigkeit erlangen.

Selig sind, die reinen Herzens sind; denn sie werden Gott schauen.

Selig sind die Friedfertigen; denn sie werden Gottes Kinder heißen.

Selig sind, die um der Gerechtigkeit willen verfolgt werden; denn ihrer ist das Himmelreich.

Selig seid ihr, wenn euch die Menschen um meinetwillen schmähen und verfolgen und reden allerlei Übles gegen euch, wenn sie damit lügen."

Matthäus 5,3-11

149

Was verstehen wir unter „Seligpreisungen" Jesu?

Im Matthäus-Evangelium finden sich die „Seligpreisungen" aus der Bergpredigt Jesu. Damit zeigt Jesus, wie man am „Himmelreich", das in ihm gegenwärtig geworden ist, teilnimmt. Menschen werden von ihm als „selig" (glücklich) bezeichnet, wenn sie so leben, wie es dort gesagt wird.

→ ***Himmelreich:*** *siehe Frage 135, Erläuterung zu Frage 135*

150

Wie machte Jesus das Evangelium verständlich?

Jesus redete in seinen Predigten oft in Gleichnissen, also in bildhaften Erzählungen. Diese Geschichten sind der Alltagswelt seiner Zuhörer entnommen, um von ihnen gut verstanden werden zu können. Mit den Gleichnissen veranschaulichte Jesus wesentliche Inhalte des Evangeliums.

Mehr als 40 Gleichnisse sind in den ersten drei Evangelien überliefert.

„Das alles redete Jesus in Gleichnissen zu dem Volk, und ohne Gleichnisse redete er nichts zu ihnen, damit erfüllt würde, was gesagt ist durch den Propheten, der da spricht (Psalm 78,2): ‚Ich will meinen Mund auftun in Gleichnissen und will aussprechen, was verborgen war vom Anfang der Welt an'."

Matthäus 13,34.35

151

Welche wesentlichen Aussagen des Evangeliums werden in Gleichnissen veranschaulicht?

Jesus veranschaulichte in den Gleichnissen wesentliche Aussagen zum Reich Gottes, zum Gebot der Nächstenliebe, zur Gesinnung des Menschen und zum Kommen des Menschensohnes.

→ ***Reich Gottes:***
siehe Erläuterung zu Frage 135
→ ***Menschensohn:*** *siehe Frage 114*

152

Wie erklärte Jesus den Beginn und das Wachstum des Reiches Gottes?

Jesus erklärte dies im Gleichnis vom Senfkorn. Er zeigte damit den bescheidenen Anfang des Reiches Gottes und sein Wachstum.

> „Das ist das kleinste unter allen Samenkörnern; wenn es aber gewachsen ist, so ist es größer als alle Kräuter und wird ein Baum, sodass die Vögel unter dem Himmel kommen und wohnen in seinen Zweigen. Ein anderes Gleichnis sagte er ihnen: Das Himmelreich gleicht einem Sauerteig, den eine Frau nahm und unter einen halben Zentner Mehl mengte, bis es ganz durchsäuert war."
> **Matthäus 13,31-33**

153

Wie erklärte Jesus, dass mit dem Reich Gottes etwas überaus Wertvolles angeboten wird?

Im Gleichnis von der kostbaren Perle wird der Mensch gezeigt, der den in Jesus Christus verborgenen Reichtum erkennt, ihn annimmt und alles andere dafür aufgibt. Jesus unterstreicht dies an anderer Stelle mit der Aufforderung: „Trachtet zuerst nach dem Reich Gottes …" (Matthäus 6,33).

> „Das Himmelreich gleicht einem Schatz, verborgen im Acker, den ein Mensch fand und verbarg; und in seiner Freude ging er hin und verkaufte alles, was er hatte, und kaufte den Acker. Wiederum gleicht das Himmelreich einem Kaufmann, der gute Perlen suchte, und als er eine kostbare Perle fand, ging er hin und verkaufte alles, was er hatte, und kaufte sie."
> **Matthäus 13,44-46**
>
> „Trachtet zuerst nach dem Reich Gottes und nach seiner Gerechtigkeit, so wird euch das alles zufallen."
> **Matthäus 6,33**

154

Wie erklärte Jesus die Liebe, die im Reich Gottes herrscht?

Mit dem Gleichnis vom verlorenen Schaf zeigte Jesus, dass Gott sich um alle Menschen bemüht, auch um solche, die verloren scheinen. Im Gleichnis vom verlorenen Sohn wird Gottes Liebe zum Sünder verdeutlicht.

„Er sagte aber zu ihnen dies Gleichnis und sprach: Welcher Mensch ist unter euch, der hundert Schafe hat und, wenn er eins von ihnen verliert, nicht die neunundneunzig in der Wüste lässt und geht dem verlorenen nach, bis er's findet? Und wenn er's gefunden hat, so legt er sich's auf die Schultern voller Freude. Und wenn er heimkommt, ruft er seine Freunde und Nachbarn und spricht zu ihnen: Freut euch mit mir; denn ich habe mein Schaf gefunden, das verloren war. Ich sage euch: So wird auch Freude im Himmel sein über einen Sünder, der Buße tut, mehr als über neunundneunzig Gerechte, die der Buße nicht bedürfen."
Lukas 15,3-7

155

Welches Gleichnis ruft zur Nächstenliebe auf?

Die vornehmsten Gebote sind, Gott und den Nächsten zu lieben. Mit der Erzählung vom barmherzigen Samariter veranschaulichte Jesus, wer der Nächste ist und dass Nächstenliebe bedeutet, nicht die Augen vor der Not anderer zu verschließen, sondern Hilfe zu leisten.

→ ***Doppelgebot der Liebe:***
siehe Fragen 282 ff.

„Da antwortete Jesus und sprach: Es war ein Mensch, der ging von Jerusalem hinab nach Jericho und fiel unter die Räuber; die zogen ihn aus und schlugen ihn und machten sich davon und ließen ihn halb tot liegen. Es traf sich aber, dass ein Priester dieselbe Straße hinabzog; und als er ihn sah, ging er vorüber. Desgleichen auch ein Levit: Als er zu der Stelle kam und ihn sah, ging er vorüber. Ein Samariter aber, der auf der Reise war, kam dahin; und als er ihn sah, jammerte er ihn; und er ging zu ihm, goss Öl und Wein auf seine Wunden und verband sie ihm, hob ihn auf sein Tier und brachte ihn in eine Herberge und pflegte ihn. Am nächsten Tag zog er zwei Silbergroschen heraus, gab sie dem Wirt und sprach: Pflege ihn; und wenn du mehr ausgibst, will ich dir's bezahlen, wenn ich wiederkomme."
Lukas 10,30-35

156

Welche Gleichnisse betreffen die Gesinnung des Menschen?

Das Gleichnis vom Pharisäer und Zöllner verdeutlicht: Nicht wer sich dessen rühmt, was er kann, was er hat und was er ist, sondern wer demütig zu Gott kommt und Gnade sucht, wird gerecht gemacht.

Das Gleichnis vom Schalksknecht ruft die, welche Gottes Gnade empfangen haben, dazu auf, den anderen ebenfalls gnädig zu begegnen. Für den, der die Größe der Liebe Gottes erkennt, ist die Versöhnung mit dem Nächsten ein Bedürfnis.

„Er sagte aber zu einigen, die sich anmaßten, fromm zu sein, und verachteten die andern, dies Gleichnis: Es gingen zwei Menschen hinauf in den Tempel, um zu beten, der eine ein Pharisäer, der andere ein Zöllner. Der Pharisäer stand für sich und betete so: Ich danke dir, Gott, dass ich nicht bin wie die andern Leute, Räuber, Betrüger, Ehebrecher oder auch wie dieser Zöllner. Ich faste zweimal in der Woche und gebe den Zehnten von allem, was ich einnehme. Der Zöllner aber stand ferne, wollte auch die Augen nicht aufheben zum Himmel, sondern schlug an seine Brust und sprach: Gott, sei mir Sünder gnädig! Ich sage euch: Dieser ging gerechtfertigt hinab in sein Haus, nicht jener. Denn wer sich selbst erhöht, der wird erniedrigt werden; und wer sich selbst erniedrigt, der wird erhöht werden."
Lukas 18,9-14

„Da trat Petrus zu ihm und fragte: Herr, wie oft muss ich denn meinem Bruder, der an mir sündigt, vergeben? Genügt es siebenmal? Jesus sprach zu ihm: Ich sage dir: nicht siebenmal, sondern siebzigmal siebenmal. Darum gleicht das Himmelreich einem König, der mit seinen Knechten abrechnen wollte.
Und als er anfing abzurechnen, wurde einer vor ihn gebracht, der war ihm zehntausend Zentner Silber schuldig. Da er's nun nicht bezahlen konnte, befahl der Herr, ihn und seine Frau und seine Kinder und alles, was er hatte, zu verkaufen und damit zu bezahlen. Da fiel ihm der Knecht zu Füßen und flehte ihn an und sprach: Hab Geduld mit mir; ich will dir's alles bezahlen. Da hatte der Herr Erbarmen mit diesem Knecht und ließ ihn frei und die Schuld erließ er ihm auch.
Da ging dieser Knecht hinaus und traf einen seiner Mitknechte, der war ihm hundert Silbergroschen schuldig; und er packte und würgte ihn und sprach: Bezahle, was du mir schuldig bist! Da fiel sein Mitknecht nieder und bat ihn und sprach: Hab Geduld mit mir; ich will dir's bezahlen. Er wollte aber nicht, sondern ging hin und warf ihn ins Gefängnis, bis er bezahlt hätte, was er schuldig war. Als aber seine Mitknechte das sahen, wurden sie sehr betrübt und kamen und brachten bei ihrem Herrn alles vor, was sich begeben hatte. Da forderte ihn sein Herr vor sich und sprach zu ihm: Du böser Knecht! Deine ganze Schuld habe ich dir erlassen, weil du mich gebeten hast; hättest du dich da nicht auch erbarmen sollen über deinen Mitknecht, wie ich mich über dich erbarmt habe? Und sein Herr wurde zornig und überantwortete ihn den Peinigern, bis er alles bezahlt hätte, was er ihm schuldig war. So wird auch mein himmlischer Vater an euch tun, wenn ihr einander nicht von Herzen vergebt, ein jeder seinem Bruder."
Matthäus 18,21-35

157

Was offenbarte Jesus in den Gleichnissen vom Kommen des Menschensohns?

In den Gleichnissen vom Kommen des Menschensohns sprach Jesus Christus von seiner Wiederkunft.

In Matthäus 24,37-39 wird ein Vergleich zwischen der Zeit vor Jesu Wiederkommen und den Tagen Noahs gezogen; es kommt zum Ausdruck: Die Wiederkunft Christi wird plötzlich und überraschend sein.

Diese Botschaft vermittelt auch das Gleichnis von den klugen und törichten Jungfrauen (vgl. Matthäus 25,1-13). Wir lernen daraus, zu wachen und für die Wiederkunft des Herrn bereit zu sein.

„Denn wie es in den Tagen Noahs war, so wird auch sein das Kommen des Menschensohns. Denn wie sie waren in den Tagen vor der Sintflut – sie aßen, sie tranken, sie heirateten und ließen sich heiraten bis an den Tag, an dem Noah in die Arche hineinging; und sie beachteten es nicht, bis die Sintflut kam und raffte sie alle dahin –, so wird es auch sein beim Kommen des Menschensohns."

Matthäus 24,37-39

„Dann wird das Himmelreich gleichen zehn Jungfrauen, die ihre Lampen nahmen und gingen hinaus, dem Bräutigam entgegen. Aber fünf von ihnen waren töricht und fünf waren klug. Die törichten nahmen ihre Lampen, aber sie nahmen kein Öl mit. Die klugen aber nahmen Öl mit in ihren Gefäßen, samt ihren Lampen. Als nun der Bräutigam lange ausblieb, wurden sie alle schläfrig und schliefen ein. Um Mitternacht aber erhob sich lautes Rufen: Siehe, der Bräutigam kommt! Geht hinaus, ihm entgegen! Da standen diese Jungfrauen alle auf und machten ihre Lampen fertig. Die törichten aber sprachen zu den klugen: Gebt uns von eurem Öl, denn unsre Lampen verlöschen. Da antworteten die klugen und sprachen: Nein, sonst würde es für uns und euch nicht genug sein; geht aber zum Kaufmann und kauft für euch selbst. Und als sie

hingingen zu kaufen, kam der Bräutigam; und die bereit waren, gingen mit ihm hinein zur Hochzeit, und die Tür wurde verschlossen. Später kamen auch die andern Jungfrauen und sprachen: Herr, Herr, tu uns auf! Er antwortete aber und sprach: Wahrlich, ich sage euch: Ich kenne euch nicht. Darum wachet! Denn ihr wisst weder Tag noch Stunde."
Matthäus 25,1-13

158

Mit welchen Bildworten beschrieb sich Jesus, und was bedeutet dies?

Im Johannes-Evangelium finden sich Aussagen Jesu, die als „Bildworte" bezeichnet werden. In ihnen macht Jesus sein Wesen deutlich. Sieben markante Aussagen Jesu beginnen mit den Worten „Ich bin". In ihnen spricht er bildlich von sich als „Brot des Lebens" (Johannes 6,35), als „Licht der Welt" (Johannes 8,12), als „Tür" zur Errettung (Johannes 10,9), als der „gute Hirte" (Johannes 10,11) und als „Weinstock" (Johannes 15,5). Darüber hinaus bezeichnet Jesus Christus sich als „Auferstehung" (Johannes 11,25) und als „Weg", „Wahrheit" und „Leben" (Johannes 14,6).

Das alles bedeutet: Jesus allein eröffnet den Zugang zu Gott, dem Vater, und ist Ursache des Heils.

159

Welche Jünger standen Jesus besonders nahe?

Die zwölf Apostel standen Jesus besonders nahe, zu ihnen hatte er ein besonderes Vertrauensverhältnis:

- Als andere Jünger Jesus nicht verstanden und ihm nicht mehr folgten, blieben die Apostel bei ihm und bekannten, dass er der Christus ist (vgl. Johannes 6,66-69).
- Nur die Apostel waren bei ihm, als er das Heilige Abendmahl stiftete (vgl. Lukas 22,14 ff.).

- Jesus gab den Aposteln, indem er ihnen die Füße wusch, ein Beispiel für demütiges Dienen (vgl. Johannes 13,4 ff.).
- An die Apostel wandte er sich in den Abschiedsreden vor seinem Tod, die im Johannes-Evangelium 13-16 überliefert sind, und verhieß ihnen den Heiligen Geist.
- Den Aposteln gab er die Verheißung seiner Wiederkunft (vgl. Johannes 14,3).
- Den Aposteln zeigte er sich wiederholt nach seiner Auferstehung (vgl. Apostelgeschichte 1,2.3).
- Den Aposteln gab er vor seiner Himmelfahrt den Befehl: „Gehet hin und machet zu Jüngern alle Völker: Taufet sie auf den Namen des Vaters und des Sohnes und des Heiligen Geistes und lehret sie halten alles, was ich euch befohlen habe" (Matthäus 28,19.20).

„Ihnen zeigte er sich nach seinem Leiden durch viele Beweise als der Lebendige und ließ sich sehen unter ihnen vierzig Tage lang und redete mit ihnen vom Reich Gottes."
Apostelgeschichte 1,3

„Da stand er vom Mahl auf, legte sein Obergewand ab und nahm einen Schurz und umgürtete sich. Danach goss er Wasser in ein Becken, fing an, den Jüngern die Füße zu waschen, und trocknete sie mit dem Schurz, mit dem er umgürtet war. ... Ein Beispiel habe ich euch gegeben, damit ihr tut, wie ich euch getan habe."
Johannes 13,4.5.15

160

Womit begann die Leidenszeit Jesu Christi?

Die Leidenszeit Jesu begann mit seinem Einzug in Jerusalem: „Und als sie in die Nähe von Jerusalem kamen ..., sandte er zwei seiner Jünger und sprach zu ihnen: Geht hin in das Dorf, das vor euch liegt. Und sobald ihr hineinkommt, werdet ihr ein Füllen angebunden finden, auf dem noch nie ein Mensch gesessen hat; bindet es los und führt es her! Und wenn jemand zu euch sagen wird: Warum tut ihr das?, so sprecht: Der Herr bedarf seiner ... Und sie führten das Füllen zu Jesus und legten ihre Kleider darauf, und er setzte sich darauf. Und viele breiteten ihre Kleider auf den Weg, andere aber grüne Zweige, die sie auf den Feldern abgehauen hatten. Und die vorangingen und die nachfolgten, schrien: Hosianna! Gelobt sei, der da kommt in dem Namen des Herrn!" (Markus 11,1-9). – Trotz des Jubels wusste Jesus Christus, dass die Stimmung im Volk bald umschlagen würde und er den Weg zum Kreuz gehen müsste.

Die **Leidenszeit Christi** wird oft auch mit dem Wort „Passion" bezeichnet, bezugnehmend auf das lateinische Wort „passio", was „das Leiden" bedeutet.

„Füllen": Dies ist die Bezeichnung für einen jungen Esel.

„Du, Tochter Zion, freue dich sehr, und du, Tochter Jerusalem, jauchze! Siehe, dein König kommt zu dir, ein Gerechter und ein Helfer, arm und reitet auf einem Esel, auf einem Füllen der Eselin."
Sacharja 9,9

161

Welche Ereignisse folgten auf Jesu Einzug in Jerusalem?

Jesus reinigte den Tempel, indem er Händler und Geldwechsler daraus vertrieb. Damit machte er deutlich, dass der Tempel, das Haus Gottes, heilig und kein Ort für Geschäfte ist.

In Betanien wurde Jesus dann mit kostbarem Narden-Öl gesalbt. Dies geschah nach seinen Worten im Blick auf seinen bevorstehenden Tod, denn Tote wurden damals mit wertvollem Öl gesalbt (vgl. Markus 14,8).

Jesus hatte unter den Pharisäern und Sadduzäern, zu denen die Hohepriester zählten, viele Feinde. Sie wollten ihn töten. Daher wurde seine Lage immer bedrohlicher.

Narden-Öl: Narde ist eine im Himalajagebiet (z.B. Indien, Bhutan, Nepal) wachsende Pflanze. Aus ihrer Wurzel wurde ein wohlriechender Saft gewonnen, der dem Salböl beigemischt wurde. Die Narde wurde schon in der Antike in den Mittelmeerraum exportiert. Weil sie von weit her kam, war sie auch sehr teuer.

Pharisäer und **Sadduzäer** waren Vertreter der bekanntesten religiösen Gruppen im Judentum zur Zeit des Wirkens Jesu.

Die Pharisäer versuchten, die Vorschriften des mosaischen Gesetzes streng zu befolgen, um so durch Werke vor Gott Verdienste zu erlangen. In den Evangelien wird diese Art der Frömmigkeit häufig kritisiert, da sie zu Selbstgerechtigkeit und Heuchelei führen kann. Aus den Pharisäern erwuchs das heutige Judentum.

Die Sadduzäer lehnten den Glauben an die Engel oder die Auferstehung der Toten ab. Ihnen gehörten vor allem die wohlhabenden Schichten der Bevölkerung und die Priester des Jerusalemer Tempels an. Nach der Zerstörung des Tempels löste sich die sadduzäische Richtung des Judentums auf.

Neben Pharisäern und Sadduzäern gab es die Essener als dritte wichtige Gruppe innerhalb des antiken Judentums.

162

Wer verriet Jesus Christus?

Einer der zwölf Apostel, Judas Iskariot, ging vor dem Passafest zu den Feinden Jesu. „Da ging … Judas Iskariot, hin zu den Hohenpriestern und sprach: Was wollt ihr mir geben? Ich will ihn euch verraten" (Matthäus 26,14.15). Diese boten ihm 30 Silberlinge. Das war ein Betrag, der im Allgemeinen für einen Sklaven bezahlt wurde. Damit erfüllte sich ein Wort des Propheten Sacharja (vgl. Sacharja 11,12.13) – der Herr wurde gleichsam auf die Stufe eines Sklaven gestellt (vgl. 2. Mose 21,32).

„Und ich sprach zu ihnen: Gefällt's euch, so gebt her meinen Lohn; wenn nicht, so lasst's bleiben. Und sie wogen mir den Lohn dar, dreißig Silberstücke. Und der Herr sprach zu mir: Wirf's hin dem Schmelzer! Ei, eine treffliche Summe, deren ich wert geachtet bin von ihnen! Und ich nahm die dreißig Silberstücke und warf sie ins Haus des Herrn, dem Schmelzer hin."
Sacharja 11,12.13

163

Wie stiftete Jesus das Heilige Abendmahl?

Zum Passafest war Jesus mit den zwölf Aposteln zusammen und feierte mit ihnen das Passamahl. Es war also auch Judas Iskariot anwesend, der zuvor bei den Feinden Jesu gewesen war, um ihn zu verraten.

Als sie zusammen zu Tisch saßen, stiftete der Herr das Heilige Abendmahl: „Als sie aber aßen, nahm Jesus das Brot, dankte und brach's und gab's den Jüngern und sprach: Nehmet, esset; das ist mein Leib. Und er nahm den Kelch und dankte, gab ihnen den und sprach: Trinket alle daraus; das ist mein Blut des Bundes, das vergossen wird für viele zur Vergebung der Sünden" (Matthäus 26,26-28).

Während dieses Essens kennzeichnete Jesus seinen Verräter, Judas Iskariot. Dieser verließ daraufhin die Gemeinschaft. Er ging weg, „und es war Nacht" (Johannes 13,30).

→ *Heiliges Abendmahl:*
siehe Fragen 494 ff.

164

Was trug sich im Garten Gethsemane zu?

Nach dem Abendmahl ging Jesus mit den elf verbliebenen Aposteln in den Garten Gethsemane. Die menschliche Natur des Gottessohnes wird an seiner Furcht vor dem bevorstehenden Kreuzestod erkennbar. Er fiel in Demut nieder und rang im Gebet: „Vater, willst du, so nimm diesen Kelch von mir; doch nicht mein, sondern dein Wille geschehe!" (Lukas 22,42). Jesus stellte sich also völlig unter den Willen seines Vaters – er war bereit, das Opfer zu bringen. Darauf erschien ein Engel und stärkte ihn (vgl. Lukas 22,43). Die Apostel aber schliefen. Kurz darauf wurde Jesus gefangen genommen.

Garten Gethsemane

165

Wie geschah die Gefangennahme Jesu?

Als Jesus die Apostel bat, mit ihm zu wachen, kam eine große Schar Bewaffneter, die von den Hohepriestern geschickt waren. Judas Iskariot führte sie zu Jesus und verriet ihn mit einem Kuss: „Welchen ich küssen werde, der ist's; den ergreift" (Matthäus 26,48).

„Und er kam zu seinen Jüngern und fand sie schlafend und sprach zu Petrus: Könnt ihr denn nicht eine Stunde mit mir wachen? Wachet und betet, dass ihr nicht in Anfechtung fallt! Der Geist ist willig; aber das Fleisch ist schwach."
Matthäus 26,40.41

166

Wie verhielten sich die Apostel?

Simon Petrus zog das Schwert, um Jesus zu schützen, und schlug dem Knecht eines Hohepriesters ein Ohr ab (vgl. Johannes 18,10). Jesus jedoch hielt ihn zurück und heilte den Knecht.

Jesus machte keinen Gebrauch von seiner göttlichen Macht, sondern ließ sich gefangen nehmen. Daraufhin verließen ihn die Apostel und flohen.

Als Simon Petrus in dieser Nacht darauf angesprochen wurde, ein Jünger Jesu zu sein, stritt er dies ab. Er verleugnete den Herrn dreimal.

„Petrus aber saß draußen im Hof; da trat eine Magd zu ihm und sprach: Und du warst auch mit dem Jesus aus Galiläa. Er leugnete aber vor ihnen allen und sprach: Ich weiß nicht, was du sagst. Als er aber hinausging in die Torhalle, sah ihn eine andere und sprach zu denen, die da waren: Dieser war auch mit dem Jesus von Nazareth. Und er leugnete abermals und schwor dazu: Ich kenne den Menschen nicht. Und nach einer kleinen Weile traten hinzu, die da standen, und sprachen zu Petrus: Wahrhaftig, du bist auch einer von denen, denn deine Sprache verrät dich. Da fing er an, sich zu verfluchen und zu schwören: Ich kenne den Menschen nicht. Und alsbald krähte der Hahn. Da dachte Petrus an das Wort, das Jesus zu ihm gesagt hatte: Ehe der Hahn kräht, wirst du mich dreimal verleugnen. Und er ging hinaus und weinte bitterlich."
Matthäus 26,69-75

167

Warf Jesus später den Aposteln ihr Verhalten vor?

Nein, Jesus kannte die menschlichen Schwächen auch seiner Apostel, doch warf er sie ihnen nicht vor. Er begegnete ihnen nach seiner Auferstehung mit dem Gruß des Friedens.

168

Was geschah nach der Gefangennahme Jesu?

Der Hohe Rat, die Hohepriester und Schriftgelehrten, sprach Jesus wegen Gotteslästerung des Todes schuldig. Die Gotteslästerung wurde darin gesehen, dass er sich als Sohn Gottes bekannte.

169

Was tat Judas Iskariot nach der Verurteilung Jesu?

Nachdem Jesus zum Tod verurteilt worden war, bereute Judas Iskariot seinen Verrat, und er brachte die 30 Silberlinge den Hohepriestern zurück. Diese wollten mit ihm nichts mehr zu tun haben. Darauf warf er das Geld in den Tempel, ging fort und erhängte sich (vgl. Matthäus 27,1-5).

170

Wie erging es Jesus vor Pilatus und Herodes?

Nachdem Jesus vom Hohen Rat – der höchsten Behörde in Judäa – verurteilt worden war, wurde er von dem römischen Statthalter Pontius Pilatus verhört. Dieser war zuständig, da die Juden damals von den Römern beherrscht wurden.

Pilatus hielt Jesus für unschuldig und überstellte ihn an Herodes (mit Beinamen Antipas), den König der Juden. Da den Juden die Vollstreckung der Todesstrafe von den Römern untersagt war, sandte Herodes Jesus wieder zu Pilatus zurück. Dieser ließ Jesus geißeln. Das Volk forderte Jesu Kreuzigung und lastete ihm an, sich als „König der Juden" gegen den römischen Kaiser erhoben zu haben. Darauf stand die Todesstrafe (vgl. Johannes 19,12).

Pilatus meinte, einen Weg zu wissen, Jesus die Freiheit zu schenken: Da zum Passafest ein Verurteilter begnadigt werden konnte, sollte das Volk entscheiden, ob Jesus oder der Verbrecher Barabbas frei gelassen würde. Aufgehetzt von den Hohepriestern und Ältesten, wählte das Volk Barabbas. Um zum Ausdruck zu bringen, dass er für das nun Folgende nicht verantwortlich sei, wusch sich Pilatus vor dem Volk die Hände und sprach: „Ich bin unschuldig an seinem Blut …" (Matthäus 27,24). Er ließ Jesus nochmals geißeln und übergab ihn den Soldaten zur Kreuzigung.

In die Regierungszeit von Herodes I. fällt die Geburt Jesu. Als Jesus vor Pontius Pilatus geführt wurde, regierte **Herodes Antipas**, Sohn des Herodes I., in Galiläa.

Die **Geißelung** war eine Körperstrafe und Foltermethode in der Antike, bei der Menschen von ihren Peinigern mit Peitschen, Ruten oder einem Rohrstock gequält wurden. In den Evangelien wird von der Geißelung Jesu berichtet, in der Apostelgeschichte von Geißelungen, die die Apostel erdulden mussten.

171

Wie verhielt sich Jesus in seinem Leiden?

Jesus ließ alle Misshandlungen, Demütigungen und Lästerungen still über sich ergehen. Auch als man ihm zur Verhöhnung eine Dornenkrone auf das Haupt setzte, ertrug er dies mit Würde.

172

Wo endete der Leidensweg Jesu?

Jesus wurde auf Golgatha ans Kreuz geschlagen. Zusammen mit ihm wurden zwei Verbrecher gekreuzigt. Das Kreuz Jesu stand in der Mitte. Hier erfüllte sich die Prophezeiung aus Jesaja 53,12: Der Herr wurde den Übeltätern gleich gerechnet, also wie ein Übeltäter behandelt. Die schweren Leiden Jesu mündeten in einen grausamen Todeskampf, bis er schließlich nach Stunden verstarb.

Die **Kreuzigung** war eine in der Antike übliche Hinrichtungsart, durch die der Verurteilte absichtlich langsam und qualvoll sterben sollte. Dazu wurde er an einen aufrechten Pfahl – mit oder ohne Querbalken – gefesselt oder genagelt.

173

Wer ist schuld am Tod Jesu?

Durch die Mitwirkung des römischen Statthalters sind Verurteilung und Hinrichtung Jesu nicht allein Angelegenheit des jüdischen Volkes: Auch Heiden sind daran beteiligt.

Alle Menschen aller Zeiten sind Sünder und laden Schuld auf sich. Jesus starb für die Sünden aller Menschen. Deshalb tragen letztlich alle Menschen Schuld am Tod Jesu.

174

Was waren die letzten Worte Jesu am Kreuz?

Traditionell werden die letzten Worte Jesu, die in den Evangelien unterschiedlich überliefert sind, in die nachstehende Reihenfolge gebracht:

„Vater, vergib ihnen; denn sie wissen nicht, was sie tun!" (Lukas 23,34).

Jesus trat für alle ein, die ihn ans Kreuz gebracht hatten und denen die Tragweite ihres Handelns nicht bewusst war. Hier erfüllte Jesus das Gebot der Feindesliebe auf einzigartige Weise (vgl. Matthäus 5,44.45.48).

„Wahrlich, ich sage dir: Heute wirst du mit mir im Paradies sein" (Lukas 23,43).

Jesus wandte sich dem reuigen Übeltäter zu, der ihn um Gnade gebeten und ihn als Heiland bekannt hatte. Als „Paradies" wird hier der jenseitige Aufenthaltsort der Frommen und Gerechten verstanden.

„Frau, siehe, das ist dein Sohn!" – „Siehe, das ist deine Mutter!" (Johannes 19,26.27).

Jesus vertraute seine Mutter Maria dem Apostel Johannes an. Hier zeigt sich die Fürsorge und Liebe Christi, der sich trotz eigener Not für den Nächsten einsetzte.

Maria wird in der christlichen Tradition als Sinnbild der Kirche gedeutet. Diese wird unter die Obhut des Apostelamtes gestellt, das durch Johannes repräsentiert wird.

„Mein Gott, mein Gott, warum hast du mich verlassen?" (Markus 15,34).

Mit diesen Worten aus Psalm 22 wenden sich fromme Juden in der Todesnähe an Gott. Sie beklagen damit einerseits das Gefühl der Ferne Gottes, bezeugen jedoch andererseits den Glauben an Gottes Macht und Gnade. Auch Jesus benutzte diesen unter Menschen in Todesnot üblichen Ausspruch.

„Mich dürstet" (Johannes 19,28).

Jesus hatte im Todeskampf Durst und wollte etwas zu trinken.

Dieses Wort steht zudem mit Psalm 69,22 in Verbindung: „Sie geben mir Galle zu essen und Essig zu trinken für meinen Durst". Es wird auch so ausgelegt, dass Jesus den „Leidenskelch" bis zur Neige trinken musste, also bis zum Ende leiden musste.

„Es ist vollbracht!" (Johannes 19,30).

Es war um die neunte Stunde, das heißt am frühen Nachmittag, als diese Worte gesprochen wurden. Jesus hat das Opfer zur Erlösung der Menschen gebracht.

„Vater, ich befehle meinen Geist in deine Hände!" (Lukas 23,46).

Daraus wird deutlich, dass Jesus Christus auch im Augenblick des Todes völlig seinem Vater vertraute.

175

Welche Ereignisse begleiteten den Kreuzestod des Herrn?

Als Jesus am Kreuz starb, erbebte die Erde und Felsen zerbrachen. Der Vorhang im Tempel, der dort den heiligsten Raum („das Allerheiligste") abtrennte, zerriss in zwei Stücke. Damit wird deutlich, dass durch den Tod Jesu Christi der Opferdienst des Alten Bundes nicht mehr notwendig ist. Durch sein Opfer ist der Weg zu Gott eröffnet.

Als der römische Hauptmann und seine Soldaten, die Jesus am Kreuz bewachten, spürten, dass die Erde bebte, riefen sie aus: „Wahrlich, dieser ist Gottes Sohn gewesen!" (Matthäus 27,54). Damit bezeugten auch Heiden, dass Jesus der Sohn Gottes ist.

Alter Bund / Neuer Bund: Gott schloss auf dem Berg Sinai mit dem Volk Israel, den Nachkommen Abrahams, Isaaks und Jakobs, einen Bund. Zeichen des Alten Bundes war die Beschneidung. Zum Alten Bund gehört auch das mosaische Gesetz, in dem der Wille Gottes zum Ausdruck kommt. Mit Jesu Opfertod wurde der Neue Bund gegründet. Dieser Neue Bund ist nicht mehr nur für die Juden, sondern für alle Menschen. Durch die Wassertaufe erhält man Anteil am Neuen Bund.

176

Was geschah mit dem Leichnam Jesu?

Josef von Arimathäa, der dem Hohen Rat angehörte, bat Pilatus um den Leichnam Jesu, denn er wollte ihn in ein Grab legen. Zusammen mit Nikodemus, der einmal nachts zum Herrn gegangen und von ihm belehrt worden war (vgl. Johannes 3,1.2), brachte er dann den Leichnam in ein unbenutztes Felsengrab. Vor das Grab wurde ein Stein gewälzt. Die Hohepriester ließen das Grab von Kriegsknechten bewachen, um zu verhindern, dass die Jünger Jesu den Leichnam wegbringen würden.

„Am nächsten Tag, der auf den Rüsttag folgt, kamen die Hohenpriester mit den Pharisäern zu Pilatus und sprachen: Herr, wir haben daran gedacht, dass dieser Verführer sprach, als er noch lebte: Ich will nach drei Tagen auferstehen. Darum befiehl, dass man das Grab bewache bis zum dritten Tag, damit nicht seine Jünger kommen und ihn stehlen und zum Volk sagen: Er ist auferstanden von den Toten, und der letzte Betrug ärger wird als der erste. Pilatus sprach zu ihnen: Da habt ihr die Wache; geht hin und bewacht es, so gut ihr könnt. Sie gingen hin und sicherten das Grab mit der Wache und versiegelten den Stein."
Matthäus 27,62-66

177

Wozu musste Jesus leiden und sterben?

Gott, der Sohn, wurde in Jesus Mensch und kam in die Welt, damit er die Sünden der Menschen auf sich nehme. Er brachte das Opfer aus freiem Willen in göttlicher Liebe, um die Menschen aus dem Tod zu erretten. Die Macht der Sünde ist groß, doch noch größer ist die Macht der göttlichen Liebe, die sich darin zeigt, dass Jesus Christus sein Leben hingab.

→ ***Errettung aus geistlichem Tod / Erlösung:*** *siehe Fragen 89-90, 108-109, 215-216*

„Niemand hat größere Liebe als die, dass er sein Leben lässt für seine Freunde.“
Johannes 15,13

178

Welche Bedeutung hat somit das Leiden und Sterben Jesu für die Menschen?

Der Opfertod Jesu ist Grundlage für ein neues Verhältnis des Menschen zu Gott. Der sündhafte Mensch kann zu Gott zurückfinden.

179

Wird auf das Leiden und den Opfertod Jesu Christi im Alten Testament hingewiesen?

Ja, in Jesaja 53,3-5 wird ein Knecht Gottes beschrieben, der erniedrigt wird und leiden muss. Es heißt dort: Er ist „der Allerverachtetste und Unwerteste, voller Schmerzen und Krankheit … Fürwahr, er trug unsre Krankheit und lud auf sich unsre Schmerzen. … Die Strafe liegt auf ihm, auf dass wir Frieden hätten, und durch seine Wunden sind wir geheilt.“ Dies sind Hinweise auf den Leidensweg Jesu Christi und seinen Opfertod.

180

Gab Jesus selbst Hinweise auf sein Leiden und Sterben?

Ja, Jesus gab mehrfach Hinweise auf sein Leiden und Sterben und auch auf seine Auferstehung.

Nachdem Petrus zu Jesus gesagt hatte: „Du bist der Christus Gottes!“, verwies Jesus auf sein bevorstehendes Leiden und Sterben: „Der Menschensohn muss viel leiden und verworfen werden von den Ältesten und Hohenpriestern und Schriftgelehrten und getötet werden und am dritten Tag auferstehen“ (Lukas 9,22).

Ähnlich äußerte sich Jesus im Anschluss an das Geschehen auf dem Berg der Verklärung: „Der Menschensohn wird überantwortet werden in die Hände der Menschen und sie werden ihn töten; und wenn er getötet ist, so wird er nach drei Tagen auferstehen“ (Markus 9,31).

Vor dem Einzug in Jerusalem sagte er zu den Aposteln: „Der Menschensohn wird den Hohenpriestern und Schriftgelehrten überantwortet werden; und sie werden ihn zum Tode verurteilen und werden ihn den Heiden überantworten, damit sie ihn verspotten und geißeln und kreuzigen; und am dritten Tage wird er auferstehen“ (Matthäus 20,18.19).

Den Schriftgelehrten und Pharisäern gegenüber sprach Jesus davon, dass er nach drei Tagen auferstehen werde. Dazu erinnerte er an die Geschichte des Propheten Jona: „Denn wie Jona drei Tage und drei Nächte im Bauch des Fisches war, so wird der Menschensohn drei Tage und drei Nächte im Schoß der Erde sein“ (Matthäus 12,40).

181

Was sagen die Briefe der Apostel zum Opfertod Jesu?

In 2. Korinther 5,19 wird die Bedeutung des Opfertodes Jesu am Kreuz so beschrieben: „Gott war in Christus und versöhnte die Welt mit sich selber.“ In 1. Johannes 3,16 heißt es: „Daran haben wir die Liebe erkannt, dass er sein Leben für uns gelassen hat.“

In der Auseinandersetzung mit Irrlehren, die das Mensch-Sein Jesu Christi und seine Auferstehung leugneten, machte Apostel Paulus deutlich, „dass Christus gestorben ist für unsre Sünden nach der Schrift; und dass er begraben worden ist; und dass er auferstanden ist am dritten Tage nach der Schrift“ (1. Korinther 15,3.4).

182

Was bedeutet das Kreuz?

Das Kreuz Christi ist Zeichen dafür, dass Gott sich mit den sündigen Menschen versöhnt. Der Tod am Kreuz war in der Antike Ausdruck einer Niederlage: schmachvolles Ende eines Verachteten und aus der menschlichen Gesellschaft Ausgeschlossenen. Bei Jesus jedoch ist die vermeintliche Niederlage ein Sieg: Durch den Tod am Kreuz hat er ein unvergleichliches Werk der Erlösung getan.

> „Das Wort vom Kreuz ist eine Torheit denen, die verloren werden; uns aber, die wir selig werden, ist's eine Gottes-kraft.“
> **1. Korinther 1,18**

183

Was geschah, nachdem Jesus gestorben war?

Nachdem Jesus Christus gestorben war, ging er in das Reich des Todes. In 1. Petrus 3,18-20 heißt es, dass der Sohn Gottes nach seinem Tod am Kreuz denen predigte, die zur Zeit Noahs Gott ungehorsam waren. Dies tat er, um das Heil anzubieten: „Dazu ist auch den Toten das Evangelium verkündigt, dass sie zwar nach Menschenweise gerichtet werden im Fleisch, aber nach Gottes Weise das Leben haben im Geist“ (1. Petrus 4,6).

Wie sich der Sohn Gottes auf Erden den Sündern zugewandt hatte, so tat er dies nun gegenüber den Toten. Seit er das Opfer gebracht hat, ist auch für die Toten Erlösung möglich.

> „Denn auch Christus hat einmal für die Sünden gelitten, der Gerechte für die Ungerechten, damit er euch zu Gott führte, und ist getötet nach dem Fleisch, aber lebendig gemacht nach dem Geist. In ihm ist er auch hingegangen und hat gepredigt den Geistern im Gefängnis, die einst ungehorsam waren, als Gott harrte und Geduld hatte zur Zeit Noahs, als man die Arche baute, in der wenige, nämlich acht Seelen, gerettet wurden durchs Wasser hindurch.“
> **1. Petrus 3,18-20**

184

Aus welcher Macht ist Jesus Christus auferstanden?

Die Auferstehung Jesu Christi ist Tat des dreieinigen Gottes:

- Zum einen offenbart sich hier die Macht Gottes, des Vaters – er erweckte Jesus von den Toten: „Der Gott unsrer Väter hat Jesus auferweckt, den ihr an das Holz gehängt und getötet habt" (Apostelgeschichte 5,30).
- Zum anderen erfüllten sich die Worte Gottes, des Sohnes: „Ich habe Macht, es [mein Leben] zu lassen, und habe Macht, es wieder zu nehmen" (Johannes 10,18).
- Schließlich wird das Handeln Gottes, des Heiligen Geistes, im Brief des Apostels Paulus an die Römer bezeugt: „Wenn nun der Geist dessen, der Jesus von den Toten auferweckt hat, in euch wohnt, so wird er, der Christus von den Toten auferweckt hat, auch eure sterblichen Leiber lebendig machen durch seinen Geist, der in euch wohnt" (Römer 8,11).

Dass Jesus Christus von den Toten auferstanden ist, zeigt die Macht Gottes über den Tod.

185

Gibt es Zeugen für die Auferstehung Christi?

Jesus Christus ist auferstanden, ohne dass ein Mensch Augenzeuge dieses Vorgangs geworden wäre. Jedoch wird in der Heiligen Schrift die Auferstehung des Sohnes Gottes vielfach bezeugt. Eines dieser Zeugnisse ist das leere Grab. Weitere Belege sind die vielfältigen Erscheinungen des Auferstandenen in den 40 Tagen zwischen seiner Auferstehung und Himmelfahrt: Es sind konkret benannte Personen, denen er sich zeigte und die ihn erkannten.

Die Auferstehung Jesu Christi ist keine Wunschvorstellung seiner Anhänger, sondern ein wirkliches Geschehen. Sie hat tatsächlich stattgefunden.

„Denn als Erstes habe ich euch weitergegeben, was ich auch empfangen habe: Dass Christus gestorben ist für unsre Sünden nach der Schrift; und dass er begraben worden ist; und dass er auferstanden ist am dritten Tage nach der Schrift; und dass er gesehen worden ist von Kephas, danach von den Zwölfen. Danach ist er gesehen worden von mehr als fünfhundert Brüdern auf einmal, von denen die meisten noch heute leben, einige aber sind entschlafen. Danach ist er gesehen worden von Jakobus, danach von allen Aposteln."
1. Korinther 15,3-7

186

Welche Bedeutung hat die Auferstehung Christi für die Menschen?

Jesus Christus ist auferstanden. Dadurch hat der Gläubige eine berechtigte Hoffnung auf die eigene Auferstehung und ewiges Leben: „Nun aber ist Christus auferstanden von den Toten als Erstling unter denen, die entschlafen sind. Denn da durch einen Menschen der Tod gekommen ist, so kommt auch durch einen Menschen die Auferstehung der Toten. Denn wie sie in Adam alle sterben, so werden sie in Christus alle lebendig gemacht werden" (1. Korinther 15,20-22).

Der Glaube an die Auferstehung Jesu Christi ist notwendig, weil durch seine Auferstehung gezeigt wird, dass Jesus Christus der Heiland der Welt ist (vgl. 1. Korinther 15,14).

→ **Heiland:** *siehe Frage 108, auch Fragen 110 ff.*

187

Von welchen Erscheinungen des Auferstandenen wird im Neuen Testament berichtet?

Der auferstandene Jesus erschien öfter seinen Jüngern und Jüngerinnen. Hierfür einige Beispiele:

Maria von Magdala und weitere Frauen waren die ersten Zeugen des Auferstandenen. „Siehe, da begegnete ihnen Jesus und sprach: Seid gegrüßt! Und sie traten zu ihm und umfassten seine Füße und fielen vor ihm nieder" (Matthäus 28,9).

Der Auferstandene begleitete, von ihnen zunächst unerkannt, Jünger, die zum Dorf Emmaus gingen. Er erklärte ihnen die Schrift und brach schließlich mit ihnen das Brot, sodass sie ihn erkannten (vgl. Lukas 24,13-35).

Am Abend des Tages seiner Auferstehung trat Jesus in den Kreis seiner Jünger. Als Auferstandener und Herr über Tod und Sünde erteilte er den Aposteln Vollmacht, den Menschen die Sündenvergebung zugänglich zu machen: „Nehmt hin den Heiligen Geist! Welchen ihr die Sünden erlasst, denen sind sie erlassen; und welchen ihr sie behaltet, denen sind sie behalten" (Johannes 20,19-23).

Ein weiteres Mal erschien der Herr einigen Jüngern am See Tiberias und gab Apostel Petrus den Auftrag, die „Lämmer und Schafe Christi" – also alle Mitglieder der Gemeinde – zu „weiden", d.h. sie zu betreuen (Petrusdienst; vgl. Johannes 21,15-17).

Der auferstandene Herr zeigte sich seinen Aposteln „durch viele Beweise als der Lebendige und ließ sich sehen unter ihnen vierzig Tage lang und redete mit ihnen vom Reich Gottes" (Apostelgeschichte 1,3).

Apostel Paulus spricht in 1. Korinther 15,6 davon, dass der auferstandene Jesus von mehr als fünfhundert Brüdern auf einmal gesehen wurde.

→ **Sündenvergebung, Beispiele für Handeln in Bevollmächtigung:** *siehe Erläuterung zu Frage 415 und Fragen 644 ff.*

→ **Petrusdienst:** *siehe Frage 457 und Erläuterung zu Frage 457*

„Maria aber stand draußen vor dem Grab und weinte. Als sie nun weinte, schaute sie in das Grab und sieht zwei Engel in weißen Gewändern sitzen, einen zu Häupten und den andern zu den Füßen, wo sie den Leichnam Jesu hingelegt hatten. Und die sprachen zu ihr: Frau, was weinst du? Sie spricht zu ihnen: Sie haben meinen Herrn weggenommen, und ich weiß nicht, wo sie ihn hingelegt haben. Und als sie das sagte, wandte sie sich um und sieht Jesus stehen und weiß nicht, dass es Jesus ist. Spricht Jesus zu ihr: Frau, was weinst du? Wen suchst du? Sie meint, es sei der Gärtner, und spricht zu ihm: Herr, hast du ihn weggetragen, so sage

mir, wo du ihn hingelegt hast; dann will ich ihn holen. Spricht Jesus zu ihr: Maria! Da wandte sie sich um und spricht zu ihm auf Hebräisch: Rabbuni!, das heißt: Meister!"
Johannes 20,11-16

188

Wie verhielten sich die Hohepriester nach der Auferstehung Jesu Christi?

Die Hohepriester erfuhren von der Auferstehung Jesu Christi. Sie bestachen die Soldaten mit Geld und sagten: „Sagt, seine Jünger sind in der Nacht gekommen und haben ihn gestohlen, während wir schliefen" (Matthäus 28,13).

189

Was ist der Auferstehungsleib Christi?

Der Auferstehungsleib ist herausgenommen aus der Endlichkeit und Sterblichkeit; er ist nicht an Raum und Zeit gebunden. Der Auferstehungsleib Christi ist nicht ein Körper, der krank wird, altert und einmal stirbt. Er ist ein verherrlichter Leib.

In diesem verherrlichten Leib trat Jesus Christus mitten unter seine Jünger. Er ging durch verschlossene Türen, brach mit den Jüngern das Brot, zeigte ihnen seine Wundmale von der Kreuzigung und aß mit ihnen. Dadurch machte er deutlich, dass er nicht als ein „Geist", sondern als Jesus Christus in körperlicher Gegenwart bei ihnen war.

„Auferstehung" bedeutet nicht eine Rückkehr in das irdische Dasein.

→ ***Auferstehung:*** *siehe Fragen 535, 559*

„Am Abend aber dieses ersten Tages der Woche, als die Jünger versammelt und die Türen verschlossen waren ..., kam Jesus und trat mitten unter sie ..."
Johannes 20,19

„Seht meine Hände und meine Füße, ich bin's selber. Fasst mich an und seht; denn ein Geist hat nicht Fleisch und Knochen, wie ihr seht, dass ich sie habe. Und als er das gesagt hatte, zeigte er ihnen die Hände und Füße."
Lukas 24,39.40

190

Was geschah bei der Himmelfahrt Jesu Christi?

40 Tage nach seiner Auferstehung fuhr Jesus Christus auf zum Himmel. Dafür gibt es Augenzeugen: Nachdem er mit seinen Aposteln geredet und sie gesegnet hatte, wurde er emporgehoben, und eine Wolke nahm ihn vor ihren Augen weg. Als sie ihm nachsahen, standen zwei Engel bei ihnen und sagten: „Dieser Jesus, der von euch weg gen Himmel aufgenommen wurde, wird so wiederkommen, wie ihr ihn habt gen Himmel fahren sehen" (Apostelgeschichte 1,11).

„Ich bin vom Vater ausgegangen und in die Welt gekommen; ich verlasse die Welt wieder und gehe zum Vater."
Johannes 16,28

191

Wohin ging Jesus Christus, als er in den Himmel fuhr?

Jesus Christus kehrte zum Vater zurück. Er „setzte sich zur Rechten Gottes“ (Markus 16,19).

192

Was bedeutet: „Jesus Christus sitzt zur Rechten Gottes“?

Wer im Altertum zur rechten Seite eines Herrschers stand oder saß, hatte Anteil an dessen Macht und Autorität. Das Bild, dass Jesus Christus zur Rechten Gottes sitzt, weist also darauf hin, dass er an der Machtfülle und Herrlichkeit Gottes, des Vaters, teilhat.

Diese Herrlichkeit will Jesus Christus zukünftig mit den Seinen teilen. So betete Jesus im hohepriesterlichen Gebet: „Vater, ich will, dass, wo ich bin, auch die bei mir seien, die du mir gegeben hast, damit sie meine Herrlichkeit sehen“ (Johannes 17,24). Diese Bitte wird in Erfüllung gehen, wenn Jesus Christus die Seinen aus den Toten und Lebenden zu sich entrückt und sie dann bei ihm sein werden allezeit.

→ ***Entrückung:*** *siehe Fragen 559 ff.*

„Denn das sagen wir euch mit einem Wort des Herrn, dass wir, die wir leben und übrig bleiben bis zur Ankunft des Herrn, denen nicht zuvorkommen werden, die entschlafen sind. Denn er selbst, der Herr, wird, wenn der Befehl ertönt, wenn die Stimme des Erzengels und die Posaune Gottes erschallen, herabkommen vom Himmel, und zuerst werden die Toten, die in Christus gestorben sind, auferstehen. Danach werden wir, die wir leben und übrig bleiben, zugleich mit ihnen entrückt werden auf den Wolken in die Luft, dem Herrn entgegen; und so werden wir bei dem Herrn sein allezeit.“
1. Thessalonicher 4,15-17

193

Ist Jesus Christus auch nach seiner Himmelfahrt auf Erden anwesend?

Ja, durch den Heiligen Geist, der die dritte Person der Gottheit ist und gegenwärtig in der Kirche wirkt, ist Jesus Christus auch nach seiner Himmelfahrt auf Erden anwesend. Damit erfüllt Jesus Christus seine Zusage: „Ich bin bei euch alle Tage bis an der Welt Ende" (Matthäus 28,20).

→ ***Heiliger Geist:*** *siehe Fragen 197 ff.*

194

Was meinte Jesus damit, als er sagte: „Ich will wiederkommen"?

Jesus sagte zu seinen Jüngern: „Wenn ich hingehe, euch die Stätte zu bereiten, will ich wiederkommen und euch zu mir nehmen, damit ihr seid, wo ich bin" (Johannes 14,3). Jesus Christus kommt wieder – diesmal als Bräutigam.

Bei seiner Wiederkunft als Bräutigam wird er diejenigen aus den Toten und Lebenden zu sich nehmen, die die Gabe des Heiligen Geistes empfangen haben und sich in der Brautgemeinde auf dieses Ereignis vorbereiten ließen. Die Wiederkunft Jesu Christi ist nahe.

→ ***Zukunftshoffnung:***
siehe Fragen 549 ff.

195

Wie wird das Wiederkommen Jesu Christi auch noch bezeichnet?

Das Ereignis des Wiederkommens Jesu Christi wird bezeichnet als „Tag des Herrn", „Tag Christi", „Zukunft unseres Herrn", „Offenbarung der Herrlichkeit Christi", „Erscheinung", „Wiederkommen des Herrn", „Wiederkunft Christi".

Dieses Ereignis ist nicht Endgericht, sondern Heimholung der Braut Christi zur Hochzeit des Lammes.

> „Lasst uns freuen und fröhlich sein und ihm die Ehre geben; denn die Hochzeit des Lammes ist gekommen, und seine Braut hat sich bereitet."
> **Offenbarung 19,7**

196

Welche Hinweise zur Wiederkunft Christi finden wir im Neuen Testament?

Im Neuen Testament wird insbesondere in den Briefen der Apostel die Verheißung der Wiederkunft Christi bekräftigt. Seinen ersten Brief an die Gemeinde zu Korinth beendete der Apostel mit dem Gruß: „Maranata" – das heißt: „Unser Herr kommt!" (vgl. 1. Korinther 16,22).

Apostel Jakobus forderte auf, bis zum Kommen des Herrn geduldig zu sein, „denn das Kommen des Herrn ist nahe" (Jakobus 5,8). Im Hebräerbrief wird ebenfalls zur Geduld gemahnt: „Denn nur noch eine kleine Weile, so wird kommen, der da kommen soll, und wird nicht lange ausbleiben" (Hebräer 10,37).

Der zweite Petrusbrief (vgl. 2. Petrus 3,9) wendet sich gegen alle, die bestreiten, dass Jesus Christus wiederkommt. Auch die Möglichkeit, dass sich die Erfüllung der Verheißung seiner Wiederkunft verzögert, wird in diesem Brief ausgeschlossen.

197

Wer ist der Heilige Geist?

Der Heilige Geist ist wahrer Gott. Er ist die dritte Person Gottes, die mit dem Vater und dem Sohn als Herr und Gott angebetet wird. Der Heilige Geist geht aus von Gott, dem Vater und dem Sohn. Der Heilige Geist lebt ewig in der Gemeinschaft mit ihnen und wirkt wie sie universell.

„**universell**": Die Personen der Gottheit wirken nicht nur an einer Stelle oder eingeschränkt, sondern immer und überall, wo sie wollen, im Diesseits und im Jenseits.

198

Wie zeigt sich der Heilige Geist als göttliche Person?

Der Heilige Geist zeigt sich als Person der Trinität Gottes, indem er – wie Gott, der Sohn – Menschen sendet, die das Evangelium weitertragen sollen. In Apostelgeschichte 13,4 wird berichtet: „Nachdem sie nun ausgesandt waren vom Heiligen Geist, kamen sie nach Seleuzia und von da zu Schiff nach Zypern."

Er steht denen, die den Herrn bekennen, in Bedrängnis zur Seite: „Sorgt nicht, … was ihr sagen sollt; denn der Heilige Geist wird euch in dieser Stunde lehren, was ihr sagen sollt" (Lukas 12,11.12).

Der Heilige Geist lehrt die Gesandten Gottes: „Uns aber hat es Gott offenbart durch seinen Geist; denn der Geist erforscht alle Dinge, auch die Tiefen der Gottheit" (1. Korinther 2,10).

→ ***Trinität:*** *siehe Fragen 51, 61 ff.*

199

Wie wird der Heilige Geist noch genannt?

Der Heilige Geist wird auch „Geist Gottes", „Geist des Herrn", „Geist der Wahrheit", „Geist [Jesu] Christi", „Geist des Sohnes" und „Geist der Herrlichkeit" genannt. Jesus sprach vom Heiligen Geist als Tröster und göttlichem Beistand.

200

Was bedeutet: „Der Heilige Geist ist Tröster und Beistand"?

Jesus Christus ist Tröster, Beistand und Fürsprecher der Seinen. In den Abschiedsreden vor seiner Gefangennahme und Kreuzigung verhieß er den Heiligen Geist als weiteren Tröster und Beistand: „Ich will den Vater bitten und er wird euch einen andern Tröster geben, dass er bei euch sei in Ewigkeit" (Johannes 14,16). Der Heilige Geist begleitet die Gläubigen, er steht ihnen in allen Lebenslagen bei.

201

Was bedeutet: „Der Heilige Geist ist Geist der Wahrheit"?

Der Heilige Geist macht deutlich, was Gott gefällt und was Gottes Willen entgegensteht. Als Geist der Wahrheit kennzeichnet er Wahrheit und Lüge. Der Heilige Geist sorgt dafür, dass die Botschaft von Opfertod, Auferstehung und Wiederkunft Christi über die Zeiten hinweg bewahrt und verbreitet wird.

„Wenn aber der Tröster kommen wird, den ich euch senden werde vom Vater, der Geist der Wahrheit, der vom Vater ausgeht, der wird Zeugnis geben von mir."
Johannes 15,26

202

Was bedeutet: „Der Heilige Geist ist Kraft aus der Höhe"?

Die Bezeichnung „Kraft aus der Höhe" deutet an, dass das Wirken des Heiligen Geistes ein machtvolles Eingreifen Gottes beinhaltet. Als „Kraft aus der Höhe" (Lukas 24,49) bewegt und erfüllt der Heilige Geist den Menschen und stärkt ihn im Bemühen, nach dem Wohlgefallen Gottes zu leben und sich auf die Wiederkunft Christi vorzubereiten.

203

Woran erkennen wir, dass der Heilige Geist wirkt?

Das Wirken des Heiligen Geistes wird daran deutlich, dass Gott in Jesus Christus Mensch geworden ist: Der Heilige Geist kam über Maria (vgl. Lukas 1,35), und sie wurde schwanger.

Dass der Heilige Geist wirkt, erkennen wir zudem daran, dass er Menschen Einblick in göttliche Wahrheit (Offenbarungen und Erkenntnisse) schenkt. Dazu sagte Jesus: „Der … Heilige Geist, den mein Vater senden wird in meinem Namen, der wird euch alles lehren und euch an alles erinnern, was ich euch gesagt habe" (Johannes 14,26). So erleben wir heute die Tätigkeit des Heiligen Geistes in der Predigt, vor allem im Wachhalten der Verheißung Jesu Christi, wiederzukommen.

Die Apostel erfüllen ihre Aufgaben, weil sie erfüllt sind vom Heiligen Geist. „Als er [Jesus] das gesagt hatte, blies er sie an und spricht zu ihnen: Nehmt hin den Heiligen Geist!" (Johannes 20,22).

204

Was ist die Gabe des Heiligen Geistes?

Es muss unterschieden werden zwischen dem Heiligen Geist als Person der Gottheit und dem Heiligen Geist als Gabe Gottes.

Der Heilige Geist als Gabe Gottes ist ein Geschenk Gottes und eine Kraft, die aus dem dreieinigen Gott hervorgeht. Der Gläubige, der diese Gabe empfängt, wird zugleich mit der Liebe Gottes erfüllt.

Getaufte, die den Heiligen Geist als Gabe Gottes empfangen, erhalten damit die Gotteskindschaft.

→ ***Heiliger Geist:*** *siehe Fragen 198 ff.*
→ ***Gotteskind:*** *siehe Erläuterung zu Frage 530*
→ ***Heilige Versiegelung:*** *siehe Fragen 515 ff.*

205

Wie empfängt man die Gabe des Heiligen Geistes?

Die Gabe des Heiligen Geistes schenkt Gott durch Handauflegung und Gebet eines Apostels. Dies zeigt beispielhaft das Geschehen in Samarien.

„Als aber die Apostel in Jerusalem hörten, dass Samarien das Wort Gottes angenommen hatte, sandten sie zu ihnen Petrus und Johannes. Die kamen hinab und beteten für sie, dass sie den Heiligen Geist empfingen. Denn er war noch auf keinen von ihnen gefallen, sondern sie waren allein getauft auf den Namen des Herrn Jesus. Da legten sie die Hände auf sie, und sie empfingen den Heiligen Geist."
Apostelgeschichte 8,14-17

206

Wird der Heilige Geist im Alten Testament erwähnt?

Ja, wenn wir im Alten Testament vom „Geist Gottes" lesen, ist damit der Heilige Geist gemeint. Er wird jedoch noch nicht als göttliche Person dargestellt.

207

Hat der Heilige Geist in alttestamentlicher Zeit gewirkt?

Ja, in der Heiligen Schrift wird das Wirken des Heiligen Geistes in alttestamentlicher Zeit vielfach bezeugt. Der Heilige Geist regte Menschen an, damit sie Werkzeuge nach göttlichem Willen sein konnten. Er wirkte zum Beispiel in den alttestamentlichen Propheten und sprach durch sie. Durch den Heiligen Geist wurden Verheißungen hervorgebracht, die das Kommen des Messias betrafen.

208

Wurde der Heilige Geist in alttestamentlicher Zeit auch als Gabe geschenkt?

Nein, der Heilige Geist erfüllte in alttestamentlicher Zeit Menschen nur zeitweilig. Der Heilige Geist als sakramentale Gabe konnte erst nach dem Opfertod Jesu Christi empfangen werden.

→ ***Heiliger Geist als sakramentale Gabe:*** *siehe Fragen 428, 440, 523 ff.*

209

Wann erfüllten sich die Verheißungen zur Ausgießung des Heiligen Geistes?

Am 50. Tag nach Ostern, an Pfingsten, wurde der Heilige Geist über die in Jerusalem versammelten Jünger Jesu ausgegossen.

210

Wie geschah die Ausgießung des Heiligen Geistes?

In der Bibel wird berichtet: „Als der Pfingsttag gekommen war, waren sie alle an einem Ort beieinander. Und es geschah plötzlich ein Brausen vom Himmel wie von einem gewaltigen Wind und erfüllte das ganze Haus, in dem sie saßen. Und es erschienen ihnen Zungen, zerteilt, wie von Feuer; und er setzte sich auf einen jeden von ihnen, und sie wurden alle erfüllt von dem Heiligen Geist“ (Apostelgeschichte 2,1-4).

Der Heilige Geist erfüllte die Apostel und alle, die bei ihnen waren, bleibend als Gabe, als Kraft aus der Höhe (vgl. Lukas 24,49).

211

Wirkte der Heilige Geist über die Zeit der ersten Apostel hinaus?

Ja, der Heilige Geist wirkt bis in die heutige Zeit hinein. Dadurch erleben wir die Gegenwart Gottes.

Der Herr selbst verwies auf die künftige Wirksamkeit des Heiligen Geistes: „Wenn aber jener, der Geist der Wahrheit, kommen wird, wird er euch in alle Wahrheit leiten. … was er hören wird, das wird er reden, und was zukünftig ist, wird er euch verkündigen" (Johannes 16,13).

212

Wo wirkt der Heilige Geist heute?

Wo man an Jesus Christus glaubt, ihn als Herrn bekennt und das Leben nach seinem Willen führt, wirkt der Heilige Geist.

213

Wirkt der Heilige Geist in den Sakramenten?

Ja, alle drei göttlichen Personen wirken in den Sakramenten. So ist immer, wenn der dreieinige Gott handelt, der Heilige Geist als Person der Gottheit beteiligt.

Die Sakramente werden gespendet im Namen und in der Kraft des Vaters, des Sohnes und des Heiligen Geistes. Dadurch haben die Sakramente heilsvermittelnde Kraft.

→ ***Sakramente:*** *siehe Fragen 472 ff.*

214

Welcher Zusammenhang besteht zwischen dem Wirken des Heiligen Geistes und dem Apostelamt?

Die Apostel sind von Jesus Christus gesandt. Durch sie bietet er den Menschen Erlösung an. Sie üben ihr Amt in der Kraft des Heiligen Geistes aus. Dies wirkt sich aus in der Spendung der Sakramente, in der Verkündigung der Sündenvergebung und in der Verbreitung des Evangeliums sowie im Wachhalten der Verheißung der Wiederkunft Christi. So erfolgt die Vorbereitung der Braut Christi auf das Wiederkommen Jesu Christi.

→ ***Braut Christi (Brautgemeinde):***
siehe Fragen 387, 555, 561 ff.

4 DER ERLÖSUNGSBEDÜRFTIGE MENSCH

Segen

Jesus, der Mittler

Erlösung

Sünde

Heil

Schuld

das Böse

215

Weshalb sind die Menschen erlösungsbedürftig?

Seit dem Sündenfall ist jeder Mensch Sünder: Er wurde vom Bösen zur Sünde verführt. Kein Mensch kann sündlos leben, jeder ist in Sünde verstrickt. Aus diesem Zustand will Gott die Menschen befreien, das heißt erlösen.

→ ***Sündenfall und Folgen:***
siehe Fragen 88 ff.

216

Was bedeutet „Erlösung“?

„Erlösung“ in diesem Sinn betraf in seiner ursprünglichen Wortbedeutung das Aufbinden von Stricken und Fesseln. Erlösung im Zusammenhang mit dem Opfer Jesu bedeutet, dass der in Sünde verstrickte Mensch aus den Fesseln des Bösen befreit wird.

217

Woher kommt das Böse?

Woher das Böse kommt, kann man mit dem Verstand nicht erfassen und nicht erklären.

218

Was ist das Böse?

Das Böse ist eine zerstörerische, antigöttliche Kraft.

219

Wie zeigt sich das Böse?

Das Böse zeigt sich in unterschiedlicher Weise – zum Beispiel in Zerstörung, Lüge, Neid, Habsucht. Es führt letzten Endes zum Tod.

220

Gibt es das Böse auch als Person?

Ja, das Böse tritt auch als Person in Erscheinung und wird u.a. „Teufel“ oder „Satan“ genannt (vgl. Matthäus 4,1; Markus 1,13). Als Feind von Christus wird er auch als „Antichrist“ bezeichnet.

221

Wie kam das Böse zum Menschen?

Gott gab den Menschen die Möglichkeit, sich für den Gehorsam oder den Ungehorsam ihm gegenüber zu entscheiden. Als der Mensch sich von Gott abwandte und sich für den Ungehorsam gegenüber Gott entschied, trat das Böse zutage. Das Böse ist also nicht von Gott geschaffen, wohl aber von ihm zugelassen, indem er die Entscheidung des Menschen nicht verhindert hat.

222

Wird es das Böse immer geben?

Nein, das Böse wird es nicht immer geben. Die Macht des Bösen ist durch Jesus Christus schon gebrochen. In 1. Johannes 3,8 heißt es diesbezüglich:

„Dazu ist erschienen der Sohn Gottes, dass er die Werke des Teufels zerstöre."

Nach dem Friedensreich wird dem Bösen eine letzte Möglichkeit gegeben, sich gegen Gott zu stellen. Danach wird es vollständig unwirksam gemacht. In der neuen Schöpfung wird Böses keinen Platz haben.

→ ***Friedensreich:*** *siehe Fragen 575 ff.*

223

Was wird in der Heiligen Schrift vom Sündenfall berichtet?

Gott hatte Adam und Eva geboten, nicht von dem Baum der Erkenntnis des Guten und Bösen zu essen, der mitten im Garten Eden stand. Gott machte auch auf die Folgen aufmerksam, wenn das Gebot übertreten würde: „An dem Tage, da du von ihm isst, musst du des Todes sterben" (1. Mose 2,17). Der Teufel beeinflusste den Menschen und weckte Zweifel an Gottes Wort: „Ihr werdet keineswegs des Todes sterben, sondern Gott weiß: an dem Tage, da ihr davon esst, werden eure Augen aufgetan, und ihr werdet sein wie Gott und wissen, was gut und böse ist" (1. Mose 3,4.5). Adam und Eva gaben der Versuchung zur Sünde nach. Sie lehnten sich gegen Gott auf, übertraten sein Gebot und aßen von der Frucht des Baumes. Dieser Ungehorsam gegenüber Gott wird als „Sündenfall" bezeichnet.

224

Welche Folgen hatte der Sündenfall für den Menschen?

Der Sündenfall brachte Veränderungen im Leben des Menschen, die der Mensch nicht umkehren konnte. Der Mensch fürchtete sich vor Gott und versteckte sich vor ihm. Auch das Verhältnis der Menschen untereinander nahm Schaden, ebenso das Verhältnis des Menschen zur Schöpfung.

Seitdem ist das Leben des Menschen voller Mühe und es ist begrenzt: „Du bist Erde und sollst zu Erde werden" (1. Mose 3,19).

Eine weitere Folge des Sündenfalls war die Trennung des Menschen von Gott: Gott vertrieb den Menschen aus dem Garten Eden (vgl. 1. Mose 3,23.24).

> „Da wies ihn Gott der Herr aus dem Garten Eden, dass er die Erde bebaute, von der er genommen war. Und er trieb den Menschen hinaus und ließ lagern vor dem Garten Eden die Cherubim mit dem flammenden, blitzenden Schwert, zu bewachen den Weg zu dem Baum des Lebens."
> **1. Mose 3,23.24**

225

Wie steht Gott zu dem in Sünde gefallenen Menschen?

Gottes Liebe bleibt dem Menschen auch nach dem Sündenfall erhalten. Trotz des Ungehorsams nahm Gott sich seiner an: In seiner Fürsorge kleidet Gott Adam und Eva mit Röcken aus Fell (vgl. 1. Mose 3,21).

Die Liebe Gottes zu dem in Sünde gefallenen Menschen offenbart sich in vollkommener Weise in der Sendung Jesu Christi, der Sünde besiegt. „Wie nun durch die Sünde des Einen die Verdammnis über alle Menschen gekommen ist, so ist auch durch die Gerechtigkeit des Einen für alle Menschen die Rechtfertigung gekommen, die zum Leben führt. Denn wie durch den Ungehorsam des einen Menschen die Vielen zu Sündern geworden sind, so werden auch durch den Gehorsam des Einen die Vielen zu Gerechten" (Römer 5,18.19).

226

Wie ist die weitere Entwicklung der Menschheit nach dem Sündenfall?

Nach dem Sündenfall wuchsen die Sünden der Menschheit in einem erschreckenden Maß an: Zunächst schlug Kain trotz Gottes Mahnung seinen Bruder Abel tot (vgl. 1. Mose 4,6-8).

Im Fortgang der Zeiten sündigten die Menschen immer mehr. Gott beschloss ein Strafgericht und ließ die Sintflut kommen. Nur Noah fand Gnade vor Gott. Auf Gottes Befehl baute Noah eine Arche, in der er mit seiner Familie Rettung fand (vgl. 1. Mose 6,5-7.17.18).

Selbst nach diesem Strafgericht blieben die Menschen im Ungehorsam gegenüber Gott. Die Bibel berichtet beispielsweise vom Turmbau zu Babel. Gott ließ die Erbauer des Turms an ihrem Hochmut und ihrer Sucht nach Ruhm scheitern: Er bewirkte, dass sie einander nicht mehr verstanden (vgl. 1. Mose 11,1-8).

„Da sprach Kain zu seinem Bruder Abel: Lass uns aufs Feld gehen! Und es begab sich, als sie auf dem Felde waren, erhob sich Kain wider seinen Bruder Abel und schlug ihn tot."
1. Mose 4,8

227

Hat der Sündenfall Folgen für alle Menschen?

Ja, seit dem Sündenfall unterliegen alle Menschen der Macht der Sünde. Sünde führt zur Trennung von Gott, das heißt zum geistlichen Tod: „Deshalb, wie durch einen Menschen die Sünde in die Welt gekommen ist und der Tod durch die Sünde, so ist der Tod zu allen Menschen durchgedrungen, weil sie alle gesündigt haben" (Römer 5,12). Beim Menschen bleibt die Geneigtheit zur Sünde (Konkupiszenz) bestehen; aus eigener Kraft kann er nicht in den Zustand der Sündlosigkeit zurückkehren.

→ ***geistlicher Tod:*** *siehe Fragen 89 ff.*

Geneigtheit zur Sünde (Konkupiszenz): Durch den Sündenfall entstand im Menschen eine Neigung zur Sünde. Diese nennt man „Konkupiszenz". Daraus entstehen die sündhaften Gedanken und Handlungen. Obwohl Sünden vergeben werden, bleibt die Geneigtheit zur Sünde bestehen.

228

Hat der Sündenfall darüber hinaus Folgen für die Schöpfung?

Ja, aus dem Sündenfall des Menschen ergeben sich weit reichende Auswirkungen auf die Schöpfung: Der Acker wird verflucht: „Weil du … gegessen [hast] von dem Baum, von dem ich dir gebot und sprach: Du sollst nicht davon essen –, verflucht sei der Acker um deinetwillen! Mit Mühsal sollst du dich von ihm nähren dein Leben lang. Dornen und Disteln soll er dir tragen, und du sollst das Kraut auf dem Felde essen" (vgl. 1. Mose 3,17.18). Die ursprünglich vollkommene Schöpfung ist seitdem beschädigt. Auch die Schöpfung muss von dem Fluch, der auf ihr liegt, befreit werden.

„Die Schöpfung ist ja unterworfen der Vergänglichkeit ... doch auf Hoffnung; denn auch die Schöpfung wird frei werden von der Knechtschaft der Vergänglichkeit ... Denn wir wissen, dass die ganze Schöpfung bis zu diesem Augenblick mit uns seufzt und sich ängstet."
Römer 8,20-22

229

Was ist Sünde?

Sünde ist alles, was dem Willen Gottes entgegensteht und Gottes Wesen zuwiderläuft, also alle Worte, Taten und Gedanken, die gegen Gottes Willen und Wesen stehen. Sünde ist auch, wenn man absichtlich unterlässt, Gutes zu tun (vgl. Jakobus 4,17). Mit jeder Sünde lädt der Mensch Schuld gegenüber Gott auf sich.

230

Wie unterscheiden sich Sünde und Schuld?

Sünde ist absolut, sie kann also nicht relativiert werden. Sie trennt von Gott.

Demgegenüber können wir aber davon ausgehen, dass Gott die Schuld, die man ihm gegenüber durch Sünde auf sich geladen hat, in seiner Gerechtigkeit und Barmherzigkeit unterschiedlich bewertet.

Erklärung zum **Maß der Schuld**: Es ist ein Unterschied in der Bewertung der Schuld, ob zum Beispiel jemand aus Hunger etwas stiehlt oder zur Befriedigung eines Luxusbedürfnisses. In beiden Fällen liegt gleichermaßen eine Sünde vor, nämlich die Übertretung des siebten Gebots. Die Schuld aus dieser Sünde, die der Mensch damit auf sich lädt, wird jedoch unterschiedlich sein. Gott urteilt in seiner Allwissenheit immer gerecht darüber, inwieweit der Mensch durch die Sünde Schuld auf sich geladen hat. Bestimmte Einflüsse und Situationen, denen Menschen ausgesetzt sind, werden eine Rolle spielen, wie zum Beispiel gesellschaftliche Strukturen, Notlagen, krankhafte Veranlagungen.

231

Wie kann die Trennung von Gott aufgehoben werden?

Um in Gottes Nähe zu gelangen, muss die Sünde vergeben werden.

→ ***Sündenvergebung:*** *siehe Frage 652*

232

Wer bestimmt, was Sünde ist?

Gott bestimmt, was Sünde ist. Keineswegs darf dies der Mensch selbst festlegen.

233

Wie können wir erkennen, was Sünde ist?

Was Sünde ist, also dem Willen Gottes entgegensteht, erfahren wir aus der Heiligen Schrift:

- gegen die Zehn Gebote verstoßen (vgl. 2. Mose 20,20),
- Gelübde brechen, die Gott gegeben wurden (vgl. 5. Mose 23,22),
- den Glauben an Christus verweigern (vgl. Johannes 16,9),
- Geiz, Neid und Vergleichbares.

Dies wird in der Predigt durch den Heiligen Geist deutlich gemacht.

234

Mit welchen Gaben hilft Gott dem sündigen Menschen?

Gott hat dem Menschen Gewissen, Vernunft und Glauben geschenkt. Wenn der Mensch diese Gaben nutzt, dann ist dies die richtige Antwort auf Gottes Zuwendung zu ihm.

235

Wie sollen Gewissen, Vernunft und Glauben eingesetzt werden?

Gewissen, Vernunft und Glauben sollen auf Jesus Christus ausgerichtet sein.

236

Wozu dient das Gewissen?

Das Gewissen kann helfen, Entscheidungen zu treffen, die Gottes Willen entsprechen. Im Gewissen wird abgewogen, was gut und was böse ist. Außerdem macht das Gewissen, wenn es von Vernunft und Glaube bestimmt ist, dem Menschen bewusst, ob er durch sein Verhalten vor Gott und seinem Nächsten Schuld auf sich geladen hat.

237

Wozu dient die Vernunft?

Die Vernunft kann den Menschen zu einem Verhalten anleiten, das Gott gefällt. Vernunft zeigt sich darin, dass der Mensch sein Handeln vor Gott und vor dem Nächsten verantworten kann. Die Vernunft wird auch benötigt, um das Evangelium zu verstehen und den Glauben bekennen zu können.

238

Sind der menschlichen Vernunft Grenzen gesetzt?

Ja. Der menschlichen Vernunft in ihrer Begrenztheit ist es nicht möglich, Gott in seiner Unendlichkeit zu erfassen. Gottes Wesen und Handeln übersteigt alle menschliche Vernunft (vgl. Philipper 4,7). Demzufolge kann die Vernunft nicht Maß aller Dinge sein.

„Der Friede Gottes, der höher ist als alle Vernunft, bewahre eure Herzen und Sinne in Christus Jesus.“
Philipper 4,7

239

Was ist Glaube?

Glaube umfasst Gott gegenüber Vertrauen, Gehorsam und Treue. Daraus gewinnt der Mensch Zuversicht auf Gottes Barmherzigkeit und Hilfe. In Hebräer 11,1 heißt es dazu: „Es ist aber der Glaube eine feste Zuversicht auf das, was man hofft, und ein Nichtzweifeln an dem, was man nicht sieht.“

240

Wie kommt der Mensch zum Glauben?

Am Anfang des Glaubens steht immer Gott, der sich durch Wort und Werk offenbart. Der Glaube ist ein Geschenk Gottes. Wahrer Glaube beruht auf Gottes erwählender Gnade.

Zugleich ist Glaube eine Aufgabe für den Menschen. Ob und inwieweit der Mensch zum Glauben gelangt, hängt nämlich auch von seiner eigenen Beteiligung ab: Der Mensch muss glauben wollen. Deshalb ist das Gebet um Glauben notwendig.

„Ich glaube; hilf meinem Unglauben!“
Markus 9,24

241

Worin besteht die Aufgabe des Glaubenden?

Der Mensch ist aufgefordert, Gottes Wort anzunehmen, darauf zu vertrauen und demgemäß zu handeln. Jesus Christus forderte: „Glaubt an Gott und glaubt an mich!" (Johannes 14,1). Er verheißt, dass „alle, die an ihn glauben, nicht verloren werden, sondern das ewige Leben haben" (Johannes 3,16). Die Folge des Unglaubens stellte er in aller Konsequenz heraus: „Wenn ihr nicht glaubt, dass ich es bin, werdet ihr sterben in euren Sünden" (Johannes 8,24).

„So kommt der Glaube aus der Predigt, das Predigen aber durch das Wort Christi."
Römer 10,17

242

Wozu hilft der Glaube?

Der Glaube an Jesus Christus ist Voraussetzung für Heil:

- dass Gott sich mit dem Sünder versöhnt,
- dass der Mensch Gottes Kind werden kann (vgl. Johannes 1,12),
- dass der Mensch in die ewige Gemeinschaft mit Gott gelangen kann.

„Ohne Glauben ist's unmöglich, Gott zu gefallen ..."
Hebräer 11,6

243

Was ist mit „Heilsgeschichte" gemeint?

In der Heiligen Schrift wird der Begriff „Heil" im Sinn von „Rettung", „Bewahrung" und „Erlösung" verwendet. Unter „Heilsgeschichte" versteht man das Handeln Gottes, der Menschen Heil zukommen lässt.

244

Was ist mit „Heilsplan" gemeint?

Die Geschehnisse vom Sündenfall bis zur neuen Schöpfung werden als „Heilsplan" Gottes bezeichnet. Wir Menschen kennen zwar den Heilsplan Gottes nicht in ganzer Fülle; aber wir können aus dem Ablauf der Heilsgeschichte die Absicht Gottes erkennen, wie er den Menschen helfen will.

245

Wie vollzieht sich die Heilsgeschichte?

Art und Maß des Heils sind in den einzelnen Abschnitten der Heilsgeschichte unterschiedlich. Über allem steht Gottes Errettungswille, der allen Menschen aller Zeiten gilt.

246

Worauf richtete sich die Hoffnung auf Heil in alttestamentlicher Zeit?

Die Hoffnung auf Heil richtete sich in alttestamentlicher Zeit zunächst auf Rettung aus irdischer Not und Gefangenschaft. Nach und nach bezog sich die Heilshoffnung Israels jedoch immer deutlicher auf den erwarteten Messias.

247

Worauf gründet das Heil?

Jesus Christus ist Urheber des ewigen Heils: „Und als er vollendet war, ist er für alle, die ihm gehorsam sind, der Urheber des ewigen Heils geworden" (Hebräer 5,9). Er ist der einzige Mittler zwischen Gott und Mensch (vgl. 1. Timotheus 2,5). In Apostelgeschichte 4,12 wird bezeugt: „In keinem andern [als Jesus Christus] ist das Heil, auch ist kein andrer Name unter dem Himmel den Menschen gegeben, durch den wir sollen selig werden."

Jesus Christus ist der von Gott gesandte Heiland, der Erlöser, der die Sünde besiegt hat. In ihm findet der Mensch Heil für den Schaden, den die

Sünde anrichtet: Das Opfer, das Jesus am Kreuz gebracht hat, ermöglicht die Befreiung von Sünde und die Aufhebung der Trennung von Gott.

„Mittler": Jesus Christus ist zum einen „Mittler" im Sinne von Vermittler zwischen Gott und den Menschen. Das heißt, er vertritt die Menschen vor Gott und Gott vor den Menschen. Er ist Fürsprecher der Menschen vor Gott und macht die Menschen mit dem göttlichen Willen bekannt. Zum anderen ist er als „Mittler" der Weg des Heils; er führt zurück in die Gemeinschaft mit Gott.

„Denn es ist ein Gott und ein Mittler zwischen Gott und den Menschen, nämlich der Mensch Christus Jesus, der sich selbst gegeben hat für alle zur Erlösung ..."
1. Timotheus 2,5.6

248

Wer kann das Heil erlangen?

Das Heil wird durch Jesus Christus allen Menschen angeboten, sowohl Lebenden als auch Toten.

249

In welchem Abschnitt des göttlichen Heilsplans leben wir?

Wir leben heute in dem Abschnitt des göttlichen Heilsplans, in dem die Brautgemeinde gesammelt und auf die Wiederkunft Christi vorbereitet wird. Hierzu vermitteln die Apostel Heil durch die Verkündigung des Wortes Gottes und die Spendung der Sakramente.

→ ***Brautgemeinde:*** *siehe Fragen 455, 557, 561 ff.*

250

Wie kann heute das Heil erlangt werden?

Niemand kann aus sich heraus das Heil erlangen. Das Heil erlangt der Mensch, indem er an Jesus Christus glaubt und an sich das geschehen lässt, was Jesus Christus zum Heil der Menschen gegeben hat: die Sakramente und Gottes Wort.

→ ***Sakramente:*** *siehe Fragen 472 ff.*

251

Welches Heil erfährt die Brautgemeinde bei der Wiederkunft Christi?

Die Brautgemeinde wird bereits bei der Wiederkunft Christi durch die Hochzeit im Himmel in die ewige Gemeinschaft mit Gott gelangen.

252

Wann ist der Heilsplan Gottes erfüllt?

Nach der Heiligen Schrift ist der Heilsplan Gottes mit der neuen Schöpfung erfüllt.

253

Worauf gründet Erwählung durch Gott?

Erwählung ist immer im Willen Gottes begründet. Auf die Entscheidung Gottes kann niemand Einfluss nehmen.

254

Warum erwählt Gott?

Gott ruft Einzelne oder Gruppen aus der Menschheit, weil er mit ihnen einen von ihm bestimmten Zweck verfolgt. Er nimmt sie damit in Verantwortung.

255

Gibt es Beispiele für Erwählung im Alten Testament?

Ja, schon in der Schöpfung deutet sich göttliches Erwählen an: Gott hat den Menschen aus all seinen Geschöpfen heraus erwählt und ihm den Auftrag gegeben, sich die Erde untertan zu machen.

Viele weitere Beispiele für Erwählung sind im Alten Testament zu finden:

- Noah wurde erwählt, die Arche zu bauen.
- Abraham, Isaak und Jakob waren dazu erwählt, dass durch sie alle Geschlechter der Erde gesegnet werden sollten.
- Mose war dazu erwählt, das Volk Israel aus der Sklaverei in Ägypten herauszuführen, und Josua war dazu erwählt, es ins verheißene Land zu bringen.
- Auch das Volk Israel wurde erwählt: „Denn du bist ein heiliges Volk dem Herrn, deinem Gott. Dich hat der Herr, dein Gott, erwählt zum Volk des Eigentums aus allen Völkern, die auf Erden sind. Nicht hat euch der Herr angenommen und erwählt, weil ihr größer wäret als alle Völker – denn du bist das kleinste unter allen Völkern –, sondern weil er euch geliebt hat“ (vgl. 5. Mose 7,6-8).

256

Gibt es Beispiele für Erwählung im Neuen Testament?

Jesus erwählte aus der Schar seiner Jünger die Apostel und sandte sie in alle Welt mit dem Auftrag, zu lehren und zu taufen. Damit ist die Erwählung zum Volk Gottes nicht mehr auf Israel begrenzt, sondern bezieht alle ein, die an Jesus Christus glauben, Juden und Heiden. So ist das Volk des Neuen Bundes von Gott auserwählt (vgl. 1. Petrus 2,9).

Petrus wurde erwählt zu einem besonderen Dienst in der Kirche, dem Petrusdienst.

→ ***Petrusdienst:***
siehe Erläuterung zu Frage 457

Als „**Heiden**“ werden seit alttestamentlicher Zeit alle nicht-israelitischen Völker bezeichnet, also Menschen, die nicht dem Gott Abrahams, sondern anderen Göttern dienten. Auch in neutestamentlicher Zeit wurden die Nichtjuden als „Heiden“ bezeichnet, ob sie getauft waren oder nicht.

257

Gibt es einen Anspruch auf Erwählung durch Gott?

Nein, niemand hat Anspruch auf Gottes Erwählung, denn sie ist in Gottes freier Entscheidung begründet.

Die Erwählung lässt sich nicht mit menschlicher Überlegung begreifen.

258

Was bedeutet Erwählung aus der Sicht des Evangeliums?

Aus der Sicht des Evangeliums ist Erwählung ein Geschenk der Liebe Gottes. Der Mensch hat die Entscheidungsfreiheit, dieses Geschenk anzunehmen oder abzulehnen.

Erwählung durch Gott bedeutet nicht, dass von vornherein festgelegt wäre, wie der Mensch handelt.

259

Wozu führt die Annahme der Erwählung?

Gott erwählt Menschen zu ihrem eigenen Heil, aber auch zum Heil anderer. Wenn Gott erwählt, ist damit Aufgabe und Verantwortung verbunden. Das Annehmen der Erwählung im Glauben heißt, Jesus Christus, dem Urheber des Heils, konsequent nachzufolgen, also sein Leben nach dem Evangelium auszurichten. Dies zieht göttlichen Segen nach sich.

Erwählung wirkt sich auch in der Zukunft aus: Wenn Jesus Christus sein Reich des Friedens aufrichtet, wird die königliche Priesterschaft die frohe Botschaft vom Heil in Christus allen Menschen verkündigen. Erwählt sind dazu diejenigen, die an der ersten Auferstehung teilhaben.

→ ***Heil:*** *siehe Fragen 243 ff.*
→ ***königliche Priesterschaft:*** *siehe Frage 577*
→ ***erste Auferstehung:*** *siehe Fragen 574, 575*

260

Was ist Segen?

Segen ist eine Zuwendung Gottes, die sich niemand verdienen kann. Gesegnet zu werden bedeutet, Gutes von Gott zu empfangen. Segen hat göttliche Kraft in sich und ist die Zusage, dass Gott Beistand und Begleitung schenkt. Das Gegenteil vom Segen ist der Fluch.

261

Wie wird Segen erlangt und wie entfaltet er sich?

Gott übermittelt seinen Segen oftmals durch Menschen, die von ihm dazu beauftragt sind. Niemand kann sich selber segnen.

Segen entfaltet sich, wenn er im Glauben ergriffen wird. Ob er sich auf Dauer auswirkt, hängt auch von der Einstellung und vom Wandel des Gesegneten ab.

Segen ist ein Geschenk Gottes, das sich immer wieder erneuern kann. Segen kann sich auch über den unmittelbar Gesegneten hinaus auf künftige Generationen erstrecken.

262

Wie zeigt sich Gottes Segen in der Schöpfung?

Gott hat seine Geschöpfe gesegnet und in alles Leben das Gesetz der Vermehrung gelegt. Er hat die Schöpfung dem Menschen anvertraut und ihn für die damit verbundene Aufgabe gesegnet.

Dieser Segen Gottes wurde durch den Fluch der Sünde zwar in seiner Wirkung eingeschränkt, doch nicht aufgehoben. Gott erneuerte ihn nach der Sintflut. Was dieser Segen umfasst, wird in der Zusage Gottes deutlich: „Solange die Erde steht, soll nicht aufhören Saat und Ernte, Frost und Hitze, Sommer und Winter, Tag und Nacht“ (1. Mose 8,22).

Von diesem Segen in der Schöpfung bezeugt das Neue Testament: „Denn die Erde, die den Regen trinkt, der oft auf sie fällt, und nützliche Frucht trägt denen, die sie bebauen, empfängt Segen von Gott“ (Hebräer 6,7). Dieser Segen kommt allen Menschen zugute.

„Denn er lässt seine Sonne aufgehen über Böse und Gute und lässt regnen über Gerechte und Ungerechte.“
Matthäus 5,45 b

263

Wie wird Segen im Alten Bund erfahren?

Die Zusage von Segen ist Bestandteil des Bundes, den Gott mit Israel geschlossen hat. Im Alten Bund zeigte sich der Segen Gottes vor allem in irdischem Wohlergehen. Hierzu gehörten zum Beispiel Sieg im Kampf gegen Feinde, langes Leben, Reichtum, zahlreiche Nachkommen, Fruchtbarkeit des Landes.

Abraham war ein Gesegneter Gottes: „Ich will dich zum großen Volk machen und will dich segnen und dir einen großen Namen machen, und du sollst ein Segen sein. Ich will segnen, die dich segnen, und verfluchen, die dich verfluchen; und in dir sollen gesegnet

werden alle Geschlechter auf Erden" (1. Mose 12,2.3). Dieser Segen reichte über die Zusage persönlichen Wohlergehens hinaus; er befähigte Abraham, auch zu einem Segen für andere zu werden.

→ **Alter Bund:** *siehe Erläuterung zu Frage 175*

264

Was war für die Israeliten damit verbunden, wenn sie Gottes Segen annahmen oder ablehnten?

Der Segen Gottes hing für die Israeliten davon ab, ob sie allein Gott dienten und seinen Geboten gehorchten oder nicht. Handelte das Volk Gott gegenüber ungehorsam, war damit Fluch verbunden. Die Entscheidung darüber lag in der Hand des Volkes: „Siehe, ich lege euch heute vor den Segen und den Fluch: den Segen, wenn ihr gehorcht den Geboten des Herrn, eures Gottes, die ich euch heute gebiete; den Fluch aber, wenn ihr nicht gehorchen werdet den Geboten des Herrn, eures Gottes" (5. Mose 11,26-28).

265

Von wem geht der Segen im Neuen Bund aus?

Der göttliche Segen im Neuen Bund geht von Jesus Christus aus.

→ **Neuer Bund:** *siehe Erläuterung zu Frage 175*

266

Wie segnete Jesus?

Jesus segnete durch sein Wort, durch seine Wunder, durch seinen Wandel. Kindern legte er segnend die Hände auf, Sündern hat er vergeben. Der größte Segen liegt in der Hingabe seines sündlosen Lebens als Opfer zur Versöhnung für alle Menschen.

→ **Opfertod Jesu:** *siehe Fragen 90, 99, 177 ff.*

267

Wo liegt der Schwerpunkt im Segen Jesu Christi?

Der Segen Gottes, der durch Jesus Christus zugänglich gemacht wird, hat seinen Schwerpunkt im Geistlichen. Dazu heißt es in Epheser 1,3: „Gelobt sei Gott, der Vater unseres Herrn Jesus Christus, der uns gesegnet hat mit allem geistlichen Segen im Himmel durch Christus."

268

Was umfasst dieser geistliche Segen?

Dieser Segen umfasst u. a.

- die Erwählung vor der Erschaffung der Welt (vgl. Epheser 1,4),
- die Erlösung und die Vergebung der Sünden (vgl. Epheser 1,7),
- Einblick in den Willen Gottes (vgl. Epheser 1,9),
- die Bestimmung zum Erben der künftigen Herrlichkeit (vgl. Epheser 1,11),

- die Erkenntnis göttlicher Wahrheit im Evangelium (vgl. Epheser 1,13),
- die Versiegelung mit der Gabe des Heiligen Geistes (vgl. Epheser 1,13).

269

Wie kann der Segen erlangt und wie soll damit umgegangen werden?

Viele göttliche Segnungen werden den Glaubenden im Gottesdienst zugänglich gemacht. Auch Opfer bringt Segen – dies ist eine Grunderfahrung des Christen.

Der Mensch ist aufgerufen, um den Segen Gottes zu beten und sich so zu verhalten, dass er sich dieses Segens würdig erweist.

Der Glaubende erweist seine Dankbarkeit für den Segen Gottes durch ein von Gottesfurcht und Gehorsam des Glaubens geprägtes Leben.

→ ***Opfer und Segen:*** *siehe Frage 738*

270

Worin liegt die Fülle des Segens?

Die Fülle des Segens liegt darin, auf ewig an Gottes Herrlichkeit teilzuhaben.

271

Gab Gott seinem Volk im Alten Bund ein Gesetz?

Ja, Gott gab dem Volk Israel durch Mose ein Gesetz. Es ist enthalten in den fünf Büchern Mose und wird „mosaisches Gesetz“ genannt. Seine wesentlichen Inhalte sind in den Zehn Geboten zusammengefasst. Die Gebote, Gott und den Nächsten zu lieben, sind ebenfalls Bestandteil des mosaischen Gesetzes.

272

Wozu dient das mosaische Gesetz?

Das mosaische Gesetz leitet zu Gott wohlgefälligem Handeln an. Es ist von Gott gegebene Lebenshilfe, zeigt den Weg zum Guten und hilft, das Böse zu meiden.

> „Es ist dir gesagt, Mensch, was gut ist und was der Herr von dir fordert, nämlich Gottes Wort halten und Liebe üben und demütig sein vor deinem Gott.“
> **Micha 6,8**

273

Wie wurde das mosaische Gesetz in alttestamentlicher Zeit bewertet?

In alttestamentlicher Zeit galt das mosaische Gesetz im Volk Israel als höchste und verbindliche Ordnung. Es wurde als Weg zum Heil verstanden. Man ging davon aus, dass der Mensch durch das Befolgen dieses Gesetzes vor Gott angenehm sei und von ihm angenommen werde.

274

Wie wird das mosaische Gesetz aus der Sicht des Evangeliums bewertet?

Das mosaische Gesetz ist aus der Sicht des Evangeliums nicht der Weg zum Heil. Aber es weist den Weg, der zum Heil führt: Jesus Christus.

Niemand kann das ganze Gesetz halten. Deshalb ist es nicht möglich, allein durch eigenes Bemühen Heil zu erlangen. Der Mensch muss zur Einsicht kommen: „Ich bin Sünder und benötige

Vergebung der Sünden." Die Vergebung der Sünden aber setzt den Glauben an Jesus Christus voraus.

→ ***Heil, Heil erlangen:***
siehe Fragen 243, 248 ff.

275

Was ist der Inhalt des Evangeliums?

Inhalt des Evangeliums ist das Handeln Gottes in Jesus Christus zum Heil der Menschen. Das Evangelium umfasst alles, was Jesus lehrte und was seine Person betrifft, von seiner Geburt bis zu seinem Kreuzestod, seiner Auferstehung und seiner Wiederkunft. Im Evangelium wird deutlich, dass Jesus Christus der einzige Weg zum Heil ist.

276

Wie wird das Evangelium auch genannt?

Das Evangelium wird auch das „Wort vom Kreuz" (1. Korinther 1,18) und das „Wort von der Versöhnung" (2. Korinther 5,19) genannt.

277

In welchem Verhältnis stehen Gesetz und Evangelium?

Gesetz und Evangelium zeigen beide den Willen Gottes, dem Sünder zum Heil zu verhelfen.

Das Gesetz zeigt vor allem Gebote und Verbote auf, um den Menschen zu einem Gott wohlgefälligen Handeln anzuleiten. Der einzige Mensch, der dieses Gesetz vollkommen, ohne Übertretung, erfüllt hat, ist Jesus Christus: „Ihr sollt nicht meinen, dass ich gekommen bin, das Gesetz oder die Propheten aufzulösen; ich bin nicht gekommen aufzulösen, sondern zu erfüllen" (Matthäus 5,17).

Das immer Gültige und Notwendige des mosaischen Gesetzes fasste Jesus Christus in dem Gebot der Gottes- und der Nächstenliebe zusammen: „Du sollst den Herrn, deinen Gott, lieben von ganzem Herzen, von ganzer Seele und von ganzem Gemüt. ... Du sollst deinen Nächsten lieben wie dich selbst" (Matthäus 22,37.39).

Nach seiner Auferstehung erklärte er den Jüngern, dass sich in ihm alles erfüllt hatte, was im Gesetz Moses, in den Propheten und in den Psalmen geschrieben steht (vgl. Lukas 24,44).

Daraus folgt: Christus ist Erfüllung und zugleich Ziel des Gesetzes. Die Vorstellung des Alten Bundes, das Gesetz sei der Weg zum Heil, ist durch Christus zum Ende gekommen. Jesus hat einen neuen Weg gelegt, den Weg der Gnade.

> „Denn Christus ist des Gesetzes Ende; wer an den glaubt, der ist gerecht."
> **Römer 10,4**

278

Welches sind die grundlegenden Voraussetzungen, um die Gnade zu erlangen, die im Evangelium angeboten wird?

Zunächst muss der Mensch erkennen, dass er ein Sünder ist. Dann muss er den Glauben aufbringen, dass durch Jesus Christus die Versöhnung des Sünders mit Gott möglich geworden ist und der Sünder durch den Glauben an Christus die Gerechtigkeit erlangen kann, die vor Gott gilt: „Wie nun durch die Sünde des Einen die Verdammnis über alle Menschen gekommen ist, so ist auch durch die Gerechtigkeit des Einen für alle Menschen die Rechtfertigung gekommen, die zum Leben führt" (Römer 5,18).

Gerechtigkeit vor Gott / Rechtfertigung: Vor Gott gerecht zu sein, also Rechtfertigung erlangt zu haben, bedeutet: Der Glaubende ist vor Gott angenehm. Gott nimmt den Sünder an, er schenkt ihm Gnade und Vergebung.

279

In welchem Verhältnis stehen die guten Werke des Menschen zu seiner Erlösung?

Erlösung kann man sich nicht mit guten Werken verdienen, sondern sie kommt einzig aus der Gnade Christi. Dazu ist der Glaube an Christus notwendig.

Gute Werke sind Ausdruck eines lebendigen Glaubens. So soll sich der Mensch aus seinem Glauben heraus um einen geheiligten Wandel bemühen, der sich auch in seinen Werken zeigt.

„Denn es ist erschienen die heilsame Gnade Gottes allen Menschen ..." Die Antwort des Menschen darauf soll sein, dass wir „gerecht und fromm in dieser Welt leben und warten auf die selige Hoffnung und Erscheinung der Herrlichkeit des großen Gottes und unseres Heilands Jesus Christus, der sich selbst für uns gegeben hat, damit er uns erlöste von aller Ungerechtigkeit und reinigte sich selbst ein Volk zum Eigentum, das eifrig wäre zu guten Werken."
Titus 2,11-14

5 GOTTES GEBOTE

Goldene Regel

Gottesliebe

Nächstenliebe

Gottes Wille

Zehn Gebote

280

Wozu dienen Gottes Gebote?

Gott hat den Menschen Gebote gegeben. In ihnen verkündet er seinen Willen zum Wohl der Menschen. In den Geboten kommt zum Ausdruck, wie der Mensch seine Beziehung zu Gott gestalten soll. Zudem sind die Gebote Grundlage für ein gutes Miteinander der Menschen.

281

In welcher Einstellung soll der Mensch Gottes Geboten folgen?

Wer im Glauben Gott als den Allmächtigen, Allwissenden und Liebenden erkennt, fragt nach seinem Willen und bemüht sich, sein Denken und Handeln nach Gottes Willen, also auch nach seinen Geboten, auszurichten.

In der Erkenntnis, dass Gott die Gebote aus Liebe zum Menschen gegeben hat, werden die Gebote nicht aus Furcht vor Strafe, sondern aus Liebe zu Gott erfüllt.

282

Was ist das höchste Gebot?

Auf die Frage nach dem „höchsten Gebot im Gesetz" antwortete Jesus mit zwei Zitaten aus dem mosaischen Gesetz: „Du sollst den Herrn, deinen Gott, lieben von ganzem Herzen, von ganzer Seele und von ganzem Gemüt. Dies ist das höchste und größte Gebot. Das andere aber ist dem gleich: Du sollst deinen Nächsten lieben wie dich selbst. In diesen beiden Geboten hängt das ganze Gesetz und die Propheten" (Matthäus 22,36-40). Das Gebot, Gott und den Nächsten zu lieben, wird auch „Doppelgebot der Liebe" genannt.

→ ***Nächstenliebe:*** *siehe auch Frage 155*

283

Worauf gründet die Liebe des Menschen zu Gott?

Die Liebe des Menschen zu Gott gründet in der Liebe Gottes zum Menschen. Der Mensch will diese Liebe erwidern: „Lasst uns lieben, denn er hat uns zuerst geliebt" (1. Johannes 4,19).

284

Wozu ruft das Gebot der Gottesliebe auf, und was erfordert es?

Die Liebe zu Gott soll das Wesen des Menschen prägen und sein Verhalten bestimmen.

Gott zu lieben ist ein Gebot, das den ganzen Menschen betrifft und vollen Einsatz erfordert: „Du sollst den Herrn, deinen Gott, lieben von ganzem Herzen, von ganzer Seele, von ganzem Gemüt und von allen deinen Kräften" (Markus 12,30). Das bedeutet die ungeteilte Hinwendung zu Gott.

285

Wie lautet das Gebot der Nächstenliebe?

„Du sollst deinen Nächsten lieben wie dich selbst" (Markus 12,31; vgl. 3. Mose 19,18).

286

Wozu ruft das Gebot der Nächstenliebe auf?

Das Gebot fordert dazu auf, allen Mitmenschen liebevoll zu begegnen. Es setzt dem Egoismus klare Grenzen.

Im Gleichnis vom barmherzigen Samariter (vgl. Lukas 10,25-37) veranschaulichte Jesus, dass Nächstenliebe bedeutet, barmherzig zu sein und entsprechend zu handeln.

Wie konsequent Jesus das meinte, geht aus seiner Forderung hervor, selbst den Feind zu lieben.

„Ihr habt gehört, dass gesagt ist: ‚Du sollst deinen Nächsten lieben' (3. Mose 19,18) und deinen Feind hassen. Ich aber sage euch: Liebt eure Feinde und bittet für die, die euch verfolgen, damit ihr Kinder seid eures Vaters im Himmel."
Matthäus 5,43-45

287

Wer ist der „Nächste"?

Am Beispiel vom barmherzigen Samariter zeigt sich: Der Nächste ist zum einen derjenige, der hilfsbedürftig ist. Der Nächste ist zum anderen derjenige, der hilft. Der Nächste kann also jeder Mensch sein, mit dem wir in Beziehung kommen.

288

Hat Jesus noch mehr zur Nächstenliebe gesagt?

Jesus hat über das Gleichnis vom barmherzigen Samariter hinaus Grundlegendes zur Nächstenliebe in der sogenannten „Goldenen Regel" zusammengefasst.

Der Begriff **„Goldene Regel"** wurde im 17. Jahrhundert in Europa für die Aussage in Matthäus 7,12 geprägt. Die „Goldene Regel" ist heute auch außerhalb des Christentums ein weit verbreiteter Grundsatz im Zusammenleben von Menschen.

289

Was besagt die „Goldene Regel“?

Unter der „Goldenen Regel“ versteht man das Wort des Herrn in der Bergpredigt: „Alles nun, was ihr wollt, dass euch die Leute tun sollen, das tut ihnen auch! Das ist das Gesetz und die Propheten“ (Matthäus 7,12).

290

Wie soll sich Nächstenliebe in der Gemeinde zeigen?

Was Jesus seine Apostel lehrte, gilt ebenso der Gemeinde: „Ein neues Gebot gebe ich euch, dass ihr euch untereinander liebt, wie ich euch geliebt habe …. Daran wird jedermann erkennen, dass ihr meine Jünger seid, wenn ihr Liebe untereinander habt“ (Johannes 13,34.35). Diese Anforderung an seine Jünger geht also über die „Goldene Regel“ hinaus.

Das Gebot der Nächstenliebe, dem Mitmenschen beizustehen und in Notsituationen zu helfen, soll sich insbesondere in der Gemeinde beweisen: „Lasst uns Gutes tun an jedermann, allermeist aber an des Glaubens Genossen“ (Galater 6,10). Alle, die zur Gemeinde gehören, haben die Aufgabe, einander mit herzlichem Erbarmen, Freundlichkeit, Demut, Sanftmut und Geduld zu begegnen.

291

Was bewirkt die „Liebe untereinander“ in der Gemeinde?

Die „Liebe untereinander“ befähigt dazu, Bruder und Schwester so anzunehmen, wie sie sind (vgl. Römer 15,7), und bewahrt vor Unversöhnlichkeit, Vorurteilen und abschätziger Betrachtung. Sie ist eine Kraft, die den Zusammenhalt in der Gemeinde stärkt, Mitempfinden und Verständnis füreinander weckt und Hilfsbereitschaft fördert.

Aus dem „**Hohelied der Liebe**“:
„Die Liebe ist langmütig und freundlich, die Liebe eifert nicht, die Liebe treibt nicht Mutwillen, sie bläht sich nicht auf, sie verhält sich nicht ungehörig, sie sucht nicht das Ihre, sie lässt sich nicht erbittern, sie rechnet das Böse nicht zu, sie freut sich nicht über die Ungerechtigkeit, sie freut sich aber an der Wahrheit; sie erträgt alles, sie glaubt alles, sie hofft alles, sie duldet alles.“
1. Korinther 13,4-7

292

Wie lauten die Zehn Gebote?

Das erste Gebot: „Ich bin der Herr, dein Gott. Du sollst keine anderen Götter neben mir haben.“

Das zweite Gebot: „Du sollst den Namen des Herrn, deines Gottes, nicht missbrauchen; denn der Herr wird den nicht ungestraft lassen, der seinen Namen missbraucht.“

Das dritte Gebot: „Du sollst den Feiertag heiligen.“

Das vierte Gebot: „Du sollst deinen Vater und deine Mutter ehren, auf dass dir's wohl gehe und du lange lebest auf Erden.“

Das fünfte Gebot: „Du sollst nicht töten.“

Das sechste Gebot: „Du sollst nicht ehebrechen.“

Das siebte Gebot: „Du sollst nicht stehlen.“

Das achte Gebot: „Du sollst kein falsch Zeugnis reden wider deinen Nächsten.“

Das neunte Gebot: „Du sollst nicht begehren deines Nächsten Haus.“

Das zehnte Gebot: „Du sollst nicht begehren deines Nächsten Frau, Knecht, Magd, Vieh oder alles, was sein ist.“

Die Bezeichnung „**Zehn Gebote**“ bzw. „Dekalog“ ist abgeleitet von der biblischen Formulierung „Zehn Worte“ („deka logoi“) in 2. Mose 34,28 und 5. Mose 10,4. Die Bibel legt die Zahl der Gebote auf zehn fest, nummeriert sie jedoch nicht. Die in der Neuapostolischen Kirche gebräuchliche Zählweise geht auf eine Tradition aus dem vierten Jahrhundert nach Christus zurück.

293

Wem wurden die Zehn Gebote gegeben?

Gott hat die Zehn Gebote durch Mose dem Volk Israel am Berg Sinai gegeben (vgl. 2. Mose 19 und 20). Sie wurden auf steinerne Tafeln geschrieben.

294

Welche Bedeutung hatten die Zehn Gebote für das Volk Israel?

Die Zehn Gebote regelten das Verhalten der Israeliten sowohl gegenüber Gott als auch untereinander. Die Verkündigung der Zehn Gebote gehört zu dem Bund, den Gott mit dem Volk Israel geschlossen hat. Das Halten der Gebote war Pflicht und wurde von Gott gesegnet. Bereits die Kinder im Volk Israel lernten die Gebote auswendig.

Bis heute haben die Zehn Gebote ihre hohe Bedeutung im Judentum behalten.

> „Er verkündigte euch seinen Bund, den er euch gebot zu halten, nämlich die Zehn Worte, und schrieb sie auf zwei steinerne Tafeln."
> **5. Mose 4,13**

295

Äußerten sich Jesus und seine Apostel über die Zehn Gebote?

Ja, Jesus bekräftigte die Zehn Gebote. Einzelne verschärfte er sogar, indem er den Geboten einen neuen, tieferen Sinn gab und ihren ursprünglichen Geltungsbereich ausweitete.

Seine Apostel machten schließlich deutlich, dass bereits die Übertretung eines einzigen der Gebote die Übertretung des gesamten Gesetzes bedeutet. „Denn wenn jemand das ganze Gesetz hält und sündigt gegen ein einziges Gebot, der ist am ganzen Gesetz schuldig" (Jakobus 2,10).

> „Ihr habt gehört, dass zu den Alten gesagt ist (2. Mose 20,13; 21,12): ‚Du sollst nicht töten'; wer aber tötet, der soll des Gerichts schuldig sein. Ich aber sage euch: Wer mit seinem Bruder zürnt, der ist des Gerichts schuldig ..."
> **Matthäus 5,21.22**
>
> „Ihr habt gehört, dass gesagt ist: ‚Du sollst nicht ehebrechen.' Ich aber sage euch: Wer eine Frau ansieht, sie zu begehren, der hat schon mit ihr die Ehe gebrochen in seinem Herzen."
> **Matthäus 5,27.28**

296

Für wen gelten die Zehn Gebote?

In den Zehn Geboten wendet sich Gott an alle Menschen. Der Einzelne trägt Gott gegenüber die Verantwortung dafür, wie er sich verhält und wie er sein Leben führt.

297

Wie sind Gottes Gebote im Verhältnis zu staatlichen Gesetzen zu sehen?

Gottes Gebote stehen über staatlichen Gesetzen. Entscheidend dafür, ob gegen Gottes Gebote verstoßen wird, ist allein der Wille Gottes und nicht der des Gesetzgebers.

298

Was bedeutet es, gegen Gottes Gebote zu verstoßen?

Jeder Verstoß gegen Gottes Gebote ist Sünde. Sünde macht den Menschen vor Gott schuldig. Das Ausmaß der aus der Sünde erwachsenen Schuld kann unterschiedlich sein. Gott allein legt fest, wie groß die Schuld ist. Im Einzelfall kann es sein, dass aus der Sünde kaum eine Schuld gegenüber Gott entsteht.

→ ***Verhältnis von Sünde und Schuld:*** *siehe Frage 230 und Erläuterung zu Frage 230*

299

Wie wird das ganze Gesetz erfüllt?

Gott und den Nächsten in vollkommener Weise zu lieben, würde das Halten des ganzen Gesetzes bedeuten (vgl. Römer 13,8.10). Dies war einzig Jesus Christus möglich.

→ ***Gesetz:*** *siehe Fragen 138, 271 ff.*

300

Wie lautet das erste Gebot?

„Ich bin der Herr, dein Gott. Du sollst keine anderen Götter neben mir haben."

301

Was bedeutet das erste Gebot?

Das erste Gebot bedeutet, dass Gott Herr über alles ist. Einzig ihm, dem Schöpfer aller Dinge, kommen Anbetung und Verehrung zu. Seinem Willen ist Gehorsam zu leisten.

302

Welche Bedeutung hat das erste Gebot im Alten Testament?

In den Ländern um Israel herrschte Vielgötterei. Mit dem ersten Gebot machte Gott deutlich, dass er der einzige Gott ist. Demzufolge gebührt allein ihm Anbetung; nur ihm ist zu dienen. „Höre, Israel, der Herr ist unser Gott, der Herr allein. Und du sollst den Herrn, deinen Gott, lieb haben von ganzem Herzen, von ganzer Seele und mit all deiner Kraft" (5. Mose 6,4.5).

→ ***Monotheismus:*** *siehe Erläuterung zu Frage 53*

> Der Begriff „**Polytheismus**" ist von den griechischen Wörtern „poly" und „theos" abgeleitet, die „viel" und „Gott" bedeuten, und steht für Vielgötterei, also die Verehrung mehrerer Gottheiten.
>
> Selbst König Salomo wandte sich, als er alt war, vom lebendigen Gott ab und opferte den Götzen der Moabiter und der Ammoniter (vgl. 1. Könige 11,7.8).

303

Was beinhaltet das Verbot der Verehrung anderer Götter?

Jegliche Verehrung oder Anbetung von all dem, was Menschen außer Gott, dem Schöpfer, als Gottheit ansehen können, ist Sünde. Hierzu zählt die Verehrung von Lebewesen, Naturerscheinungen, Gegenständen, wirklichen oder erdachten geistigen Wesen.

Demnach verstößt es gegen das erste Gebot, zum Beispiel Statuen, Tierfiguren, Steine, Amulette sowie Gestirne, Berge, Bäume und Feuer, Sturm usw. als Gott anzusehen.

Auch die Anfertigung und Anbetung des goldenen Kalbs zur Zeit des Alten Testaments stellten einen Verstoß gegen dieses Gebot Gottes dar: „Da riss alles Volk sich die goldenen Ohrringe von den Ohren und brachte sie zu Aaron. Und er nahm sie von ihren Händen und bildete das Gold in einer Form und machte ein gegossenes Kalb. Und sie sprachen: Das ist dein Gott, Israel, der dich aus Ägyptenland geführt hat!" (vgl. 2. Mose 32,3.4).

304

Wie ist das Verbot zu sehen, Bilder herzustellen und zu verehren?

In 2. Mose 20,4.5 wird untersagt, Bilder von dem herzustellen, was Gott geschaffen hat: „Du sollst dir kein Bildnis noch irgendein Gleichnis machen, weder von dem, was oben im Himmel, noch von dem, was unten auf Erden, noch von dem, was im Wasser unter der Erde ist: Bete sie nicht an und diene ihnen nicht!"

Das Verbot, Bilder herzustellen und zu verehren, muss vor dem Hintergrund gesehen werden, dass es Bilder und Statuen gab, die als Gottheit verehrt und angebetet wurden.

305

Ist es uns verboten, Bilder anzufertigen oder zu fotografieren?

Nein, es ist nicht verboten, Bilder, Skulpturen, Fotografien oder filmische Darstellungen anzufertigen. Solche Darstellungen sollen aber nicht verehrt und angebetet werden.

306

Was bedeutet das erste Gebot im Neuen Testament?

Das erste Gebot besagt, dass es nur einen Gott gibt. Dieser ist der dreieinige Gott: Vater, Sohn, Heiliger Geist.

Im Neuen Testament wird das erste Gebot nicht nur auf Gott, den Vater, sondern auch auf Jesus Christus und den Heiligen Geist bezogen.

→ ***Trinität:*** *siehe Fragen 61 ff.*

307

Was bedeutet das erste Gebot für uns heute?

Das erste Gebot fordert uns auf, aus Liebe Gott zu ehren. Gottesverehrung vollzieht sich in Anbetung, Gehorsam und Gottesfurcht. Gottesfurcht erwächst aus der Liebe zu Gott. Sie ist nicht Ausdruck von Angst, sondern von Demut, Liebe und Vertrauen zu Gott.

Es gilt, Gott so annehmen, wie er in der Welt in Erscheinung getreten ist: in Jesus Christus (vgl. Johannes 14,9).

Es ist ein Verstoß gegen das Gebot, sich in Macht, Ehre, Geld, Idolen oder auch in der eigenen Person gleichsam einen Gott zu machen, dem sich alles andere unterordnen muss. Ebenso verstößt es gegen das erste Gebot, sich von den eigenen Wünschen oder Ansichten geprägte Gottesvorstellungen zu machen. Gleichermaßen verstößt es gegen das Gebot, wenn man in Statuen, Bäumen, Naturerscheinungen usw. Götter sieht. Handlungen gegen das erste Gebot sind darüber hinaus Satanismus, Wahrsagerei, Magie, Hexerei, Geisterbefragung oder Totenbeschwörung.

Der Begriff „**Magie**" ist aus dem Griechischen und heißt übersetzt: „Zauberei", „Blendwerk". Zur Magie gehört die Vorstellung, durch bestimmte Handlungen (Rituale) und / oder Worte (Zauberformeln) Menschen, Tiere, auch Ereignisse und

Gegenstände beeinflussen oder beherrschen zu können. Oft wird Magie mit dem Bösen in Zusammenhang gebracht.

Wahrsager sind Menschen, die davon überzeugt sind, dass sie in die Zukunft sehen bzw. Zukünftiges vorhersagen können. Ihre Vorhersagen treffen sie aufgrund von geheimnisvollen Zeichen, die sie entsprechend deuten. Zur Zeit des Alten Bundes war Wahrsagerei an königlichen Höfen gängige Praxis, im Volk Israel war sie jedoch streng verboten.

Totenbeschwörung ist eine besondere Form von Wahrsagerei: Man versucht, Kontakt zu Toten aufzunehmen, um sie nach zukünftigen Dingen zu befragen; vgl. 1. Samuel 28,3 ff.

„Gebt unserm Gott allein die Ehre!"
5. Mose 32,3

308

Wie lautet das zweite Gebot?

„Du sollst den Namen des Herrn, deines Gottes, nicht missbrauchen; denn der Herr wird den nicht ungestraft lassen, der seinen Namen missbraucht."

309

Was bedeutet das zweite Gebot?

Das zweite Gebot mahnt, alles heilig zu halten, was mit Gott und seinem Namen zu tun hat.

310

Welche Bedeutung hat das zweite Gebot im Alten Testament?

Als Gott sich Mose im feurigen Dornbusch zu erkennen gab, nannte er seinen Namen: „Ich werde sein, der ich sein werde." Hier ist der Name nicht nur ein Unterscheidungsmerkmal, sondern der Name beschreibt auch das Wesen seines Trägers. Damit macht Gott kund, dass er in seinem Wesen unveränderlich und ewig ist. Der einzelne Mensch erlebt Gott unterschiedlich, dennoch bleibt Gott unwandelbar.

Das Wesen und die Majestät Gottes dürfen in keiner Weise angetastet werden. Aus Ehrfurcht sprechen die Juden den Namen „Ich werde sein, der ich sein werde" (hebräisch: „Jahwe") überhaupt nicht aus. Sie wollen so jede – auch unbeabsichtigte – missbräuchliche Verwendung des Namens Gottes vermeiden.

„Gott sprach zu Mose: Ich werde sein, der ich sein werde. Und sprach: So sollst du zu den Israeliten sagen: »Ich werde sein«, der hat mich zu euch gesandt."
2. Mose 3,14

311

Welche Bedeutung hat das zweite Gebot im Neuen Testament?

Die Menschen sollen von Gott in Liebe, Ehrfurcht und voller Verantwortungsbewusstsein reden.

Als Jesus beten lehrte, forderte er auf, Gott als den „Vater im Himmel" anzusprechen (vgl. Matthäus 6,9).

Wenn Jesus Christus im Gebet zum Ausdruck brachte: „Und ich habe ihnen deinen Namen kundgetan“ (Johannes 17,26), verdeutlichte er damit das Wesen Gottes, nämlich Liebe (vgl. 1. Johannes 4,16).

312

Was bedeutet das zweite Gebot für uns heute?

Wir sollen alles, was mit Gott und seinem Namen zu tun hat, heilig halten. Das gilt für unser Denken, Reden und den Lebenswandel.

Als Christen sind wir dem Namen des Herrn Jesus Christus gegenüber besonders verpflichtet. Als Gottes Kinder, die den Namen des Vaters und des Sohnes tragen, stehen wir in hoher Verantwortung, Gottes Namen heilig zu halten.

313

Wie würde man Gottes Namen missbrauchen?

Ein krasser Missbrauch des Namens Gottes ist die Gotteslästerung, bei der Gott bewusst verhöhnt oder beschimpft wird. Auch wer beim Namen Gottes flucht oder sich auf Gott beruft und dabei lügt, missbraucht den Namen Gottes. Schon die leichtfertige Verwendung der Bezeichnungen „Gott“, „Jesus Christus“ oder „Heiliger Geist“ für lockere Redensarten oder in Witzen ist ein Verstoß gegen das zweite Gebot.

Im Verlauf der Geschichte haben Menschen vielfach **den Namen Gottes missbraucht**: um sich zu bereichern, um Kriege zu führen (z.B. die Kreuzzüge), um andere Menschen zu diskriminieren, zu quälen und zu töten – alles im Namen Gottes.

314

Welche Konsequenz hat ein Verstoß gegen das zweite Gebot?

Als einziges Gebot enthält das zweite eine Strafandrohung im Falle der Übertretung. Worin die Strafe besteht, sagt die Bibel nicht. Für uns sollte Beweggrund, dieses Gebot zu befolgen, vor allem Liebe zu Gott und Ehrfurcht sein, nicht eine zu befürchtende Strafe.

315

Ist Schwören unter Anrufung Gottes ein Verstoß gegen das zweite Gebot?

Jesus hat in der Bergpredigt das Schwören untersagt. Dies ist so zu verstehen, dass es für das leichtfertige Schwören im alltäglichen Leben gilt, nicht aber zum Beispiel für das Schwören vor Gericht.

Wer bei einer vorgeschriebenen Eidesformel Gott zum Zeugen anruft („So wahr mir Gott helfe!“), um seine Verpflichtung zur Wahrhaftigkeit Gott gegenüber zu bekunden, legt damit ein öffentliches Bekenntnis seines Glaubens an den allmächtigen, allwissenden Gott ab.

316

Wie lautet das dritte Gebot?

„Du sollst den Feiertag heiligen."

317

Was bedeutet das dritte Gebot?

Mit dem dritten Gebot wird dazu aufgefordert, einen Tag der Woche von den anderen abzusondern, um Gott anzubeten und sich mit seinem Wort zu beschäftigen. Für Christen ist dies der Sonntag – der Tag, an dem Jesus Christus auferstanden ist.

318

Was bedeutet das dritte Gebot im Alten Testament?

Gott ruhte am siebten Schöpfungstag und heiligte ihn. Der Ruhetag ist als Feiertag gegeben, um Gott für sein schöpferisches Handeln zu danken und ihn zu ehren.

Gott benannte bereits vor der Gesetzgebung am Sinai den Sabbat als den Tag, der heilig gehalten werden sollte. Während der Wanderung des Volkes Israel durch die Wüste verkündete Mose: „Das ist's, was der Herr gesagt hat: Morgen ist Ruhetag, heiliger Sabbat für den Herrn" (2. Mose 16,23).

Am Sabbat sollte sich das Volk Israel von der Arbeit ausruhen und sich ungestört Gott zuwenden. Der Sabbat diente dem Lob des Schöpfers und der Erinnerung an die Befreiung Israels aus der Gefangenschaft in Ägypten. Demjenigen war Segen zugesagt, der den Sabbat in Ehren hielt und persönliche Geschäfte und „leeres Geschwätz“ mied (vgl. Jesaja 58,13.14).

319

Was bedeutet das dritte Gebot im Neuen Testament?

Den Sabbat – den siebten Tag des jüdischen Kalenders – zu heiligen, gehörte für die Israeliten zum Gesetz. Jesus ging am Sabbat in die Synagoge und heilte Kranke, was nach dem Verständnis der Israeliten Arbeit und somit ein Verstoß gegen das Gebot war. Damit machte Jesus, der Herr über den Sabbat, deutlich, dass Wohltun an den Menschen höher zu werten ist als eine rein formale Erfüllung des dritten Gebotes.

„**Synagogen**“ sind die Gebäude, in denen sich die jüdischen Gemeinden seit der Zeit der babylonischen Gefangenschaft zum Gottesdienst versammeln. Dies waren Wortgottesdienste, die aus Gebet, dem Vorlesen aus heiligen Schriften und deren Auslegung bestanden.

„Der Sabbat ist um des Menschen willen gemacht und nicht der Mensch um des Sabbats willen.“
Markus 2,27

320

Warum heiligen Christen den Sonntag als „Feiertag“?

Christen heiligen den Sonntag als „Feiertag“, weil Jesus Christus an einem Sonntag von den Toten auferstanden ist. Daher ist für Christen das Heiligen des Sonntags auch ein Bekenntnis zur Auferstehung Jesu Christi.

Ein Hinweis auf die Bedeutung des Sonntags als Feiertag der Christen findet sich in Apostelgeschichte 20,7: „Am ersten Tag der Woche aber, als wir versammelt waren, das Brot zu brechen, predigte ihnen Paulus …“ Hier wird ebenso wie in 1. Korinther 16,2 der erste Tag der Woche herausgehoben, der Sonntag.

321

Wie halten wir den Sonntag heilig?

Der Sonntag soll ein Tag der Ruhe und ein Festtag der Seele sein. Wir halten den Sonntag vor allem dadurch heilig, dass wir Gott im Gottesdienst Anbetung darbringen, sein Wort gläubig aufnehmen, bußfertig die Sündenvergebung annehmen und Christi Leib und Blut im Sakrament des Heiligen Abendmahls würdig genießen. Heiligung des Sonntags bedeutet auch, dass die Wirkung des Gottesdienstes vertieft wird und bewahrt bleibt.

Wer nicht zum Gottesdienst kommen kann, heiligt den Sonntag, indem er im Gebet Verbindung mit Gott und der Gemeinde sucht. Dies gilt beispielsweise für Berufstätige sowie kranke, behinderte und alte Menschen.

Das Gebot, den Feiertag zu heiligen, fordert den Gläubigen auf zu prüfen, inwieweit sich seine Aktivitäten mit dem Sinn des dem Herrn geweihten Tags vereinbaren lassen.

322

Wie lautet das vierte Gebot?

„Du sollst deinen Vater und deine Mutter ehren, auf dass dir's wohlgehe und du lange lebest auf Erden."

323

Was bedeutet das vierte Gebot?

Das vierte Gebot richtet sich an Menschen jeglichen Alters und verlangt, Vater und Mutter die gebührende Achtung und Wertschätzung zukommen zu lassen. Es ist das einzige Gebot, das eine Belohnung verheißt.

324

Welche Bedeutung hat das vierte Gebot im Alten Testament?

Das vierte Gebot steht, wie das mosaische Gesetz überhaupt, im Zusammenhang mit der Wüstenwanderung der Israeliten. Älteren Angehörigen der Sippe sollte

man auf der beschwerlichen Wanderung beistehen und somit Ehre erweisen. Die Verheißung des „Wohlergehens" fasste man als ein Wohlergehen im irdischen Leben auf.

Das Gebot verstand man in Israel auch als eine Anweisung an Erwachsene, für die alt gewordenen Eltern zu sorgen und sie im Krankheitsfall zu pflegen.

→ *mosaisches Gesetz:*
siehe Fragen 272 ff.

325

Welche Bedeutung hat das vierte Gebot im Neuen Testament?

Vom zwölfjährigen Jesus ist berichtet, dass er sich seiner Mutter Maria und deren Mann Josef gehorsam unterordnete: „Er ging mit ihnen hinab und kam nach Nazareth und war ihnen untertan" (Lukas 2,51). Die Zuwendung Jesu zu seiner Mutter wird deutlich, als er sie noch in seiner Todesstunde der Fürsorge des Apostels Johannes anbefahl (vgl. Johannes 19,27).

In den Briefen des Apostels Paulus werden die Kinder ausdrücklich zum Gehorsam gegenüber ihren Eltern ermahnt.

326

Was bedeutet das vierte Gebot für uns heute?

Kindern stellt sich, unabhängig von ihrem Alter, die Aufgabe, die Eltern zu ehren. Die konkrete Umsetzung des Gebotes kann sich, je nach Alter, sozialem Umfeld und gesellschaftlichen Umgangsformen, unterschiedlich gestalten.

Alle Gehorsamspflicht des Kindes ist eingeschränkt durch den Hinweis des Apostels Petrus: „Man muss Gott mehr gehorchen als den Menschen" (Apostelgeschichte 5,29).

Mit dem Begriff **„soziales Umfeld"** eines Menschen meint man seine Lebensbedingungen, zu denen Abstammung, Familie und Verwandtschaft, das Einkommen und Vermögen, die Bildung, der Beruf, die religiöse Zugehörigkeit und weitere Umstände seines Lebens gehören.

327

Wie ist die Verheißung eines „langen Lebens" zu verstehen?

Wenn Kinder ihre Eltern aus Liebe und Dankbarkeit ehren, sie also wertschätzen, ihnen gehorsam sind und für sie sorgen, wird darauf der Segen Gottes ruhen.

In der Vorstellung der Menschen zur Zeit des Alten Testaments war „langes Leben“ Ausdruck für Segen Gottes. Im Neuen Bund zeigt sich der Segen Gottes hauptsächlich in geistlichen Gütern.

Geistliche Güter kommen von Gott und machen den Glaubenden „reich“. Zu den geistlichen Gütern gehören u.a. die Liebe, die Geduld, Freude aus dem Heiligen Geist, Erkenntnis der Wahrheit des Evangeliums, die Gotteskindschaft, die Vergebung der Sünden, die Sakramente, die Hoffnung auf die Erfüllung und die Teilhabe an den Verheißungen des Herrn.

→ ***geistlicher Segen:*** *siehe Frage 268*

328

Ergeben sich aus dem vierten Gebot auch Pflichten für die Eltern?

Ja, die Eltern tragen in ihrer Lebensführung und in ihrem Erziehungsauftrag eine hohe Verantwortung und sollen durch ein Gott wohlgefälliges Verhalten dafür sorgen, dass den Kindern die Wertschätzung ihrer Eltern nicht erschwert wird. Erfüllen die Eltern diese Pflichten nicht, können sie auch keinen Gehorsam ihrer Kinder erwarten.

Keinesfalls kann eine Gehorsamspflicht der Kinder den Eltern gegenüber aus dem vierten Gebot begründet werden, wenn die Eltern oder die Kinder in diesem Zusammenhang gegen göttliche Gebote verstoßen würden.

329

Wie lautet das fünfte Gebot?

„Du sollst nicht töten.“

330

Was bedeutet das fünfte Gebot?

Das Leben ist von Gott gegeben. Er allein ist Herr über Leben und Tod. Es steht niemandem zu, Menschenleben zu beenden.

331

Welche Bedeutung hat das fünfte Gebot im Alten Testament?

Die wörtliche Übersetzung des Gebots aus dem hebräischen Text heißt: „Du sollst nicht morden.“ Demnach untersagte das fünfte Gebot das eigenmächtige Töten von Menschen. Es bezog sich ausdrücklich nicht auf Kriegsdienst und Todesstrafe.

332

Welche Bedeutung hat das fünfte Gebot im Neuen Testament?

Jesus beschränkte die Beachtung dieses Gebotes nicht auf die buchstabengemäße Erfüllung. Schwerpunkt für ihn war die innere Haltung, die Gesinnung des Menschen.

Deshalb sagte er: „Ihr habt gehört, dass zu den Alten gesagt ist: ‚Du sollst nicht töten‘; wer aber tötet, der soll des Gerichts schuldig sein. Ich aber sage euch: Wer mit seinem Bruder zürnt, der ist des Gerichts schuldig“

(Matthäus 5,21.22). In 1. Johannes 3,15 heißt es ergänzend: „Wer seinen Bruder hasst, der ist ein Totschläger".

333

Welche Bedeutung hat das fünfte Gebot für uns heute?

Anfang und Ende des menschlichen Lebens liegen allein in Gottes Hand. Nur er ist Herr über Leben und Tod.

Auch wenn heute auf Erden vielfach Gewalt herrscht und viele Menschen das Leben anderer nur noch gering achten, gilt das Gebot unverändert. Es umfasst – neben dem Verbot, menschliches Leben zu beenden – zugleich den Auftrag, menschliches Leben zu achten, zu schützen und zu bewahren.

Jeder Verstoß gegen das fünfte Gebot ist Sünde. Die sich daraus ergebende Schuld Gott gegenüber kann unterschiedlich sein.

334

Verstößt ein Schwangerschaftsabbruch gegen das fünfte Gebot?

Ja. Ungeborenes Leben ist zu achten und zu schützen, denn es ist davon auszugehen, dass vom Augenblick der Zeugung an von Gott gegebenes menschliches Leben vorliegt.

335

Fällt eine Selbsttötung unter das fünfte Gebot?

Ja, denn es wird von Gott gegebenes Leben beendet.

336

Ist Töten in Notwehr ein Verstoß gegen das fünfte Gebot?

Ja, auch das Töten in Notwehr verstößt gegen das fünfte Gebot.

337

Was gilt für das Töten im Krieg?

Töten im Krieg ist ein Verstoß gegen das fünfte Gebot. Aus dem Gebot folgt für den Einzelnen die Verantwortung, das Töten möglichst zu vermeiden. Im Einzelfall kann es sein, dass aus der Handlungsweise kaum Schuld Gott gegenüber entsteht.

→ ***Schuld gegenüber Gott:***
siehe Frage 230

338

Ist Sterbehilfe eine Übertretung des fünften Gebots?

Wer aktive Sterbehilfe leistet – das heißt, wer Handlungen vornimmt, die zum

Tod eines Sterbenden führen –, übertritt das fünfte Gebot.

Passive Sterbehilfe – also die Unterlassung von Maßnahmen, die das Leben verlängern – wird unter strengen Voraussetzungen nicht als Übertretung des fünften Gebots gesehen. Die Entscheidung über den Verzicht auf lebensverlängernde Maßnahmen obliegt zunächst dem Patienten selbst. Bei fehlender Willensbekundung soll diese Entscheidung in Absprache zwischen den Ärzten und den Angehörigen einzig unter verantwortungsbewusster Würdigung der Interessen des Sterbenden getroffen werden.

339

Wie ist aus Sicht des fünften Gebots die Todesstrafe zu bewerten?

Es steht keinem Menschen zu, Menschenleben zu beenden. Insofern verletzt der Vollzug der Todesstrafe die göttliche Ordnung. In der Todesstrafe erkennt die Neuapostolische Kirche zudem kein geeignetes Mittel zur Abschreckung und zum Schutz der Gesellschaft.

340

Bezieht sich das fünfte Gebot auch auf das Töten von Tieren?

Nein, das Töten von Tieren fällt nicht unter das fünfte Gebot. Gott lässt ausdrücklich zu, dass Tiere der Ernährung des Menschen dienen (vgl. 1. Mose 9,3). Doch auch das Leben der Tiere ist zu respektieren; dies ergibt sich aus der Mitverantwortung des Menschen zur Bewahrung der Schöpfung.

341

Wie lautet das sechste Gebot?

„Du sollst nicht ehebrechen."

342

Was bedeutet das sechste Gebot?

Die Ehe ist die von Gott gewollte, auf Lebenszeit angelegte Gemeinschaft von Mann und Frau. Zugrunde liegt ihr eine beiderseitige freie Willensentscheidung. Sie wird durch ein öffentliches Treueversprechen bekundet.

Ehebruch begeht, wer als Verheirateter mit jemand anderem als seinem Ehepartner geschlechtlich verkehrt. Ebenso begeht Ehebruch, wer als Unverheirateter mit einem ehelich Gebundenen geschlechtlich verkehrt.

343

Was bedeutet das sechste Gebot im Alten Testament?

Schon zur Zeit des Alten Testaments wurde die Ehe als Bund verstanden, der unter Gottes Schutz steht und durch Gebet gesegnet wird. Ehebruch wurde damals mit dem Tode bestraft.

> „Denn wir sind Kinder der Heiligen und
> können unsere Ehe nicht beginnen
> wie die Heiden, die Gott nicht kennen.
> Und sie standen auf und beteten beide
> inständig, dass Gott sie behüten wolle."
> **Tobias 8,5.6**

344

Was bedeutet das sechste Gebot im Neuen Testament?

Jesus Christus spricht sich eindeutig für die Einehe (Monogamie) aus. Sie ist die gottgewollte, dem gläubigen Christen angemessene Form ehelichen Zusammenlebens von Mann und Frau.

Jesus deutete auch das sechste Gebot über den ursprünglichen Sinn hinaus: In der Bergpredigt sagte er: „Wer eine Frau ansieht, sie zu begehren, der hat schon mit ihr die Ehe gebrochen in seinem Herzen" (Matthäus 5,28). Das bedeutet, dass man trotz äußerlich untadeligem Lebenswandel einen „Ehebruch im Herzen", also in Gedanken, begehen kann.

„**Einehe**" oder „**Monogamie**" besagt, dass ein Mann nur mit **einer** Frau verheiratet ist und eine Frau nur mit **einem** Mann.

Das Alte Testament berichtet vielfach von der „Vielehe" („Polygamie") in dem Sinn, dass ein Mann mit mehreren Frauen verheiratet war.

345

Was sagt das Neue Testament zur Scheidung?

Scheidung wird im Neuen Testament als Verstoß gegen das sechste Gebot gewertet: „Was nun Gott zusammengefügt hat, soll der Mensch nicht scheiden" (Markus 10,9). Einziger Ausnahmefall, für den die Scheidung zugelassen wird, ist Ehebruch des Ehepartners (vgl. Matthäus 19,9).

Die neutestamentlichen Aussagen zur Scheidung dienten vor allem dazu, die Situation der Frau, die in der Antike nur sehr eingeschränkte Rechte besaß, zu verbessern. Die Frau sollte davor geschützt werden, willkürlich von ihrem Ehemann verstoßen werden zu können.

346

Was bedeutet das sechste Gebot für uns heute?

Die Ehe ist auf Unauflöslichkeit angelegt (vgl. Matthäus 19,6; Markus 10,9). Vor diesem Hintergrund ist es geboten, die Ehe zu schützen und zu fördern.

Aus dem Gebot ergibt sich auch, dass die Ehepartner einander in Treue zugetan sein sollen. Zu den Verpflichtungen aus dem Gebot gehört, dass die Ehepartner sich ernsthaft bemühen, den Lebensweg in Gottesfurcht und Liebe miteinander zu gehen.

347

Wie steht die Neuapostolische Kirche zu Geschiedenen?

Geschiedene und in Scheidung Lebende haben ihren Platz in der Gemeinde und werden von ihren Seelsorgern vorbehaltlos betreut. Geschiedene und in Scheidung Lebende werden nicht vom Empfang der Sakramente ausgeschlossen.

Geschiedenen, die erneut eine Ehe eingehen wollen, wird auf Wunsch der Trausegen gespendet. Damit soll die Möglichkeit zu einem Neuanfang gegeben werden.

Immer ist im Auge zu behalten, dass Jesus dem Menschen nicht mit strenger Bestrafung, sondern in Liebe und Gnade begegnet ist (vgl. Johannes 8,2-11).

348

Wie lautet das siebte Gebot?

„Du sollst nicht stehlen."

349

Was bedeutet das siebte Gebot?

Es ist verboten, sich am Hab und Gut des Nächsten zu vergreifen. Man darf sich das Eigentum des Nächsten nicht unrechtmäßig aneignen und es auch nicht schädigen.

350

Was bedeutet das siebte Gebot im Alten Testament?

Ursprünglich bezog sich das Gebot, nicht zu stehlen, vor allem auf den Menschenraub. Dabei ging es darum, den freien Mann davor zu schützen, geraubt, verkauft oder in Unfreiheit gehalten zu werden. Eigentumsdelikte konnte man durch materielle Entschädigung wiedergutmachen (sühnen), Menschenraub dagegen wurde in Israel mit dem Tod bestraft: „Wer einen Menschen raubt, sei es, dass er ihn verkauft, sei es, dass man ihn bei ihm findet, der soll des Todes sterben" (2. Mose 21,16).

Auch der Diebstahl von fremdem Eigentum wurde unter Strafe gestellt; das mosaische Gesetz forderte Wiedergutmachung. „Wenn jemand ein Rind oder ein Schaf stiehlt und schlachtet's oder verkauft's, so soll er fünf Rinder für ein Rind wiedergeben und vier Schafe für ein Schaf" (2. Mose 21,37).

351

Was bedeutet das siebte Gebot im Neuen Testament?

Jesus bezeichnete Diebstahl als Sünde. Diebstahl hat seinen Ursprung in der Gesinnung des Menschen. „Denn aus dem Herzen kommen böse Gedanken, Mord, Ehebruch, Unzucht, Diebstahl, falsches Zeugnis, Lästerung. Das sind die Dinge, die den Menschen unrein machen" (Matthäus 15,19.20).

352

Was bedeutet das siebte Gebot für uns heute?

Diebstahl im eigentlichen Sinn liegt vor, wenn materielles oder geistiges Eigentum anderer entwendet wird. Aber auch Betrug, Wucher, Ausnutzung einer Notlage, Veruntreuung, Unterschlagung, Steuerhinterziehung, Korruption und Verschwendung von anvertrauten Geldern müssen als Übertretung des siebten Gebots gesehen werden.

Das siebte Gebot fordert zudem dazu auf, dem Nächsten seine Ehre und seinen guten Ruf nicht zu nehmen und seine Würde als Mensch nicht anzutasten.

Wucherer nutzen einen anderen aus, indem sie für eine Ware oder Leistung einen überhöhten, unangemessenen Preis fordern.

Veruntreuung liegt vor, wenn sich jemand am Vermögen eines anderen vergreift, das ihm anvertraut war.

Der Begriff „**Korruption**" meint einerseits, dass man Leistungen (vor allem Geld) einsetzt, um etwas zu erreichen, was einem nicht zusteht (Bestechung). Andererseits fällt es auch unter Korruption, wenn sich jemand bestechen lässt.

353

Wie lautet das achte Gebot?

„Du sollst kein falsch Zeugnis reden wider deinen Nächsten."

354

Was bedeutet das achte Gebot?

„Falsches Zeugnis" ist eine unwahre Aussage, die einen anderen betrifft. Jedes „falsche Zeugnis" ist Lüge. Kern des Gebots ist die Forderung, der Wahrheit gemäß zu reden und zu handeln.

355

Was bedeutet das achte Gebot im Alten Testament?

Das achte Gebot betraf zunächst die Falschaussage vor Gericht. Sowohl eine falsche Anklage als auch eine unwahre Zeugenaussage konnten „falsches Zeugnis" im Sinne des Gebotes sein. Stellte sich vor Gericht heraus, dass ein Zeuge falsch ausgesagt hatte, verhängte man über ihn die Strafe, die über den Angeklagten bei einem Schuldspruch verhängt worden wäre (vgl. 5. Mose 19,18.19).

356

Was bedeutet das achte Gebot im Neuen Testament?

Jesus Christus wies mehrfach auf das achte Gebot hin. Er zeigte auf, dass die Übertretung dieses Gebots Ausdruck von verkehrter Gesinnung ist und den Menschen unrein macht (vgl. z.B. Matthäus 15,18-20).

357

Was bedeutet das achte Gebot für uns heute?

Heute bedeutet das achte Gebot, über den ursprünglichen Sinn hinausgehend, das Verbot jeglichen unwahrhaftigen Redens und Handelns. So verstoßen auch Notlügen, Halbwahrheiten, Aussagen, die den wirklichen Sachverhalt verschleiern sollen, sowie Verleumdungen gegen das achte Gebot. Auch sind Prahlerei und Übertreibung, Doppelzüngigkeit und Heuchelei, Verbreiten von Gerüchten, üble Nachrede und Schmeichelei Ausdruck von Unwahrhaftigkeit.

Jeder ist verpflichtet, sich um Aufrichtigkeit und Wahrhaftigkeit zu bemühen. Auch das Verhalten in der Gesellschaft und im Geschäftsleben soll sich am achten Gebot orientieren.

Behauptungen über einen anderen Menschen, die unwahr sind und diesem schaden, ihn in der Ehre verletzen oder beleidigen, bezeichnet man als „**Verleumdung**" oder „**üble Nachrede**".

358

Welche Aufgabe ergibt sich für Christen aus dem achten Gebot?

Christen sind dazu aufgerufen, ein „wahrhaftiges Zeugnis" abzulegen, indem sie das Evangelium glauben, es verkündigen und einen ihm entsprechenden Lebenswandel führen.

359

Wie lauten das neunte und zehnte Gebot?

„Du sollst nicht begehren deines Nächsten Haus. Du sollst nicht begehren deines Nächsten Frau, Knecht, Magd, Vieh oder alles, was sein ist."

360

Warum werden das neunte und das zehnte Gebot oft zusammengefasst?

Die letzten zwei der Zehn Gebote sind inhaltlich eng miteinander verknüpft. Sie werden daher oft zusammen als ein Gebot gezählt.

Diese beiden Gebote existieren in der Bibel in unterschiedlichen Fassungen. In 2. Mose 20,17 wird als erstes des Nächsten Haus genannt, hingegen ist in 5. Mose 5,21 zuerst die Frau erwähnt.

361

Welche Bedeutung haben das neunte und zehnte Gebot?

Kern des neunten und zehnten Gebots ist die Aussage: „Du sollst nicht begehren." Damit ist nicht jede Form menschlichen Verlangens untersagt, sondern die sündhafte Begierde nach dem Ehepartner des Nächsten oder nach dessen Hab und Gut.

Richtet sich das Begehren auf das, was dem anderen lieb und wert ist bzw. ihm gehört, wird es zur sündhaften Begierde. Dann wirkt es zerstörerisch. Begierde kann anwachsen bis zur Habsucht und entspringt meist dem Neid.

362

Welche Bedeutung haben das neunte und zehnte Gebot im Alten Testament?

Seit Anbeginn versucht Satan, Menschen zur Sünde zu verführen, indem er Begierde und Lust auf Verbotenes weckt.

Im Alten Testament wird ein Beispiel von extremen Folgen der Begierde nach der Frau des Nächsten geschildert, als König David aus diesem Verlangen heraus Betrug, Ehebruch und Mord beging (vgl. 2. Samuel 11).

363

Welche Bedeutung haben das neunte und zehnte Gebot im Neuen Testament?

Wird sündhaftes Verlangen nicht beherrscht, folgt die Umsetzung in die Tat. Die Folgen sind in Jakobus 1,15 beschrieben: „Wenn die Begierde empfangen hat, gebiert sie die Sünde; die Sünde aber, wenn sie vollendet ist, gebiert den Tod."

In Galater 5,19-25 wird gezeigt, dass sündhaftes Begehren zu sündhaftem Handeln führt. Dies wird als „Werke des Fleisches" bezeichnet. Der Begierde stellt die Bibel den Begriff „Keuschheit" entgegen. Keuschheit zeigt sich in Selbstbeherrschung und Verzicht.

„Offenkundig sind aber die Werke des Fleisches, als da sind: Unzucht, Unreinheit, Ausschweifung, Götzendienst, Zauberei, Feindschaft, Hader, Eifersucht, Zorn, Zank, Zwietracht, Spaltungen, Neid, Saufen, Fressen und dergleichen. Davon habe ich euch vorausgesagt und sage noch einmal voraus: Die solches tun, werden das Reich Gottes nicht erben. Die Frucht aber des Geistes ist Liebe, Freude, Friede, Geduld, Freundlichkeit, Güte, Treue, Sanftmut, Keuschheit; gegen all dies ist das Gesetz nicht. Die aber Christus Jesus angehören, die haben ihr Fleisch gekreuzigt samt den Leidenschaften und Begierden. Wenn wir im Geist leben, so lasst uns auch im Geist wandeln."
Galater 5,19 ff.

364

Welche Bedeutung haben das neunte und zehnte Gebot für uns heute?

Das neunte und zehnte Gebot stellen dem Menschen die Aufgabe, über die Reinheit des Herzens zu wachen. Er soll die Versuchung zu sündhaftem Tun abwehren.

„Als gehorsame Kinder gebt euch nicht den Begierden hin, denen ihr früher in der Zeit eurer Unwissenheit dientet; sondern wie der, der euch berufen hat, heilig ist, sollt auch ihr heilig sein in eurem ganzen Wandel."
1. Petrus 1,14.15

6

DIE KIRCHE JESU CHRISTI

Brautgemeinde

Christen

Kirche

Erlösungswerk des Herrn

Apostel

Mission

Apostolizität

365

Was bedeutet „Kirche“ allgemein?

Der Begriff „Kirche“ hat im allgemeinen Sprachgebrauch drei unterschiedliche Bedeutungen. Man meint damit zum einen ein christliches Gotteshaus (z. B. die Dorfkirche), in dem sich die Gläubigen zum Gottesdienst versammeln. In einer weiteren Bedeutung wird mit „Kirche“ die Gemeinde in einem Ort bezeichnet. Außerdem wird unter „Kirche“ eine christliche Gemeinschaft (Denomination) verstanden, zum Beispiel die Neuapostolische Kirche oder die Katholische Kirche.

„Denomination“, aus dem lateinischen „denominatio“ („Kennzeichnung“, „Benennung“), ist ein nicht wertender Begriff für eine Religionsgemeinschaft.

366

Was bedeutet „Kirche“ in Bezug auf den Glauben?

„Kirche“ bedeutet in Bezug auf den Glauben nicht in erster Linie das Gotteshaus, sondern die Einrichtung, die die Aufgabe hat, den Menschen das Heil in Christus zu vermitteln. Die Menschen, die der Kirche angehören, sind berufen zur ewigen Gemeinschaft mit Gott.

Darüber hinaus bedeutet „Kirche“, jetzt schon Gemeinschaft mit dem dreieinigen Gott zu haben, indem dieser sich in Wort und Sakrament den Gläubigen zuwendet, die ihm Anbetung und Lobpreis darbringen. In der Kirche haben die Glaubenden miteinander Gemeinschaft. Mittelpunkt des kirchlichen Lebens ist der Gottesdienst.

367

Ist Kirche notwendig?

Ja, Kirche ist zum Christ-Sein notwendig, denn nur in ihr hören wir das Wort Gottes, empfangen die Sakramente und erleben Gemeinschaft mit Gott und untereinander. Diese Bestandteile sind in ihrer Gesamtheit unverzichtbar, um das Heil zu erlangen. Ohne Kirche ist dies dem Menschen nicht möglich.

→ **Heil:** *siehe Fragen 243, 248 ff.*

368

Wer hat die Kirche gegründet?

Jesus Christus hat die Kirche gegründet. Er hat nicht nur eine Lehre hinterlassen, sondern eine Einrichtung zur Vermittlung des Heils geschaffen, nämlich seine Kirche. Sie hat also ihren Ursprung im Gottessohn, der auf die Erde kam und als Mensch unter Menschen handelte: Er rief Menschen als Jünger in seine Nachfolge, predigte, tat Wunder, vergab Sünden, verhieß und sandte den Heiligen Geist.

Person und Tat Jesu Christi sind die Grundvoraussetzung dafür, dass es die Kirche gibt.

369

Wer ist das „Haupt" der Kirche Jesu Christi?

Jesus Christus ist das „Haupt" seiner Kirche.

370

Was sind die Aufgaben der Kirche Jesu Christi?

Die Kirche Jesu Christi hat zwei Aufgaben. Die erste Aufgabe ist es, den Menschen Heil und ewige Gemeinschaft mit Gott zugänglich zu machen. Die zweite Aufgabe besteht darin, dass Menschen in ihr Gott Anbetung und Lobpreis darbringen.

371

Unterscheiden sich die Kirche Jesu Christi und die Neuapostolische Kirche?

Ja, sie unterscheiden sich. In der Neuapostolischen Kirche und in den anderen christlichen Kirchen wird die eine Kirche Jesu Christi auf unterschiedliche Weise und in unterschiedlichem Umfang offenbar.
→ *siehe auch Frage 386*

372

Mit welchen Handlungen stiftete Jesus Christus die Kirche?

Jesus Christus stiftete die Kirche, indem er bedeutende Handlungen vornahm: Er

- versammelte Jünger und Jüngerinnen um sich (vgl. Markus 1,16 ff.),
- predigte vom Reich Gottes (vgl. Markus 1,14.15),
- erwählte die Apostel (vgl. Lukas 6,12-16),
- setzte den Petrusdienst ein (vgl. Matthäus 16,18),
- feierte erstmals das Heilige Abendmahl (vgl. Matthäus 26,20-29),
- brachte an Karfreitag sein Opfer (vgl. Matthäus 27,50),
- stand an Ostern von den Toten auf (vgl. Matthäus 28,1 ff.),
- gab den Aposteln Auftrag, das Evangelium zu verkündigen und im Namen des Vaters, des Sohnes und des Heiligen Geistes zu taufen (vgl. Matthäus 28,19.20),
- sandte an Pfingsten den Heiligen Geist (vgl. Apostelgeschichte 2,1 ff.).

373

Gibt es im Alten Testament Hinweise auf die Kirche Jesu Christi?

Ja, es gibt im Alten Testament Hinweise auf die Kirche Jesu Christi, so beispielsweise:

- die Arche: In ihr fanden Noah und seine Familie Rettung vor der Sintflut. Die Arche diente Noah und seiner Familie zur Rettung. So dient die Kirche Christi zur Rettung der Sünder (vgl. 1. Petrus 3,20.21).
- die Zehn Gebote, die Mose auf dem Berg Sinai empfing: In ihnen kommt der göttliche Wille zum Ausdruck. Dieser wurde durch Mose, den Knecht Gottes, dem versammelten Volk Israel kundgetan. In der Kirche Christi wird der göttliche Wille durch die Predigt des Evangeliums einer Versammlung, nämlich der Gemeinde, mitgeteilt.

374

Wie wird die Kirche Jesu Christi im Neuen Testament beschrieben?

Im Neuen Testament wird in unterschiedlichen Bildern und Beispielen das Wesen der Kirche Jesu Christi beschrieben. Der „Leib Christi" ist eines der wichtigsten Bilder für die Kirche; in diesem Bild wird die Kirche mit einem Körper verglichen: „Denn wie wir an einem Leib viele Glieder haben, aber nicht alle Glieder dieselbe Aufgabe haben, so sind wir viele ein Leib in Christus" (Römer 12,4.5).

375

Was bedeutet das Bild vom Leib Christi?

Mit dem Bild vom Leib Christi sind alle gemeint, die zu Jesus Christus gehören, weil sie getauft sind, an ihn glauben und ihn als ihren Herrn bekennen. Wie die Glieder eines Leibes zusammen zu einem Organismus gehören, so gehören die Getauften gemeinsam zur Kirche Jesu Christi.

376

Welche Entsprechung gibt es zwischen der Kirche und der Person Jesu Christi?

Jesus Christus hat zwei Naturen. Diese spiegeln sich auch in der Kirche wider.

Wenn man von den zwei Naturen Jesu spricht, meint das, dass Jesus Christus zugleich wahrer Gott und wahrer Mensch ist. Dies lässt sich an Beispielen aus seinem Leben zeigen: Als er den verstorbenen Lazarus ins Leben zurückrief, tat er dies als wahrer Gott (vgl. Johannes 11,43-47). Als wahrer Mensch litt er zum Beispiel Hunger und Durst, wie andere Menschen auch (vgl. Johannes 4,7).

Die göttliche Natur Jesu war unsichtbar, seine menschliche Natur war sichtbar.

So ist es auch mit der Kirche: Sie hat eine unsichtbare Seite und eine sichtbare Seite. Beide Seiten gehören, wie die zwei Naturen Jesu Christi, unauflöslich zusammen.

→ ***die beiden Naturen Christi:***
siehe Fragen 103 ff.

377

Wie erlebt man die unsichtbare Seite der Kirche Jesu Christi?

Die unsichtbare Seite der Kirche erlebt man unter anderem in den Heilswirkungen. Diese sind für den Menschen unsichtbar und können nur im Glauben erfasst werden.

Beispiele für Heilswirkungen sind:

- wenn Gott die Sünden vergibt,
- wenn durch die Taufe die Erbsünde abgewaschen wird,
- wenn Gott die Gabe des Heiligen Geistes schenkt,
- wenn im Heiligen Abendmahl Leib und Blut Christi gegeben werden,
- wenn Entschlafenen die Sakramente gespendet werden,
- wenn Segenshandlungen (Konfirmationen, Ordinationen usw.) vorgenommen werden,
- wenn Gott in der Predigt durch menschliche Worte wirkt,
- wenn der Segen auf die Gemeinde gelegt wird.

378

Wie erlebt man die sichtbare Seite der Kirche Jesu Christi?

Die sichtbare Seite der Kirche erlebt man unter anderem dann, wenn Menschen in der Kirche handeln. Dies ist wahrnehmbar – zum Beispiel,

- wenn Menschen sich zu Jesus Christus bekennen,
- wenn Gottesdienst gefeiert wird,
- wenn Wasser für die Taufe geweiht und die Taufhandlung durchgeführt wird,

- wenn die Amtsträger Brot und Wein für das Heilige Abendmahl aussondern und Heiliges Abendmahl spenden,
- wenn die Apostel die Hände auflegen und die Heilige Versiegelung durchführen,
- wenn gepredigt wird,
- wenn gebetet wird,
- wenn Nächstenliebe geübt wird.

379

Ist die unsichtbare Seite der Kirche Jesu Christi vollkommen?

Ja, die unsichtbare Seite der Kirche Jesu Christi ist vollkommen. So entspricht sie der göttlichen Natur Jesu Christi. Die Größe, das Ausmaß und die Vollkommenheit der Kirche Jesu Christi sind für uns Menschen nicht vorstellbar und selbst dem Glaubenden nicht ganz erfassbar.

380

Ist die sichtbare Seite der Kirche Jesu Christi vollkommen?

Nein, die sichtbare Seite der Kirche Jesu Christi ist nicht vollkommen. Denn nicht immer zeigten die in ihr Handelnden die Liebe, Barmherzigkeit, Wahrhaftigkeit und Güte Jesu.

In der Kirche handeln sündige Menschen, die Fehler machen. Von daher finden sich in der Kirche auch Irrtümer, Irrwege und Entgleisungen wieder, die der Menschheit zu eigen sind.

An dieser Stelle unterscheidet sich die sichtbare Seite der Kirche grundlegend von der menschlichen Natur Jesu. Im Gegensatz zu der sichtbaren Seite der Kirche, die Mängel hat, war Jesus Christus auch in seiner menschlichen Natur vollkommen und sündlos.

381

Welche Kennzeichen hat die Kirche Jesu Christi?

Die Kirche Christi – sowohl in ihrer sichtbaren Seite als auch in ihrer unsichtbaren Seite – hat diese vier Kennzeichen: Einheit, Heiligkeit, Allgemeinheit und Apostolizität. Diese Kennzeichen der Kirche nennt man „notae ecclesiae".

382

Was bedeutet: „Einheit der Kirche Jesu Christi"?

Die Kirche ist eine, weil es nur den einen Gott gibt. Die Kirche gibt Zeugnis von der Einheit Gottes, des Vaters, des Sohnes und des Heiligen Geistes, der in ihr wirkt. Jesus hat das Einssein untereinander und die Liebe zueinander als Erkennungszeichen derer genannt, die ihm angehören und nachfolgen. So tritt in der Kirche das Wesen Gottes zutage: „Gott ist die Liebe; und wer in der Liebe bleibt, der bleibt in Gott und Gott in ihm" (1. Johannes 4,16).

→ ***Trinität:*** *siehe Fragen 61 ff.*

383

Was bedeutet: „Heiligkeit der Kirche Jesu Christi"?

Die Kirche ist heilig, weil der dreieinige Gott heilig ist. Er wirkt in der Kirche Christi in Wort und Sakrament.

384

Was bedeutet: „Allgemeinheit der Kirche Jesu Christi"?

Die Kirche ist allgemein, weil Gott für alle Menschen da ist, für Lebende und für Tote. Für die Verkündigung des Evangeliums gibt es keine Grenzen.

385

Was bedeutet: „Apostolizität der Kirche Jesu Christi"?

Die Kirche ist apostolisch, weil in ihr apostolische Lehre verkündigt wird und in ihr das apostolische Amt wirkt.

386

Wo sind die vier Kennzeichen der Kirche Jesu Christi verwirklicht?

Die vier Kennzeichen der Kirche Jesu Christi – Einheit, Heiligkeit, Allgemeinheit und Apostolizität – sind in den verschiedenen christlichen Kirchengemeinschaften auf unterschiedliche Weise und in unterschiedlichem Umfang verwirklicht.

Am deutlichsten treten diese Kennzeichen der Kirche Jesu Christi dort in Erscheinung, wo die Apostel wirken: Sie spenden Lebenden und Toten die drei Sakramente und verkündigen Gottes Wort mit dem Schwerpunkt des baldigen Wiederkommens Christi. Hier ist das Erlösungswerk des Herrn aufgerichtet.

Unter dem Begriff „**Erlösungswerk des Herrn**" versteht man im Allgemeinen die Heilstat Jesu, die abgeschlossen ist. Wird dieser Begriff hier verwendet, ist damit der Teil der Kirche gemeint, in dem die Apostel wirken und jene Heilsgaben vermitteln, die der Bereitung der Erstlinge, der Braut Christi, dienen.

387

Welche Aufgaben werden im Erlösungswerk des Herrn erfüllt?

Im Erlösungswerk des Herrn sammelt und bereitet Jesus Christus seine Brautgemeinde durch Apostel auf sein baldiges Wiederkommen. Heute werden diese Aufgaben durch die Apostel erfüllt, die in der Neuapostolischen Kirche wirken.

→ *Vorbereitung der Brautgemeinde: siehe Fragen 214, 402, 562 ff.*

388

Ab wann trat die Kirche Jesu Christi in Erscheinung?

Die Kirche Jesu Christi trat zuerst an Pfingsten in Erscheinung, als der Heilige Geist ausgegossen wurde. Apostel Petrus predigte, und etwa 3.000 Menschen kamen zum Glauben. Sie ließen sich taufen und bildeten gemeinsam mit den Aposteln die erste christliche Gemeinde. Dies geschah in Jerusalem.

389

Was zeichnete die ersten Christen aus?

Die ersten Christen blieben „beständig in der Lehre der Apostel und in der Gemeinschaft und im Brotbrechen und im Gebet“ (Apostelgeschichte 2,42). Dies ist von entscheidender Bedeutung für die Kirche Jesu Christi.

390

Wo erfahren wir Wesentliches über die Entwicklung der ersten Gemeinden?

Einen Einblick in die Entwicklung der ersten Gemeinden erhalten wir im Neuen Testament: in der Apostelgeschichte und den Briefen der Apostel.

391

Welche Entwicklung nahm die Kirche Jesu Christi?

Ab Pfingsten, als der Heilige Geist ausgegossen worden war, entfaltete sich die Kirche Jesu Christi: In ihr wirkten Apostel und weitere Ämter. Das Evangelium wurde gepredigt, die Sakramente wurden gespendet.

Überall im Römischen Reich entstanden Gemeinden, das Christentum breitete sich unter Juden und Heiden aus.

Das **Römische Reich** war zur Zeit der ersten Christen die weltbeherrschende Macht. Es umschloss den gesamten Mittelmeerraum einschließlich des Nahen Ostens. Für die Verbreitung des Evangeliums war das Römische Reich mit seinen guten Verkehrswegen und der einheitlichen Verkehrssprache des Griechischen und später des Lateinischen von großem Vorteil.

392

Wohin wurde das Evangelium durch die Apostel weitergetragen?

In Erfüllung des Sendungsauftrags, den ihnen Jesus Christus erteilt hatte – alle Völker zu lehren und zu taufen –, wirkten die Apostel in unterschiedlichen Gebieten. Vorwiegend die Apostel Petrus und Jakobus verkündigten das Evangelium unter den Juden, die Apostel Paulus und Barnabas reisten in heidnische Länder des Mittelmeerraums. Das Evangelium wurde bis in Länder Asiens und Afrikas ausgebreitet, Gemeinden entstanden in Ägypten, in der Türkei, in Griechenland, Italien, Libyen, Mazedonien, Syrien und Zypern.

→ ***Sendungsauftrag:***
siehe Fragen 159, 434, 486

393

Wie verlief die Missionstätigkeit?

Die Apostel nahmen im Dienst Christi Mühen, Strapazen und Leiden auf sich. In 2. Korinther 11,25-28 hat Apostel Paulus seine Erlebnisse beschrieben: „Ich bin dreimal mit Stöcken geschlagen, einmal gesteinigt worden; dreimal habe ich Schiffbruch erlitten, einen Tag und eine Nacht trieb ich auf dem tiefen Meer. Ich bin oft gereist, ich bin in Gefahr gewesen durch Flüsse, in Gefahr unter Räubern, in Gefahr unter Juden, in Gefahr unter Heiden, in Gefahr in Städten, in Gefahr in Wüsten, in Gefahr auf dem Meer, in Gefahr unter falschen Brüdern; in Mühe und Arbeit, in viel Wachen, in Hunger und Durst, in viel Fasten, in Frost und Blöße; und außer all dem noch das, was täglich auf mich einstürmt, und die Sorge für alle Gemeinden."

Aufgrund von Verfolgungen flohen viele Gläubige aus Jerusalem (vgl. Apostelgeschichte 8,1; 11,19). Auch in ihrer neuen Umgebung machten sie Menschen mit dem christlichen Glauben bekannt und verkündigten sie das Wort des Herrn, wie beispielsweise Philippus in der Hauptstadt Samariens.

„**Mission**" kommt aus dem Lateinischen und bedeutet „Sendung", „Auftrag". Man verwendet den Begriff, wenn Nichtchristen für den christlichen Glauben, das Evangelium, gewonnen werden.

394

Was ist über das Ende der ersten Apostel überliefert?

In der Heiligen Schrift gibt es nur wenige Anhaltspunkte. Aus außerbiblischen Texten geht hervor, dass viele Apostel den Märtyrertod starben. Am längsten unter allen Aposteln lebte und wirkte wohl Johannes. Nach der Zerstörung Jerusalems (im Jahr 70 n. Chr.) hielt er sich in Kleinasien auf und wirkte hauptsächlich in der Gemeinde zu Ephesus.

„**Märtyrer**" ist abgeleitet vom griechischen Wort „martys", was „Zeuge" bedeutet. Als „Märtyrer" („Blutzeugen") werden Menschen bezeichnet, die wegen ihres Glaubens leiden oder sogar einen gewaltsamen Tod erdulden. Ein Beispiel dafür ist der Diakon Stephanus, der gesteinigt wurde, weil er sich zu Jesus Christus bekannte. Über seine Steinigung wird in Apostelgeschichte 7 berichtet.

395

Was geschah nach dem Tod der ersten Apostel?

Nach dem Tod der ersten Apostel war das Amt, dem Jesus die Spendung der Sakramente, die Vergebung der Sünden und die Verkündigung des Evangeliums übertragen hatte, nicht mehr besetzt. Damit konnte die Gabe des Heiligen Geistes nicht mehr gespendet werden. Auch konnten keine weiteren Amtsgaben aus dem Apostelamt hervorgehen. Das Evangelium wurde dennoch weiter ausgebreitet. Gläubige Menschen trugen das Evangelium und die christliche Werteordnung weiter.

396

Wie erging es den Mitgliedern der ersten christlichen Gemeinden?

Die Mitglieder der ersten christlichen Gemeinden wurden in heidnischen Ländern als Gottesleugner verfolgt, weil sie nicht die Götter verehrten, an die dort geglaubt wurde. Man gab den Christen auch die Schuld für Missernten, Erdbeben oder Überschwemmungen – was immer wieder Anlass war, sie zu verfolgen. Die römischen Kaiser versuchten das Christentum auszurotten; zur ersten Christenverfolgung kam es im Jahr 64 n. Chr. in Rom durch Kaiser Nero.

397

Wuchs die Kirche Jesu Christi weiter?

Ja, auch nach dem Tod der ersten Apostel und trotz der Christenverfolgungen wuchs die Kirche. Menschen, die an Jesus Christus glaubten und ihn als ihren Herrn bekannten, empfingen das Sakrament der Heiligen Wassertaufe. So wurden sie in den Leib Christi eingefügt. Auf diese Weise hat sich die Kirche Jesu Christi auf der ganzen Erde ausgebreitet.

→ ***Leib Christi:***
siehe Fragen 374 und 375

398

Wie entwickelte sich die christliche Lehre?

In den Predigten trat nach und nach die Erwartung der baldigen Wiederkunft Christi in den Hintergrund. Der Glaube an Leben und Wirken des Sohnes Gottes, an seinen Tod und seine Auferstehung wurde jedoch lebendig erhalten.

Vom Heiligen Geist angeregt, wurden die altkirchlichen Bekenntnisse festgeschrieben. Auf Kirchenversammlungen (Konzilien) wurde die Lehre von der Dreieinigkeit Gottes und von den zwei Naturen Jesu Christi formuliert und als verbindlich für den christlichen Glauben erklärt.

→ ***Dreieinigkeit Gottes:***
siehe Fragen 61 ff.
→ ***altkirchliche Bekenntnisse:***
siehe Fragen 33 ff.
→ ***Konzil:*** *siehe Erläuterung zu Frage 33*

399

Wann erhielt die Kirche Christi wieder Apostel?

Nachdem die Apostel der ersten apostolischen Zeit gestorben waren, gab es keinen Träger des Apostelamts mehr.

Das Apostelamt selbst existierte jedoch unverändert fort. Im Jahr 1832 hat Gott dieses Amt wieder neu besetzt.

400

Wie erfolgte die Wiederbesetzung des Apostelamts?

Gläubige verschiedener Konfessionen in England, Schottland und Deutschland beteten und hofften darauf, dass der Heilige Geist wieder verstärkt, wie zur Zeit der ersten Apostel, wirken werde. Damit hing die Erwartung zusammen, dass Gott wieder Apostel senden werde.

Schließlich wurde im Jahr 1832 in London ein gläubiger Mann, John Bate Cardale, vom Heiligen Geist ins Apostelamt berufen und durch Henry Drummond als Apostel bezeichnet. An Weihnachten 1832 nahm John Bate Cardale mit einer Ordination seine erste Amtshandlung als Apostel vor.

→ ***Konfession:*** *siehe Erläuterung zu Frage 36*

401

Was bedeutete dies für die Kirche Christi?

Mit der erneuten Berufung von Aposteln gab es wieder Träger des Apostelamts in der Kirche Christi. Das Amt, das die Vollmacht zur Spendung aller Sakramente hat, das die Gewissheit der nahen Wiederkunft Christi wachhält und das der Vorbereitung der Brautgemeinde auf dieses Ereignis dient, war nun wieder, wie in der Gründungsphase der Kirche Christi, besetzt: Die Gabe des Heiligen Geistes wurde wieder gespendet. Auch wurde wieder die Sündenvergebung durch Apostel verkündigt. Ebenso wurden wieder Ordinationen durchgeführt.

402

Welche Aufgaben haben die Apostel in der Kirche Jesu Christi?

Jesus Christus regiert seine Kirche. Dazu bedient er sich der Apostel. Das Apostelamt ist das ursprüngliche Amt der Kirche. Es ist das einzige Amt, das Jesus selbst gegeben hat. Die wichtigsten Aufgaben der Apostel sind die Predigt des Evangeliums in aller Welt, die Verkündigung der Sündenvergebung, die Spendung der Sakramente für Lebende und Tote, die Ordination von Amtsträgern. So wird durch das Wirken der Apostel die Brautgemeinde gesammelt und auf die Wiederkunft Christi vorbereitet.

→ ***Apostolat:*** *siehe Fragen 413, 424 ff., 433 ff., 453 ff.*

403

Wo wirken gegenwärtig Apostel?

Die Apostel wirken gegenwärtig in der Neuapostolischen Kirche. Das Apostelamt ist jedoch nicht nur für die Neuapostolische Kirche, sondern für die gesamte Kirche Jesu Christi gegeben. Das Apostelamt hat den Auftrag, in alle Teile der Kirche hineinzuwirken.

Die Apostel sind zu allen Völkern gesandt, sie erfüllen diesen Auftrag, indem sie weltweit Gemeinden gründen und die Gläubigen zu Jesus Christus hinführen.

404

Wer spendet die Sakramente in der Kirche Jesu Christi?

Die Spendung aller Sakramente – Heilige Wassertaufe, Heiliges Abendmahl, Heilige Versiegelung – ist dem Apostelamt anvertraut. Die Apostel spenden die Sakramente auch für Verstorbene.

Die Heilige Versiegelung wird nur von Aposteln gespendet.

Das Heilige Abendmahl und die Heilige Wassertaufe werden in der Neuapostolischen Kirche im Auftrag der Apostel auch von den priesterlichen Amtsträgern gespendet.

Die Heilige Wassertaufe ist der Kirche als ganzer anvertraut: Überall, wo im Namen Gottes, des Vaters, des Sohnes und des Heiligen Geistes, mit Wasser getauft wird, werden gläubige Menschen in die Kirche Jesu Christi eingefügt.

→ ***Sakramente:*** *siehe Frage 472*
→ ***Heilige Versiegelung:*** *siehe Frage 440*

405

Was geschieht mit der Kirche bei der Wiederkunft Christi?

Bei der Wiederkunft Christi wird ein Teil der Kirche, die Brautgemeinde (Erstlinge), entrückt. Sie wird mit Jesus Christus die „Hochzeit" im Himmel erleben (vgl. Offenbarung 19,6.7).

Der andere Teil der Kirche bleibt auf der Erde zurück und muss sich in Bedrängnissen bewähren, die sich gegen die auf Erden verbliebenen Christen richten werden (vgl. Offenbarung 12).

→ ***Brautgemeinde,***
Hochzeit im Himmel:
siehe Fragen 214, 251, 402, 562 ff.

„Halleluja! Denn der Herr, unser Gott, der Allmächtige, hat das Reich eingenommen! Lasst uns freuen und fröhlich sein und ihm die Ehre geben; denn die Hochzeit des Lammes ist gekommen, und seine Braut hat sich bereitet."
Offenbarung 19,6.7

„Als der Drache sah, dass er auf die Erde geworfen war, verfolgte er die Frau, die den Knaben geboren hatte. ... Und der Drache wurde zornig über die Frau und ging hin, zu kämpfen gegen die Übrigen von ihrem Geschlecht, die Gottes Gebote halten und haben das Zeugnis Jesu."
Offenbarung 12,13.17

406

Gehören alle Getauften zur Kirche Jesu Christi?

Zur Kirche Jesu Christi gehören die Menschen, die an Jesus Christus glauben und den Gottessohn als ihren Herrn bekennen. Sie sind getauft im Namen des dreieinigen Gottes, des Vaters, des Sohnes und des Heiligen Geistes.

Aber längst nicht alle Getauften glauben und bekennen. Demzufolge gehören nicht alle Getauften zur Kirche Christi.

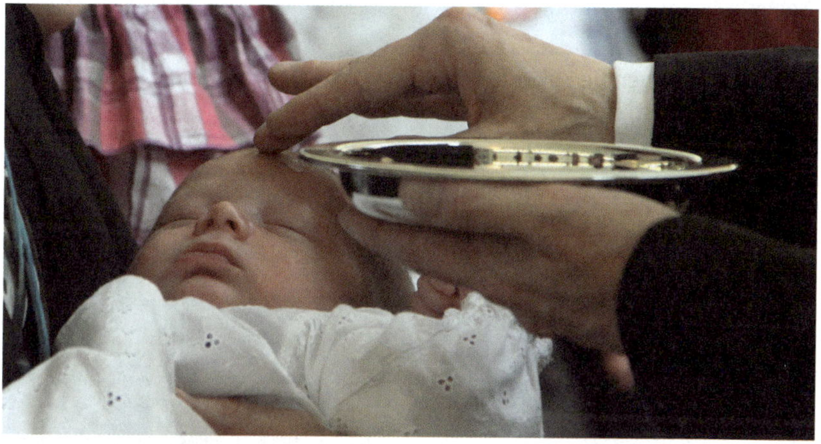

407

Warum gibt es unterschiedliche Kirchengemeinschaften?

Die Vielheit der Kirchengemeinschaften (Denominationen) ist bedingt durch die verschiedenen Auslegungen des Evangeliums sowie durch kulturelle, soziale und geschichtliche Unterschiede.

→ ***Denomination:*** *siehe Erläuterung zu Frage 365*

Alles, was Menschen gestalten, kann im weitesten Sinn als „**Kultur**" bezeichnet werden. Menschen und Völker werden kulturell unterschiedlich geprägt: durch ihre Lebensweise, ihre Geschichte, durch ihre Erfahrungen, ihre religiöse und politische Herkunft, ihre Gepflogenheiten, Wertvorstellungen und Überzeugungen usw.

Das Wort „**sozial**" ist vom lateinischen Wort „socius" abgeleitet und bedeutet „gemeinsam, verbunden, verbündet". Es wird verwendet, wenn man ausdrücken will, dass jemand auf den Nächsten, auf die Gemeinschaft, ausgerichtet ist und sich um andere kümmert.

408

Wo ist die Kirche Jesu Christi zu erfahren?

Die Kirche Christi ist dort erfahrbar, wo Einheit, Heiligkeit, Allgemeinheit und Apostolizität – in unterschiedlichem Umfang – vorhanden sind.

Am deutlichsten tritt die Kirche Jesu Christi dort zutage, wo das Apostelamt, die Spendung der drei Sakramente an Lebende und Tote sowie die rechte Wortverkündigung vorhanden sind. Dort ist das Erlösungswerk des Herrn, in dem die Braut Christi für die Hochzeit im Himmel vorbereitet wird.

→ ***Kennzeichen der Kirche (Einheit, Heiligkeit, Allgemeinheit, Apostolizität):*** *siehe Fragen 381 ff.*

→ ***Erlösungswerk des Herrn:*** *siehe Fragen 386 und 387*

409

Was lässt sich über die Zukunft der Kirche Jesu Christi sagen?

Bei der Wiederkunft Christi wird ein Teil der Kirche – die Brautgemeinde – entrückt. Ein anderer Teil der Kirche bleibt auf der Erde zurück und muss sich in antichristlichen Bedrängnissen bewähren. Im Friedensreich zeigt sich die Kirche darin, dass durch die königliche Priesterschaft alle Menschen, die je gelebt haben, mit dem Evangelium bekannt gemacht werden. In der neuen Schöpfung wird Gott auf ewig Anbetung und Lobpreis dargebracht.

→ ***Friedensreich:*** *siehe Fragen 575 ff.*
→ ***königliche Priesterschaft:*** *siehe Fragen 574, 577*
→ ***neue Schöpfung:*** *siehe Frage 581*

410

Was verbindet die einzelnen Kirchengemeinschaften miteinander?

Verbindende Elemente der einzelnen Kirchengemeinschaften sind die Taufe im Namen Gottes, des Vaters, des Sohnes und des Heiligen Geistes, das Bekenntnis zu Jesus Christus und der Glaube an den dreieinigen Gott.

Durch die Getauften, die ihres Glaubens leben und Christus als ihren Herrn bekennen, wird Kirche als Gemeinschaft des Glaubens, der Hoffnung und der Liebe erfahrbar.

7

DAS AMT

Apostolat

Ordination ***Petrus***

Wirken der Apostel

Stammapostel

Amtsträger

dienen *Felsenamt*

Erstlinge

411

Was ist unter „Amt“ zu verstehen?

Im Allgemeinen ist unter „Amt“ eine Funktion oder eine offizielle Stellung zu verstehen, mit der konkrete Aufgaben und Verantwortung verbunden sind. In einem weiteren Sinn haben Amtsinhaber die Autorität inne, eine Gemeinschaft zu leiten und entsprechende Entscheidungen zu treffen.

412

Was ist ein geistliches Amt?

Ein geistliches Amt ist die durch Ordination (Amtseinsetzung) empfangene Bevollmächtigung, Segnung und Heiligung, um in der Kirche Christi zu dienen. Das geistliche Amt wird in der Kraft des Heiligen Geistes ausgeübt.

→ ***Bevollmächtigung:*** *siehe Erläuterung zu Frage 415*
→ ***Segnung und Heiligung:*** *siehe Fragen 416 und 417*
→ ***Ordination:*** *siehe Fragen 462 ff.*

413

Was ist der Ursprung des geistlichen Amts?

Das geistliche Amt hat seinen Ursprung darin, dass Gott, der Vater, Jesus Christus gesandt hat. Jesus Christus ist also der Gesandte Gottes. Als solcher ist er bevollmächtigt, gesegnet und geheiligt zur Erlösung der Menschen. Die Apostel sind Gesandte Jesu Christi.

Das geistliche Amt steht immer in Zusammenhang mit Jesus Christus und den von ihm gesandten Aposteln. Amt und Apostolat hängen also zusammen: Dort, wo das Apostelamt wirkt, gibt es das geistliche Amt.

Der Begriff „**Apostolat**“ wird vor allem verwendet, wenn man die Träger des Apostelamts in ihrer Gesamtheit bezeichnet („Apostolat“ = die Apostel Jesu). Die priesterlichen Amtsträger und die Diakone handeln im Auftrag des „Apostolats“ und nehmen Aufgaben in der Seelsorge, Wortverkündigung und Sakramentsspendung wahr.

414

Gibt es bereits im Alten Testament Hinweise zum geistlichen Amt?

Bereits im Alten Testament lassen sich anhand des Wirkens von Königen, Priestern und Propheten Hinweise auf das geistliche Amt festmachen: Der König regiert, der Priester vermittelt den Segen Gottes und der Prophet verkündet den göttlichen Willen. Diese Ämter sind Hinweise auf das geistliche Amt.

In Jesus Christus findet sich alles wieder, was im alttestamentlichen Amt angelegt war – er ist zugleich König, Priester und Prophet.

415

Was verstehen wir unter „Bevollmächtigung“ zum geistlichen Amt?

Ein geistliches Amt wird vom Apostel im Auftrag Jesu Christi übertragen. Damit erhält derjenige, der das Amt empfängt, Anteil an der Vollmacht des Apostels. Von dieser Vollmacht soll er im Auftrag des Apostels Gebrauch machen.

Der Amtsempfänger handelt damit im Namen des Apostels und vertritt diesen in dem für das Amt festgelegten Umfang. Schließlich sendet der Apostel den Amtsträger aus. Der Gesandte ist dem Sender gegenüber verantwortlich und verpflichtet.

Beispiele für Handeln in Bevollmächtigung:

Wenn der Apostel die Sündenvergebung verkündigt, handelt er aufgrund der Bevollmächtigung durch Jesus Christus (siehe dazu Frage 424). Daher verkündigt der Apostel die Sündenvergebung mit den Worten: „Ich verkündige euch die frohe Botschaft: In dem Namen unseres Herrn Jesus Christus, Sohn des lebendigen Gottes, sind euch die Sünden vergeben."

Wenn der priesterliche Amtsträger die Sündenvergebung verkündigt, handelt er in Vertretung des Apostels. Daher verkündigt der priesterliche Amtsträger die Sündenvergebung mit den Worten: „Im Auftrag meines Senders, des Apostels, verkündige ich euch die frohe Botschaft: In dem Namen unseres Herrn Jesus Christus, Sohn des lebendigen Gottes, sind euch die Sünden vergeben."

416

Was verstehen wir unter „Segnung" zum geistlichen Amt?

Durch die Ordination werden die vorhandenen Gaben des Amtsempfängers erweckt, gestärkt, vermehrt und dem Dienst des Herrn gewidmet. Zudem werden durch den Segen zusätzliche Kräfte übermittelt.

417

Was verstehen wir unter „Heiligung" zum geistlichen Amt?

Bei der Ordination bekommt der Amtsträger Anteil an der Heiligkeit Gottes – das Amt ist heilig, der Träger des Amtes bleibt sündhafter Mensch.

Der Amtsträger kann auch heilige Handlungen in der Kraft des Heiligen Geistes vollziehen und Gott und der Gemeinde dienen.

418

Was verstehen wir unter „Dienste" in der Kirche Jesu Christi?

Jeder Getaufte ist gerufen, dem Herrn zu dienen durch tätige Liebe am Nächsten und durch Bekenntnis des Glaubens (vgl. Johannes 12,26).

Werden in der Kirche Jesu Christi einzelnen Gläubigen bestimmte Aufträge und Tätigkeitsbereiche zugeordnet, die zum Wohl der Gläubigen und zur Verkündigung des Evangeliums beitragen, verstehen wir dies als „Dienste". Solche Dienste werden überall dort ausgeübt, wo Getaufte ihren Glauben an Jesus Christus als ihren Herrn in Wort und Tat bekennen.

419

Was unterscheidet Dienste in der Kirche Jesu Christi vom geistlichen Amt?

Dienste unterscheiden sich vom geistlichen Amt dadurch, dass sie ohne Ordination ausgeübt werden können.

420

Werden in der Neuapostolischen Kirche Dienste ohne Ordination ausgeübt?

Ja, in der Neuapostolischen Kirche werden Dienste ohne Ordination ausgeübt. Hierzu zählen die kirchlichen Beauftragungen beispielsweise zur religiösen Unterweisung von Kindern und Jugendlichen und zur musikalischen Mitgestaltung der Gottesdienste.

421

Welches Amt hat Jesus Christus gestiftet?

Jesus Christus hat seiner Kirche unmittelbar nur ein Amt gegeben, nämlich das Apostelamt. Er hat die Apostel bevollmächtigt, gesegnet, geheiligt und mit Heiligem Geist ausgerüstet: „Wie mich der Vater gesandt hat, so sende ich euch. Und als er das gesagt hatte, blies er sie an und spricht zu ihnen: Nehmt hin den Heiligen Geist! Welchen ihr die Sünden erlasst, denen sind sie erlassen; und welchen ihr sie behaltet, denen sind sie behalten“ (Johannes 20,21-23). Den Aposteln hat er die Verwaltung

der Sakramente anvertraut. Auf diese Weise wird sein Opfer den Menschen zugänglich (vgl. Matthäus 28,19.20).

Die Vollmacht der Apostel zur **„Verwaltung der Sakramente“** bedeutet, dass die Apostel von Jesus Christus beauftragt sind, die Sakramente zu spenden. Auch wenn nicht alle Sakramente von den Aposteln selbst gespendet werden, stehen die Sakramente doch immer in Beziehung zum Apostelamt (siehe dazu auch Frage 424).

422

Wann begann die Wirksamkeit des Apostelamts in der Kirche?

Die Wirksamkeit des Apostelamts in der Kirche begann an Pfingsten. Das Amt selbst aber ist bereits vorher durch Jesus Christus seinen Aposteln gegeben worden.

„Und er setzte zwölf ein, die er auch Apostel nannte, dass sie bei ihm sein sollten und dass er sie aussendete zu predigen und dass sie Vollmacht hätten, die bösen Geister auszutreiben. Und er setzte die Zwölf ein ...“
Markus 3,14-16

423

Was bedeutet „Apostel“?

„Apostel“ bedeutet „Gesandter“ und geht auf das griechische Wort „apóstolos“ zurück. Die Apostel sind die Gesandten Jesu. Jesus Christus stellte seine Sendung mit ihrer Sendung in unmittelbaren Zusammenhang: „Wie mich der Vater gesandt hat, so sende ich euch“ (Johannes 20,21).

424

Welchen Auftrag hat Jesus Christus den Aposteln gegeben?

Die Apostel sind von Jesus Christus gesandt, um den Menschen das von ihm gebrachte Opfer und das daraus kommende Heil zu vermitteln.

Nach seiner Auferstehung gab Jesus den Aposteln Vollmacht, die Sündenvergebung zu verkündigen. Sie sollen in seinem Auftrag die Sakramente spenden, das Evangelium predigen und die Gläubigen auf seine Wiederkunft vorbereiten.

425

In welcher Vollmacht handeln die Träger des Apostelamts?

Die Apostel sind Gesandte Jesu Christi. Sie handeln in dessen Namen. Er hat die Apostel bevollmächtigt, die Aufgaben zu erfüllen, die aus seinen Ämtern – König, Priester und Prophet – hervorgehen: Sie sollen die Regentschaft Christi ausüben, den göttlichen Segen spenden, das Evangelium Christi verkündigen.

Die Autorität, die das Apostelamt hat, kommt ausschließlich aus Jesus Christus. Das Apostelamt steht in einem völligen Abhängigkeitsverhältnis zu ihm.

426

Welche Bezeichnungen gibt es im Neuen Testament für das Apostelamt?

Das Apostelamt wird bezeichnet als „Amt des Neuen Bundes“, „Amt des Geistes“, „Amt zur Gerechtigkeit“, „Amt der Versöhnung“, „Amt des Wortes“.

427

Was bedeutet: „Amt des Neuen Bundes"?

Mit dieser Bezeichnung, die auf 2. Korinther 3,6 zurückgeht, wird eine Abgrenzung zum Alten Bund vorgenommen, in dem das mosaische Gesetz galt, das auf das Volk Israel beschränkt war. Im Neuen Bund ist die Botschaft von der Gnade Gottes, das Evangelium, entscheidend, das die Träger des Apostelamts verkündigen. Das Amt des Neuen Bundes wirkt zudem unter allen Völkern.

428

Was bedeutet: „Amt des Geistes"?

Das „Amt des Geistes" ist „das Amt, das den Geist gibt" (2. Korinther 3,8). Durch die Spendung der Gabe des Heiligen Geistes wird dem mit Wasser Getauften die Gotteskindschaft und die Voraussetzung zur Erstlingsschaft geschenkt.

Als „**Erstlingsschaft**" werden die „Erstlinge" in ihrer Gesamtheit bezeichnet. Das Bild der „Erstlinge" geht auf Offenbarung 14,4 zurück. Damit werden diejenigen bezeichnet, die Jesus Christus bei seiner Wiederkunft zu sich nimmt. Sie sind identisch mit der „Brautgemeinde", siehe Fragen 562 ff.

429

Was bedeutet: „Amt zur Gerechtigkeit"?

Das Apostelamt weist darauf hin, dass der Mensch Sünder ist und die Gnade Gottes benötigt. Glaube an Jesus Christus und das Annehmen seines Opfers führen in die Gerechtigkeit, die vor Gott gilt. Also ist das Apostelamt das „Amt, das zur Gerechtigkeit führt" (2. Korinther 3,9).

430

Was bedeutet: „Amt der Versöhnung"?

Das Apostelamt, „das die Versöhnung predigt" (2. Korinther 5,18.19), mahnt zur Buße und ermöglicht dem Gläubigen, in der Sündenvergebung und in der Feier des Heiligen Abendmahls an dem Opfer Christi teilzuhaben. „Versöhnung" zielt letztlich auf die Wiederherstellung des ungestörten Verhältnisses zwischen Mensch und Gott sowie der Menschen untereinander.

431

Was bedeutet: „Amt des Wortes"?

In Johannes 1,1-14 wird der Gottessohn als „Wort" (Logos) bezeichnet. Durch dieses „Wort" ist alles geschaffen.

An dem „Wort" hat das Apostelamt Anteil, denn der Herr (Logos) hat ihm auch den Auftrag gegeben zu lehren. In diesem Sinn ist auch Apostelgeschichte 6,4 zu verstehen: „Wir aber wollen ganz beim Gebet und beim Dienst des Wortes bleiben."

→ ***Logos:*** *siehe Frage 101*

432

Wie werden Apostel auch bezeichnet?

Die Apostel werden auch bezeichnet als

- *„Botschafter an Christi statt"*: Die Aussage „So sind wir nun Botschafter an Christi statt, denn Gott ermahnt durch uns; so bitten wir nun an Christi statt …" (2. Korinther 5,20) drückt aus, dass Jesus Christus durch die Apostel in seiner Kirche wirkt.
- *„Haushalter über Gottes Geheimnisse"*: Ein „Haushalter" (1. Korinther 4,1) ist verantwortlich für das „Haus", nämlich die Gemeinde. In ihr achten die Apostel darauf, dass die Wortverkündigung dem Evangelium entsprechend geschieht und die Sakramente im Sinne Jesu Christi gespendet werden. Die Apostel ordinieren Amtsträger und sorgen für die Ordnung in der Gemeinde.

433

Was ist ein weiteres wichtiges Merkmal des Apostelamts?

Ein weiteres wichtiges Merkmal des Apostelamts ist es, die Gläubigen auf die Wiederkunft Christi vorzubereiten (vgl. 2. Korinther 11,2).

434

Wer sandte die Apostel aus?

Jesus Christus selbst sandte die Apostel aus. Er erwählte aus dem Kreis seiner Jünger zwölf Männer, die er als Apostel einsetzte (vgl. Markus 3,13-19). Ihnen galten die Worte Jesu:

- „Wer euch aufnimmt, der nimmt mich auf; und wer mich aufnimmt, der nimmt den auf, der mich gesandt hat" (Matthäus 10,40).
- „Gehet hin und machet zu Jüngern alle Völker: Taufet sie auf den Namen des Vaters und des Sohnes und des Heiligen Geistes und lehret sie halten alles, was ich euch befohlen habe. Und siehe, ich bin bei euch alle Tage bis an der Welt Ende" (Matthäus 28,19.20).

435

Wie hießen die ersten zwölf Apostel?

Die ersten Apostel hießen: Simon mit Beinamen „Petrus", Andreas, Jakobus, Johannes, Philippus, Bartholomäus, Thomas, Matthäus, Jakobus, Thaddäus, Simon von Kana, Judas Iskariot (vgl. Matthäus 10,2-4). Diese Apostel werden „die Zwölf" genannt, auch noch nach dem Verrat des Judas Iskariot.

436

Gab es außer ihnen noch weitere Apostel in den Anfängen der Kirche?

Ja, außer den Zwölf erwähnt das Neue Testament noch: Matthias (vgl. Apostelgeschichte 1,15-26), Barnabas (vgl. Apostelgeschichte 13,1-4; 14,4.14), Paulus (vgl. 1. Korinther 9,1-16; 2. Korinther 11) und Jakobus, den Bruder des Herrn (vgl. Galater 1,19; 2,9). Auch Silvanus und Timotheus werden als Apostel bezeichnet (vgl. 1. Thessalonicher 1,1; 2,7), ferner Andronikus und Junias (vgl. Römer 16,7).

Auffällig ist dabei, dass lediglich bei Matthias als Voraussetzung der Berufung zum Apostel gefordert wurde, dass er Augenzeuge des Wirkens Jesu war (vgl. Apostelgeschichte 1,21.22).

437

Wurde einem der Apostel eine herausgehobene Stellung verliehen?

Ja, in Anwesenheit der übrigen Apostel übertrug Jesus Christus dem Simon Petrus eine besondere Vollmacht: Simon wurde als „Fels" (Petrus) bezeichnet und ihm wurde die „Schlüsselvollmacht" erteilt. Auch vertraute ihm der Herr seine „Lämmer und Schafe", also die Gemeinde, zur Pflege an (vgl. Johannes 21,15-17). An ihn richtete der Herr auch die Worte: „Simon, Simon, siehe, der Satan hat begehrt, euch zu sieben wie den Weizen. Ich aber habe für dich gebeten, dass dein Glaube nicht aufhöre. Und wenn du dereinst dich bekehrst, so stärke deine Brüder" (Lukas 22,31.32).

→ ***Schlüsselvollmacht, Felsenamt:*** *siehe Erläuterung und Fragen 457 und 458*

„Du bist Petrus, und auf diesen Felsen will ich meine Gemeinde bauen, und die Pforten der Hölle sollen sie nicht überwältigen."
Matthäus 16,18

438

Wie zeigte sich die Vorrangstellung des Apostels Petrus nach der Himmelfahrt des Herrn?

Die Vorrangstellung des Apostels Petrus zeigte sich nach der Himmelfahrt des Herrn darin, dass

- auf seine Veranlassung Judas Iskariot im Kreis der Apostel ersetzt wurde (vgl. Apostelgeschichte 1,15-26),
- er die Pfingstpredigt hielt (vgl. Apostelgeschichte 2,14),
- ihm der Herr offenbarte, dass auch den Heiden das Heil in Christus zugedacht ist (vgl. Apostelgeschichte 10).

439

Welche neutestamentliche Schrift beschreibt das Wirken der Apostel am ausführlichsten?

Am ausführlichsten berichtet Lukas in der Apostelgeschichte von dem Wirken der Apostel. So ist in Apostelgeschichte 11,1-18 und 15,1-29 von Versammlungen unter Leitung von Aposteln zu lesen, in denen u.a. festgelegt wurde, dass auch gläubige Heiden zur Gemeinde Christi gehören können. Die Apostel trafen also gemeinsam Entscheidungen, die weitreichende Wirkung für die christliche Gemeinde hatten.

440

Wer spendete gemäß dem Neuen Testament die Gabe des Heiligen Geistes?

Aus Apostelgeschichte 8,15-18 geht hervor, dass die Spendung der Gabe des Heiligen Geistes an das Apostelamt gebunden ist: Philippus predigte in Samarien und taufte die Gläubigen mit Wasser. Die Apostel hörten davon und sandten daraufhin Petrus und Johannes dorthin. Diese „beteten für sie, dass sie den Heiligen Geist empfingen. Denn er war noch auf keinen von ihnen gefallen, sondern sie waren allein getauft auf den Namen des Herrn Jesus. Da legten sie die Hände auf sie und sie empfingen den Heiligen Geist."

Dies wird unterstrichen durch Apostelgeschichte 19,6: „Und als Paulus die Hände auf sie legte, kam der Heilige Geist auf sie".

441

Welches waren weitere wichtige Aufgaben der Apostel?

Eine wichtige Aufgabe der Apostel war es, zu verkündigen, dass Jesus Christus unter ihnen gewirkt hat, gestorben und von den Toten auferstanden ist (vgl. Apostelgeschichte 13,26-41; 17,1-4). Sie bekämpften Irrlehren, in denen dies bestritten wurde (vgl. 1. Korinther 15,3-8; 1. Johannes 4,1-6).

442

Welche Erwartung stand schon damals im Mittelpunkt der apostolischen Verkündigung?

Die Apostel erwarteten die Wiederkunft Christi zu ihrer Lebenszeit und bereiteten die Gläubigen darauf vor (vgl. 1. Thessalonicher 4,14-18). Daran zeigt sich, dass es im Wesen des Apostelamts liegt, die Wiederkunft Christi zu verkündigen und die Gemeinden darauf vorzubereiten.

443

Welches Amt ist als erstes aus dem Apostelamt hervorgegangen?

Ab Pfingsten begannen die Apostel, ihren Auftrag zu erfüllen und das Evangelium zu predigen. Schon bald stellte sich heraus, dass sie Helfer benötigten: Sieben Männer wurden dazu ausersehen. Sie wurden für ihren Dienst gesegnet, indem die Apostel beteten und ihnen die Hände auflegten. Diese sieben Männer werden als die ersten Diakone bezeichnet.

> „Diese Männer stellten sie vor die Apostel; die beteten und legten die Hände auf sie."
> **Apostelgeschichte 6,6**

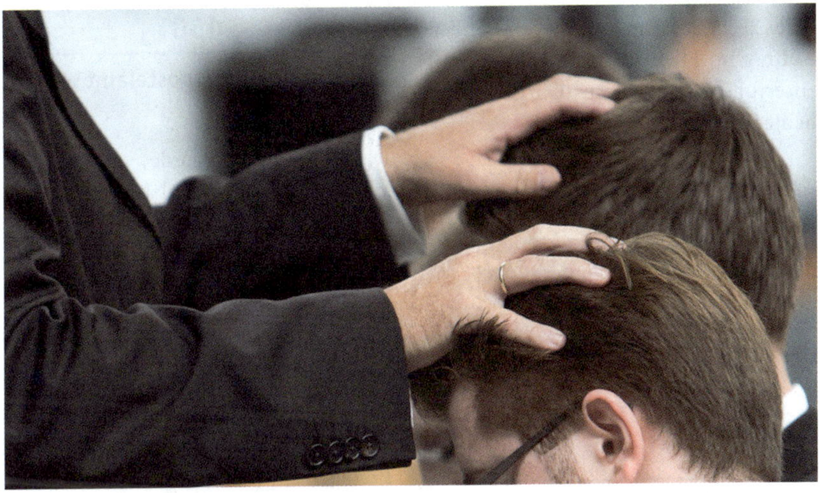

444

Was folgt aus dieser Handlungsweise der Apostel?

Aus dieser Handlungsweise folgt, dass Handauflegung und Gebet durch Apostel für Ordinationen erforderlich sind.

445

Sind aus dem Apostelamt weitere Ämter hervorgegangen?

Ja. Die Apostel und weitere Gläubige gründeten neue Gemeinden, für deren seelsorgerische Betreuung Amtsträger erforderlich waren. Die Apostel setzten dafür Gemeindevorsteher ein, die man als „Bischöfe" oder „Älteste" bezeichnete. Darüber hinaus wirkten in den christlichen Gemeinden in der Anfangszeit Propheten, Evangelisten, Hirten, Lehrer (vgl. Epheser 4,11).

446

Wie wurden die Gemeinden nach dem Tod der ersten Apostel seelsorgerisch betreut?

Nach dem Tod der ersten Apostel bildeten sich Dienste mit unterschiedlichen Aufgaben und Bezeichnungen heraus. Durch sie wurden die Mitglieder der Gemeinden seelsorgerisch betreut.

→ ***Dienste:*** *siehe Fragen 418 ff.*

447

Gab es nach dem Tod der ersten Apostel das Apostelamt nicht mehr?

Doch, obwohl die Apostel starben, blieb das Apostelamt bestehen. Es ist von Jesus Christus für seine Kirche gestiftet. Selbst in der Zeit, als es keine Träger dieses Amts auf Erden gab, war das von ihm gestiftete Amt also vorhanden.

Die Apostel sollen Christi Zeugen sein bis an das Ende der Welt (vgl. Matthäus 28,19.20). Um diesen umfassenden Auftrag im Blick auf seine Wiederkunft zu erfüllen, sendet Jesus Christus auch heute Apostel.

„**Ende der Welt**": Im griechischen Grundtext steht in Matthäus 28,20 der Begriff „Äon", womit ein Zeitalter, eine lange Zeit oder auch „Ende der Weltzeit" gemeint ist. In Apostelgeschichte 1,8 ist vom „Ende der Erde" die Rede; dies ist geografisch gemeint.

448

Bis wann dauerte die Unterbrechung des Wirkens von Aposteln?

Nach außerbiblischen Angaben starb Johannes als letzter der urchristlichen Apostel gegen Ende des ersten Jahrhunderts. Bis zur Wiederbesetzung des Apostelamts im 19. Jahrhundert war somit das Wirken von Aposteln unterbrochen.

→ ***Wiederbesetzung des Apostelamts:*** *siehe Fragen 400, 603*

449

Weshalb wurde das Wirken von Aposteln unterbrochen?

Die Unterbrechung des Wirkens von Aposteln liegt im Willen Gottes; für den Menschen bleibt dies ein Geheimnis.

Jedoch hat auch in der Zeit ohne Apostel der Heilige Geist gewirkt und für Bewahrung und Entfaltung des Evangeliums gesorgt.

450

Wann wurde das Apostelamt wieder besetzt?

Das Apostelamt wurde nach Gottes Willen wieder personal besetzt, als die Zeit für die abschließende Sammlung und Vorbereitung der Brautgemeinde auf die Wiederkunft Christi gekommen war: Ab dem Jahr 1832 gab es wieder Träger des Apostelamts.

Apostel wirken also am Anfang der Kirche Christi und in der Zeit vor Christi Wiederkunft zur Bereitung der Brautgemeinde.

→ ***Brautgemeinde:*** *siehe Fragen 562 ff.*

Unter „**personaler Besetzung**" des Apostelamts ist zu verstehen, dass es Träger des Apostelamts gibt. Sie sind in dieses Amt berufen und üben es im Sinn und Geist Jesu Christi aus.

451

Besteht ein Unterschied in der geistlichen Vollmacht zwischen dem Apostelamt am Anfang und am Ende des Erlösungswerks Gottes?

Nein, es besteht aufgrund derselben geistlichen Vollmacht kein Unterschied in Auftrag und Wirkung; denn das Apostelamt ist von Jesus Christus einmal für seine Kirche gestiftet worden.

→ ***Erlösungswerk Gottes / Erlösungswerk des Herrn:*** *siehe Erläuterung zu Frage 386*

452

Welche Amtsebenen und Ämter gibt es in der Neuapostolischen Kirche?

In der Neuapostolischen Kirche gibt es drei Amtsebenen mit unterschiedlichen geistlichen Vollmachten: Apostel, priesterliche Ämter und Diakone.

- Zur Amtsebene Apostel gehören: Stammapostel, Bezirksapostel und Apostel.
- Zur Amtsebene priesterliche Ämter gehören: Bischof, Bezirksältester, Bezirksevangelist, Hirte, Gemeindeevangelist und Priester.
- Zur Amtsebene Diakone gehören: Diakon und Unterdiakon.

→ ***Bevollmächtigung / Vollmacht:***
siehe Fragen 412, 415 und Erläuterung zu Frage 415

453

Welche Aufgaben hat das Apostolat?

Jesus Christus hat den Aposteln den Auftrag erteilt, zu „lösen und zu binden“ (Matthäus 18,18), also etwas für erlaubt oder verboten zu erklären. Dadurch wird die Lehre festgelegt und die Ordnung in den Gemeinden gestaltet.

Nach dem Vorbild Jesu sind die Apostel Diener (vgl. Johannes 13,15). Sie sind nicht Herren über den Glauben der Gemeinde, sondern Gehilfen der Freude (vgl. 2. Korinther 1,24) und sollen Vorbild für die Gemeinde sein in der Nachfolge Christi (vgl. 1. Korinther 11,1).

454

Woraus ergibt sich die Autorität des Apostelamts?

Die Autorität des Apostelamts ergibt sich aus der Berufung der Apostel durch Jesus Christus und aus den Vollmachten, die der Herr in dieses Amt gelegt hat. Die Bedeutung des Amts wird im hohepriesterlichen Gebet Jesu ersichtlich: „Wie du mich gesandt hast in die Welt, so sende ich sie auch in die Welt. Ich heilige mich selbst für sie, damit auch sie geheiligt seien in der Wahrheit“ (Johannes 17,18.19).

455

Worauf ist die Tätigkeit der Apostel gerichtet?

Die Tätigkeit der Apostel ist darauf gerichtet, das Erlösungswerk des Herrn zu erbauen und zur Vollendung zu führen. Dazu gehört, dass die Sakramente so gespendet werden, wie es im Willen Jesu Christi liegt. Die Apostel achten darauf, dass das Evangelium unverfälscht gepredigt wird und dass die Gemeinde eine Ordnung hat, die Gott wohlgefällt.

Darüber hinaus sollen die Apostel die Brautgemeinde durch die Predigt des Evangeliums, die Verkündigung der Sündenvergebung, die Taufe mit Wasser und Heiligem Geist sowie durch das Heilige Abendmahl auf die Wiederkunft des Herrn vorbereiten.

→ ***Erlösungswerk des Herrn:***
siehe Erläuterung zu Frage 386

456

Ist das Apostelamt für die gesamte Kirche Christi gegeben?

Ja, das Apostelamt ist für die gesamte Kirche Christi gegeben. Es hat die Aufgabe, das Heil in Jesus Christus allen Menschen anzubieten. Apostel Paulus beschreibt seinen Auftrag als Apostel so: „Denn so hat uns der Herr geboten: ‚Ich habe dich zum Licht der Heiden gemacht, damit du das Heil seist bis an die Enden der Erde'" (Apostelgeschichte 13,47).

Das Heil wird allein durch den Sohn Gottes möglich. Die Vermittlung von Heil erfolgt bis zur Wiederkunft Christi durch die Apostel in Wort und Sakrament.

457

Worauf gründet das Stammapostelamt?

Grundlage des Stammapostelamts ist der Auftrag, den Jesus bei der Einsetzung des Petrusdienstes gegeben hat. Jesus sagte zu Simon Petrus: „Du bist Petrus, und auf diesen Felsen will ich meine Gemeinde bauen, und die Pforten der Hölle sollen sie nicht überwältigen. Ich will dir die Schlüssel des Himmelreichs geben: Alles, was du auf Erden binden wirst, soll auch im Himmel gebunden sein, und alles, was du auf Erden lösen wirst, soll auch im Himmel gelöst sein" (Matthäus 16,18.19).

Der „**Petrusdienst**" ist der grundlegende Dienst, den Jesus Christus dem Apostel Petrus aufgetragen hat. Zum Petrusdienst zählt die Fürsorge für diejenigen, die zur Kirche Christi zählen, so wie es der auferstandene Jesus dem Petrus geboten hat: „Weide meine Lämmer! Weide meine Schafe!" Ebenso gehört zum Petrusdienst die „Schlüsselvollmacht"; siehe dazu Frage 459.

458

Warum wird das Stammapostelamt auch „Felsenamt" genannt?

Jesus bezeichnete den Apostel Simon als den „Felsen", auf den er seine Kirche bauen werde. Damit ist vom Sohn Gottes ein unauflöslicher Zusammenhang zwischen dem Amt des Petrus – dem „Felsenamt" – und der Kirche Christi geschaffen worden. Heute übt der Stammapostel das „Felsenamt" aus.

„Petrus" ist die lateinische Form des griechischen Wortes **„petros" = „Fels"**. Der Fels ist ein Bild für Festigkeit, Unverrückbarkeit, Beständigkeit, das der Herr Jesus auch in der Bergpredigt verwendet hat (vgl. Matthäus 7,24.25).

459

Welche Aufgaben hat der Stammapostel?

Der Stammapostel erhält das Einssein unter den Aposteln. Er stärkt die Apostel (vgl. Lukas 22,32) und „weidet" die Herde Christi (vgl. Johannes 21,15-17): Er wacht darüber, dass das Evangelium unverfälscht verkündigt wird. Er erschließt aus dem Heiligen Geist Erkenntnisse und Zusammenhänge in der Lehre der Kirche und ist verantwortlich für ihre einheitliche Ausbreitung. Weiterhin legt er die Kirchenordnung fest.

All diese Aufgaben machen die „Schlüsselvollmacht" des Stammapostelamts aus.

Der Stammapostel ordiniert die Apostel. Gemeinsam mit ihnen leitet er die Kirche.

„Ich bitte aber nicht allein für sie, sondern auch für die, die durch ihr Wort an mich glauben werden, damit sie alle eins seien."
Johannes 17,20.21

„Ich will dir die Schlüssel des Himmelreichs geben: Alles, was du auf Erden binden wirst, soll auch im Himmel gebunden sein, und alles, was du auf Erden lösen wirst, soll auch im Himmel gelöst sein."
Matthäus 16,19

460

Welche Aufgaben hat der Bezirksapostel?

Der Bezirksapostel hat – über die Aufgaben hinaus, die jeder Apostel hat – die Verantwortung, innerhalb eines bestimmten Arbeitsbereichs („Bezirksapostelbereich") die seelsorgerische Pflege und die Versorgung der Gemeinden sicherzustellen. Zudem ist er für die geistliche Ausrüstung der Amtsträger verantwortlich.

„Geistliche Ausrüstung" zu einem Amt bedeutet, dass jemand das Amtsvermögen und den Segen Gottes erhält, um die im Amt liegende Vollmacht zum diakonischen oder priesterlichen Dienst im Sinne seines Senders auszuüben. Zudem bedeutet die geistliche Ausrüstung, dass Amtsträger unterwiesen und für ihre Aufgaben gestärkt werden.

461

Wer beruft in ein geistliches Amt?

Die Ausersehung zu einem geistlichen Amt liegt nicht im menschlichen Willen, sondern im göttlichen Willen begründet. Es ist Aufgabe des Apostels, den göttlichen Willen zu erkennen und entsprechend zu handeln.

462

Was verstehen wir unter „Ordination"?

Unter „Ordination" verstehen wir die Einsetzung in ein geistliches Amt. Sie ist kein Sakrament, sondern eine Segenshandlung.

→ ***Sakrament:*** *siehe Fragen 472 ff.*
→ ***Segenshandlung:*** *siehe Fragen 660 ff.*

463

Wie wird die Ordination vollzogen?

Die Ordination wird vom Apostel im Namen des dreieinigen Gottes durch Handauflegung und Gebet vollzogen. Der Amtsträger kann seine Aufgaben nur in enger Verbindung mit dem Apostelamt erfüllen.

464

Was geschieht bei der Ordination?

Bei der Ordination wird der Segen Gottes vermittelt. Der ins Amt Berufene empfängt die Heiligung für sein Amt. Aus dem Apostelamt wird das jeweilige Amtsvermögen übertragen und die im Amt liegende Vollmacht erteilt, sei es zum diakonischen oder priesterlichen Dienst oder zu dem Dienst eines Apostels. Der Amtsträger erhält den Auftrag, das Amt im festgelegten Rahmen auszuüben.

→ ***Heiligung:*** *siehe Frage 417*

465

Welche Pflichten werden bei der Ordination übernommen?

Der zu Ordinierende gelobt vor dem Apostel Gott gegenüber Treue, Nachfolge Christi und Gehorsam des Glaubens.

466

Wie soll ein geistliches Amt ausgeübt werden?

Wer ein geistliches Amt trägt, muss in seiner Lebensführung und seinen geistlichen Fähigkeiten bestimmten Anforderungen gerecht werden. Hierzu zählen Vertrautheit mit der Lehre, Glaubensfestigkeit, Sendungsbewusstsein, Tragkraft, Verschwiegenheit, Ehrlichkeit, Opferbereitschaft und Demut. Der Amtsträger soll sich in allem am Vorbild Jesu ausrichten.

Damit sich die empfangenen Gaben zum Wohl für die Gemeinde entfalten können, muss der Amtsträger in die Tat umsetzen, was ihm bei der Ordination in der Segnung und Heiligung anvertraut wurde.

Der in ein geistliches Amt Berufene ist sich bewusst, dass er ein Diener und Werkzeug in der Hand Gottes ist.

467

Wann endet der Amtsauftrag?

Der Auftrag, ein Amt auszuüben, endet im Regelfall mit der Ruhesetzung; das Amt selbst bleibt dem Amtsträger erhalten. Bei einer Amtsrückgabe oder Amtsenthebung verliert er das Amt.

468

Was ist Aufgabe aller Amtsträger?

Jeder Amtsträger hat die Aufgabe, das Evangelium Christi zu verkündigen und dafür einzutreten. Er betreut die ihm zur Seelsorge anvertrauten Gemeindemitglieder und fördert ihren Glauben. Als Seelsorger nimmt er teil an ihren persönlichen Anliegen und begleitet sie in Belastungen des täglichen Lebens.

→ ***Seelsorge:*** *siehe Fragen 688 ff.*

469

Was sind Aufgaben der priesterlichen Amtsträger?

Die priesterlichen Amtsträger haben Auftrag und Vollmacht erhalten, die Heilige Wassertaufe zu spenden, die Sündenvergebung zu verkündigen und das Heilige Abendmahl auszusondern und zu spenden. Zu ihren Aufgaben gehört weiterhin, Gottesdienste, Segenshandlungen und Trauerfeiern durchzuführen sowie die Gemeindemitglieder seelsorgerisch zu betreuen.

→ ***Wassertaufe:***
siehe Fragen 404, 481 ff.
→ ***Sündenvergebung:***
siehe Fragen 507, 629, 644 ff.
→ ***Heiliges Abendmahl:***
siehe Fragen 494 ff.
→ ***Segenshandlung:***
siehe Fragen 660 ff.
→ ***Trauerfeier:***
siehe Fragen 685 ff.

470

Was ist Aufgabe der Diakone?

Der Diakon hilft in vielfältiger Weise in der Gemeinde. Aufgabe der Diakone ist es auch, die Priester bei der seelsorgerischen Arbeit zu unterstützen. Die Diakone können bei der Wortverkündigung im Gottesdienst mitwirken.

471

Was ist eine Beauftragung?

Eine Beauftragung ist das Übertragen einer festgelegten Aufgabe. Die Beauftragung kann zeitlich und örtlich begrenzt sein.

Unter Beauftragung in Verbindung mit einem geistlichen Amt wird die Beauftragung zum Gemeindevorsteher, Bezirksvorsteher, Bezirksapostelhelfer, Stammapostelhelfer verstanden. Eine solche Beauftragung ist nicht gleichzusetzen mit einer Ordination. Sie ist nicht an die Zeit der Amtstätigkeit gebunden, sondern kann vorher enden; spätestens endet sie mit der Ruhesetzung des Amtsträgers.

Beauftragungen, die unabhängig von einem geistlichen Amt sind, werden zur Erfüllung der vielfältigen Aufgaben in Gemeinden und Bezirken sowohl an Schwestern als auch an Brüder erteilt.

8 DIE SAKRAMENTE

Gabe des Heiligen Geistes

Heiliges Abendmahl

Leib und Blut Christi

Heilige Wassertaufe

Heilige Versiegelung

Gotteskind

Erbsünde

472

Was sind Sakramente?

Sakramente sind grundlegende Gnadenmitteilungen Gottes. In diesen heiligen Handlungen – die durch Menschen am Menschen vollzogen werden – schenkt Gott dem Empfänger Heil.

→ ***Heil:*** *siehe Fragen 243 ff.*

Gnadenmitteilung: Der Begriff „Mitteilung“ wird in diesem Zusammenhang nicht im Sinne von „Information“ verwendet, sondern im Sinne von „Gabe“.

473

Wozu dienen die Sakramente?

Die Sakramente dienen dazu, dass der Mensch Heil erlangt: Durch die Sakramente wird der Mensch in die Lebensgemeinschaft mit Gott aufgenommen und in ihr erhalten.

Der Empfang der drei Sakramente Heilige Wassertaufe, Heilige Versiegelung und Heiliges Abendmahl eröffnet die Möglichkeit, bei der Wiederkunft Christi mit dem Herrn vereint zu werden.

→ ***Wiederkunft Christi:***
siehe Fragen 550 ff.

474

Was gehört zu einem Sakrament?

Ein Sakrament hat vier Elemente: das Zeichen, den Inhalt, den Spender, den Glauben.

475

Was ist „Zeichen“ bei einem Sakrament?

Das „Zeichen“ ist das sichtbare Element bei einem Sakrament. Bei der Heiligen Wassertaufe ist es das Wasser. Beim Heiligen Abendmahl sind Brot und Wein das „Zeichen“. Bei der Heiligen Versiegelung ist „Zeichen“ die Handauflegung des Apostels.

476

Was ist „Inhalt“ bei einem Sakrament?

Der „Inhalt“ ist die Heil vermittelnde Wirkung. Bei der Heiligen Wassertaufe ist „Inhalt“, dass die Erbsünde abgewaschen wird und dass der Getaufte in die Nähe Gottes gelangt. Beim Heiligen Abendmahl ist es der Genuss von Leib und Blut Jesu. Bei der Heiligen Versiegelung ist es der Empfang der Gabe des Heiligen Geistes.

477

Wer ist „Spender“ bei einem Sakrament?

Der „Spender“ ist derjenige, der das Sakrament vermittelt. Die Apostel spenden alle drei Sakramente, die priesterlichen Amtsträger spenden im Auftrag ihres Apostels die Heilige Wassertaufe und das Heilige Abendmahl.

478

Welche Bedeutung hat der „Glaube" bei einem Sakrament?

Der Mensch empfängt das Sakrament zu seinem Heil nur dann, wenn er an dessen Wirkung glaubt.

479

Welche Sakramente hat Jesus Christus eingesetzt?

Jesus Christus hat drei Sakramente eingesetzt: Heilige Wassertaufe, Heilige Versiegelung und Heiliges Abendmahl.

> „Denn drei sind, die das bezeugen: der Geist und das Wasser und das Blut; und die drei stimmen überein."
> **1. Johannes 5,7.8**

→ ***Heilige Wassertaufe:*** *siehe Fragen 481 ff.*
→ ***Heilige Versiegelung:*** *siehe Fragen 515 ff.*
→ ***Heiliges Abendmahl:*** *siehe Fragen 494 ff.*

480

Wem hat Jesus die Verwaltung der Sakramente anvertraut?

Die Verwaltung der Sakramente hat Jesus Christus den Aposteln anvertraut.

481

Was geschieht durch die Heilige Wassertaufe?

Durch die Heilige Wassertaufe wird das Verhältnis des Menschen zu Gott grundlegend verändert. Indem die Erbsünde abgewaschen wird, wird der Täufling aus der Gottferne herausgeführt: Er gelangt in die Nähe Gottes. Er wird Christ.

Durch seinen Glauben und sein Bekenntnis zu Christus gehört der Getaufte der Kirche Christi an.

482

Was bedeutet „Erbsünde"?

„Erbsünde" (Ursünde) meint den durch den Sündenfall entstandenen Zustand, in dem der Mensch von Gott getrennt ist (Gottferne). Seit dem Sündenfall lastet die Sünde auf allen Menschen (vgl. 1. Mose 3,20; Psalm 51,7; Römer 5,12.18.19): Jeder Mensch ist also Sünder, noch bevor er handeln oder denken kann.

→ ***Sündenfall:*** *siehe Fragen 88 ff.*

483

Was bedeutet das Wasser bei der Heiligen Wassertaufe?

Wasser ist Voraussetzung des Lebens und Mittel zur Reinigung. Wasser ist in der Taufe das äußere Zeichen für die innere Reinigung des Menschen.

484

Gibt es im Alten Testament Hinweise auf die Heilige Wassertaufe?

Ja, Noahs Rettung in der Arche, die vom Wasser getragen wurde, ist ein Hinweis auf die Wassertaufe. Auch kann im siebenmaligen Untertauchen des Naaman im Wasser des Jordan (vgl. 2. Könige 5,1-14) ein Sinnbild für das Abwaschen der Erbsünde in der Taufe gesehen werden.

„... als Gott harrte und Geduld hatte zur Zeit Noahs, als man die Arche baute, in der wenige, nämlich acht Seelen, gerettet wurden durchs Wasser hindurch. Das ist ein Vorbild der Taufe, die jetzt auch euch rettet ..."
1. Petrus 3,20.21

485

Musste auch Jesus sich taufen lassen?

Es war nicht erforderlich, dass Jesus Christus sich taufen ließ, weil er sündlos war. Dennoch unterzog er sich der Taufe durch Johannes den Täufer. Dadurch stellte er sich den Sündern gleich. Er zeigte damit, auf welchem Weg Gerechtigkeit vor Gott erlangt werden kann (vgl. Matthäus 3,15).

Die Taufe des Johannes war eine Taufe zur Buße. Sie ist ein Hinweis auf das Sakrament der Heiligen Wassertaufe, die im Namen des dreieinigen Gottes vollzogen wird.

→ ***Gerechtigkeit vor Gott:***
siehe Erläuterung zu Frage 278
→ ***Buße:*** *siehe Fragen 136, 651*

486

Was sagte Jesus seinen Aposteln zur Taufe?

Nach seiner Auferstehung gab Jesus seinen Aposteln den Missionsbefehl: „Darum gehet hin und machet zu Jüngern alle Völker: Taufet sie auf den Namen des Vaters und des Sohnes und des Heiligen Geistes" (Matthäus 28,19). Taufen gehört also zu den Aufgaben der Apostel.

Dabei wird unter „Taufe" im Neuen Testament oft die zweigliedrige Taufe mit Wasser und mit Heiligem Geist verstanden (vgl. Apostelgeschichte 8,14 ff.). Heilige Wassertaufe und Heilige Geistestaufe stehen im engen Zusammenhang miteinander.

→ ***Missionsbefehl:***
siehe Fragen 159, 434

„Zu denen sprach er: Habt ihr den Heiligen Geist empfangen, als ihr gläubig wurdet? Sie sprachen zu ihm: Wir haben noch nie gehört, dass es einen Heiligen Geist gibt. Und er fragte sie: Worauf seid ihr denn getauft? Sie antworteten: Auf die Taufe des Johannes. Paulus aber sprach: Johannes hat getauft mit der Taufe der Buße und dem Volk gesagt, sie sollten an den glauben, der nach ihm kommen werde, nämlich an Jesus. Als sie das hörten, ließen sie sich taufen auf den Namen des Herrn Jesus. Und als Paulus die Hände auf sie legte, kam der Heilige Geist auf sie und sie redeten in Zungen und weissagten."
Apostelgeschichte 19,2-6

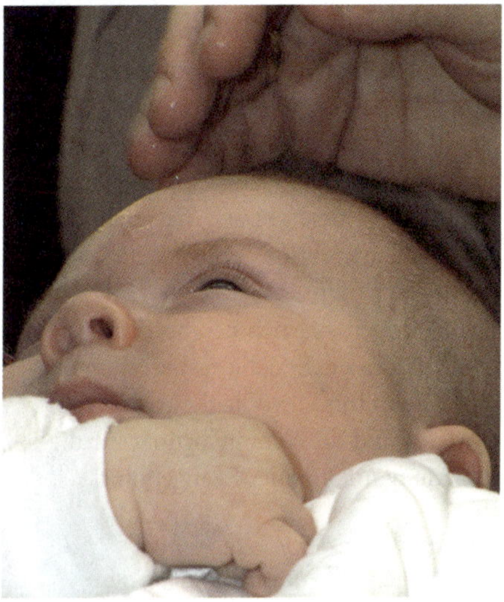

487

Wer kann die Heilige Wassertaufe empfangen?

Jeder Mensch kann die Heilige Wassertaufe empfangen. Voraussetzung ist, dass er an Jesus Christus und sein Evangelium glaubt.

488

Wie wird die Heilige Wassertaufe gespendet?

Die Taufe wird mit Wasser vollzogen und in dem Namen Gottes, des Vaters, des Sohnes und des Heiligen Geistes, gespendet.

Das Wasser zur Taufe wird im Namen des dreieinigen Gottes geweiht. Danach zeichnet der Taufende mit dem Wasser dreimal ein Kreuz auf die Stirn des Täuflings und spricht dabei: „Ich taufe dich in dem Namen Gottes, des Vaters, des Sohnes und des Heiligen Geistes."

Wird die Taufe so mit Wasser und im Namen Gottes, des Vaters, des Sohnes und des Heiligen Geistes, gespendet („rite"), ist sie gültig und kann ihre Wirkung entfalten.

Die Bezeichnung „**rite**" kommt aus dem Lateinischen und bedeutet „formgemäß", „dem Ritus entsprechend".

489

Warum können Kinder getauft werden?

Die Aussage Jesu: „Lasst die Kinder zu mir kommen und wehret ihnen nicht; denn solchen gehört das Reich Gottes" (Markus 10,14) verweist darauf, dass auch Kindern Segnungen Gottes zugänglich gemacht werden sollen. Dazu zählen die Sakramente.

Im Neuen Testament wird bezeugt, dass Hausgemeinschaften getauft wurden: „Und er ließ sich und alle die

Seinen sogleich taufen ... und freute sich mit seinem ganzen Hause, dass er zum Glauben an Gott gekommen war" (Apostelgeschichte 16,33.34, vergleiche auch 16,15). Zu Hausgemeinschaften gehörten Kinder. Daraus hat sich die christliche Tradition entwickelt, auch Kinder zu taufen.

Im Übrigen übernehmen bei der Taufe von Kindern die Erziehungsberechtigten das Bekenntnis des Glaubens an Jesus Christus und die Verantwortung für die Erziehung im Sinn des Evangeliums.

„Krispus aber, der Vorsteher der Synagoge, kam zum Glauben an den Herrn mit seinem ganzen Hause, und auch viele Korinther, die zuhörten, wurden gläubig und ließen sich taufen."
Apostelgeschichte 18,8

490

Welche Auswirkungen hat die Heilige Wassertaufe?

Die Heilige Wassertaufe bedeutet das Ende des Lebens in der Gottferne und den Beginn des Lebens in Christus. Sie vermittelt Kräfte, den Kampf gegen die Sünde zu führen.

Die trinitarisch vollzogene Taufe verbindet die Christen miteinander. Der in der Neuapostolischen Kirche Getaufte ist berechtigt, auf Dauer das Heilige Abendmahl zu empfangen.

→ ***Heilige Wassertaufe:***
siehe Fragen 481 ff.
→ ***Neuer Bund:***
siehe Erläuterung zu Frage 175

Der Begriff „**trinitarisch**" (von lateinisch „trinitas": „Dreiheit") bezieht sich auf die göttliche Dreieinigkeit. Trinitarisch getauft zu sein bedeutet, getauft zu sein im Namen des dreieinigen Gottes. Der Täufling wird getauft mit der sogenannten „trinitarischen Formel", also im Namen Gottes, des Vaters, des Sohnes und des Heiligen Geistes.

491

In welchem Zusammenhang stehen die Heilige Wassertaufe und die Heilige Versiegelung zueinander?

Heilige Wassertaufe und Heilige Versiegelung sind zwei unterschiedliche Sakramente. Sie stehen in einem engen Zusammenhang: Durch die Hinnahme beider Sakramente geschieht die Wiedergeburt aus Wasser und Geist. Die Heilige Wassertaufe geht dabei der Heiligen Versiegelung voraus.

→ ***Wiedergeburt aus Wasser und Geist:***
siehe Fragen 528 f.

492

Wer darf die Heilige Wassertaufe durchführen?

Den Befehl zur Durchführung der Taufe hat der auferstandene Gottessohn seinen Aposteln erteilt (vgl. Matthäus 28,18-20). In der Neuapostolischen Kirche haben die Apostel auch den priesterlichen Ämtern die Vollmacht übertragen, mit Wasser zu taufen.

493

Ist die in einer anderen Kirchengemeinschaft vollzogene Taufe gültig?

Ja, die Spendung der Wassertaufe ist in allen Bereichen der einen Kirche Christi möglich und wirksam. Die Wassertaufe ist der erste Schritt auf dem Weg zur völligen Erlösung. Überall, wo in dem Namen Gottes, des Vaters, des Sohnes und des Heiligen Geistes, mit Wasser getauft wird, hat die Taufe Gültigkeit. Somit ist die Wassertaufe der Kirche als ganzer anvertraut. Der Grund dafür liegt im allgemeinen Heilswillen Gottes.

→ ***Kirche Christi:*** *siehe Fragen 365 ff.*
→ ***Erlösung:*** *siehe Fragen 89-90, 108-109, 215-216*

494

Woraus leitet sich der Begriff „Heiliges Abendmahl“ ab?

Der Begriff „Abendmahl“ verweist auf die Situation, in der Jesus Christus dieses Sakrament stiftete: Am Abend vor seiner Kreuzigung feierte er in der Gemeinschaft mit seinen Aposteln das Passamahl.

Das erste **Passamahl** hielten die Israeliten auf Gottes Weisung am Abend vor dem Auszug aus Ägypten. Fehlerlose Lämmer wurden geschlachtet und zubereitet. Dazu aßen die Israeliten ungesäuertes Brot. Gott gebot, das Passamahl jährlich zum Gedenken an die Befreiung aus Ägypten zu feiern (Passafest).

495

Welche Bezeichnungen werden für das Heilige Abendmahl auch gebraucht?

Das Heilige Abendmahl wird auch „Eucharistie“ („Danksagung“), „Mahl des Herrn“ oder „Brotbrechen“ genannt.

496

Gibt es eine Beziehung zwischen Passamahl und Heiligem Abendmahl?

Ja, es gibt eine Beziehung: Nach dem Bericht der ersten drei Evangelien setzte Jesus das Abendmahl während der Feier des Passamahls mit seinen Aposteln ein. Wie das Passamahl, ist auch das Abendmahl ein Gedächtnismahl. Im Passamahl wird an die Befreiung der Israeliten aus der Knechtschaft und Gefangenschaft in Ägypten erinnert. Das Heilige Abendmahl deutet auf Befreiung in einem viel umfassenderen Sinn hin – auf die Erlösung der Menschen aus der Knechtschaft der Sünde.

497

Gibt es noch weitere Zeugnisse für das Heilige Abendmahl im Neuen Testament?

Ja, in 1. Korinther 11,23-26 findet sich ein weiteres Zeugnis für das Heilige Abendmahl: „Der Herr Jesus, in der Nacht, da er verraten ward, nahm er das Brot, dankte und brach's und sprach: Das ist mein Leib, der für euch gegeben wird; das tut zu meinem Gedächtnis. Desgleichen nahm er auch den Kelch nach dem Mahl und sprach: Dieser Kelch ist der neue Bund in meinem Blut; das tut, sooft ihr daraus trinkt, zu meinem Gedächtnis. Denn sooft ihr von diesem Brot esst und aus dem Kelch trinkt, verkündigt ihr den Tod des Herrn, bis er kommt."

Diese Worte sind Grundlage für den Text, der bei der Aussonderung des Heiligen Abendmahls gesprochen wird.

„**Aussonderung**" ist das Herausnehmen von Brot und Wein aus dem alltäglichen Gebrauch, verbunden mit Weihe und Heiligung. (Siehe Erläuterung „Konsekration" bei Frage 503)

498

Was bedeuten die Elemente Brot und Wein?

Die Elemente Brot und Wein sind beide für die Feier des Heiligen Abendmahls erforderlich. Brot steht ebenso wie Wein für Nahrung des Menschen. Wein ist in Israel auch Symbol für Freude und für das zukünftige Heil.

„**Symbol**" kommt aus dem Griechischen und steht vielfach für „Sinnbild", aber auch für „Wahrzeichen" oder „Kennzeichen".

499

Was ruft das Heilige Abendmahl dem Gläubigen ins Gedächtnis?

Das Heilige Abendmahl ist Gedächtnismahl: Bei ihm wird des Todes Jesu Christi als eines einzigartigen und für alle Zeiten gültigen Geschehens gedacht. Jesus Christus beauftragte die Apostel mit der Feier des Heiligen Abendmahls mit den Worten: „Das tut zu meinem Gedächtnis ..." (Lukas 22,19).

500

Wozu bekennen sich diejenigen, die am Heiligen Abendmahl teilnehmen?

Wer am Heiligen Abendmahl teilnimmt, bekennt damit seinen Glauben an Tod, Auferstehung und Wiederkunft Jesu Christi. Wer auf Dauer am Heiligen Abendmahl in der Neuapostolischen Kirche teilnimmt, bekennt sich damit auch zum Glauben an die heute tätigen Apostel Jesu. Insofern ist das Heilige Abendmahl auch Bekenntnismahl.

501

Auf welche Weise ist das Heilige Abendmahl Gemeinschaftsmahl?

Im Heiligen Abendmahl hat Jesus Christus zunächst mit den Aposteln und dann mit den Gläubigen Gemeinschaft. In der Abendmahlsfeier haben die Gläubigen zudem Gemeinschaft untereinander.

502

Gibt es einen Zusammenhang zwischen dem Heiligen Abendmahl und dem künftigen „Hochzeitsmahl" im Himmel?

Ja, das Heilige Abendmahl verweist auf das zukünftige „Hochzeitsmahl" im Himmel. Somit hat das Heilige Abendmahl auch einen endzeitlichen Charakter.

Jesus sagte bei der Einsetzung des Abendmahls im Kreis der Apostel: „Ich werde von nun an nicht trinken von dem Gewächs des Weinstocks, bis das Reich Gottes kommt" (Lukas 22,18).

Bis zur Vereinigung von Brautgemeinde und Jesus Christus erlebt die Gemeinde innige Gemeinschaft mit dem Herrn im Heiligen Abendmahl.

→ ***Hochzeit im Himmel:***
siehe Fragen 251, 562 ff.

503

Was geschieht bei der Aussonderung der Hostien?

Bei der Aussonderung (Konsekration) werden Leib und Blut Jesu Christi gegenwärtig.

Brot und Wein werden durch die Aussonderung in ihrer Substanz nicht verändert, das heißt, Brot und Wein werden nicht verwandelt. Vielmehr tritt zu Brot und Wein die Substanz von Leib und Blut Jesu hinzu. Dieses Geschehen bezeichnet man als „Konsubstantiation".

Beim Heiligen Abendmahl sind Brot und Wein nicht Bilder oder Symbole für Leib und Blut Jesu, sondern Leib und Blut Jesu Christi sind nach der Aussonderung wirklich anwesend.

→ ***Symbol:***
siehe Erläuterung zu Frage 498

„**Konsekration**" ist vom lateinischen Wort „consecrare" abgeleitet, das „weihen", „heiligen" bedeutet. Der Begriff wird im Sinne von „Weihe" bei der Aussonderung von Brot und Wein zum Heiligen Abendmahl gebraucht.

„**Substanz**" ist vom lateinischen Wort „substantia" abgeleitet, was „Wesen", „Beschaffenheit", „Bestand" bedeutet. Es wird damit benannt, woraus eine Sache besteht.

504

Ist das Opfer Jesu Christi im Heiligen Abendmahl gegenwärtig?

Ja, das Opfer Jesu Christi ist im Heiligen Abendmahl gegenwärtig. Dieses Opfer wird jedoch nicht wiederholt, sondern es ist „ein für alle Mal" gebracht (Hebräer 10,10.14).

505

Warum wird das Heilige Abendmahl in jedem Gottesdienst gefeiert?

Im Unterschied zu den Sakramenten Heilige Wassertaufe und Heilige Versiegelung wird das Heilige Abendmahl in jedem Gottesdienst gefeiert, weil es den Menschen in der Lebensgemeinschaft mit Jesus Christus erhält. Wir nehmen damit Wesen von Jesu Wesen auf.

506

Wie lange bleiben Leib und Blut Christi in den ausgesonderten Hostien gegenwärtig?

Leib und Blut Christi bleiben so lange in den ausgesonderten Hostien gegenwärtig, bis sie die für sie bestimmten Empfänger erreicht haben.

507

In welchem Verhältnis stehen Sündenvergebung und Heiliges Abendmahl zueinander?

Sündenvergebung und Heiliges Abendmahl stehen in einem engen Bezug zueinander, denn beide haben das Opfer Jesu Christi zur Grundlage.

Im Sakrament des Heiligen Abendmahls wird nicht zugleich auch die Vergebung der Sünden bewirkt. Die Vergebung der Sünden ist erforderlich, um anschließend das Heilige Abendmahl würdig, das heißt in einem von Sünde gereinigten Zustand, genießen zu können.

508

Wem hat Jesus Christus das Heilige Abendmahl anvertraut?

Jesus Christus hat das Heilige Abendmahl im Kreis der Apostel gestiftet und es ihnen anvertraut. Dort, wo Apostel oder von ihnen bevollmächtigte priesterliche Amtsträger wirken, sind alle Aspekte des Heiligen Abendmahls vorhanden.

509

Wie lauten die Aussonderungsworte zum Heiligen Abendmahl?

Zur Aussonderung (Konsekration) des Heiligen Abendmahls wird ein festgelegter Text gesprochen, der zurückgeht auf 1. Korinther 11,23 ff. und Matthäus 26,26 ff.:

„In dem Namen Gottes, des Vaters, des Sohnes und des Heiligen Geistes, sondere ich aus Brot und Wein zum Heiligen Abendmahl und legte darauf das einmal gebrachte, ewig gültige Opfer Jesu Christi. Denn der Herr nahm Brot und Wein, dankte und sprach: Das ist mein Leib, der für euch gegeben wird.

Das ist mein Blut des Neuen Bundes, das vergossen wird für viele zur Vergebung der Sünden. Esst und trinkt! Das tut zu meinem Gedächtnis. Denn sooft ihr von diesem Brot esst und von diesem Wein trinkt, verkündigt ihr den Tod des Herrn, bis er wiederkommt. Amen!"

510

Wie wird die Feier des Heiligen Abendmahls im Gottesdienst gestaltet?

Zunächst werden die Hostien ausgesondert. Dies geschieht dadurch, dass der bevollmächtigte Amtsträger seine Hände über die geöffneten Abendmahlsgeräte ausbreitet und die Aussonderungsworte spricht.

Dann empfangen die Amtsträger und die Gemeinde Leib und Blut Jesu Christi in Form von mit Wein beträufelten Hostien. Die Darreichung geschieht mit den Worten: „Der Leib und das Blut Jesu für dich gegeben."

511

Was ist Voraussetzung für den würdigen Genuss des Heiligen Abendmahls?

Voraussetzung für den würdigen Genuss des Heiligen Abendmahls ist neben der vorausgegangenen Sündenvergebung der Glaube an Jesus Christus und sein Opfer.

→ **Sündenvergebung:** *siehe Fragen 415, 507, 629, 644 ff.*

512

Welche Wirkungen hat das Heilige Abendmahl?

Das Heilige Abendmahl schafft innige Gemeinschaft mit Jesus Christus. Es vermittelt Wesen und Kraft des Gottessohnes. Der Genuss des Heiligen Abendmahls dient zudem der Einheit der Gläubigen untereinander, denn sie entwickeln sich gemeinsam ins

Wesen Jesu Christi. So ist das Heilige Abendmahl ein wichtiges Mittel zur Vorbereitung auf die Wiederkunft Christi.

„Denn ein Brot ist's: So sind wir viele ein Leib, weil wir alle an einem Brot teilhaben."
1. Korinther 10,17

513

Wer ist zur Teilnahme am Heiligen Abendmahl berechtigt?

Die in der Neuapostolischen Kirche Getauften, die Versiegelten und die in die Gemeinde Aufgenommenen sind berechtigt, auf Dauer am Heiligen Abendmahl teilzunehmen.

Formgerecht (rite) getaufte Christen können als Gäste Zugang zum Heiligen Abendmahl erhalten.

→ ***Heilige Wassertaufe:*** *siehe Fragen 404, 481 ff.*
→ ***rite:*** *siehe Erläuterung zu Frage 488*
→ ***Heilige Versiegelung:*** *siehe Fragen 404, 515 ff.*
→ ***Aufnahme:*** *siehe Fragen 662, 669*

514

Welche Bedeutung haben die Abendmahlsfeiern anderer Kirchen?

In den Abendmahlsfeiern anderer Kirchen sind wichtige Elemente des Heiligen Abendmahls vorhanden. Auch dort wird des Todes und der Auferstehung Jesu Christi dankbar und gläubig gedacht. Neuapostolische Christen sollten allerdings bedenken, dass sie sich durch eine dauerhafte Teilnahme an der Abendmahlsfeier anderer Kirchen im Grunde zu deren Lehre bekennen.

515

Was ist die Heilige Versiegelung?

Die Heilige Versiegelung ist das Sakrament, durch das der Gläubige unter Handauflegung und Gebet eines Apostels die Gabe des Heiligen Geistes empfängt. Er wird ein Gotteskind und ist zur Erstlingsschaft berufen.

→ ***Erstlingsschaft:*** *siehe Fragen 428, 530*
→ ***Gotteskind:*** *siehe Erläuterung zu Frage 530*

516

Was bedeutet in den neutestamentlichen Briefen die Formulierung „versiegeln“?

„Versiegeln“ bedeutet in den neutestamentlichen Briefen die Übermittlung der Gabe des Heiligen Geistes: „Gott ist’s aber, der uns fest macht samt euch in Christus und uns gesalbt und versiegelt und in unsre Herzen als Unterpfand den Geist gegeben hat“ (2. Korinther 1,21.22).

„In ihm [Christus] seid auch ihr, die ihr das Wort der Wahrheit gehört habt, nämlich das Evangelium von eurer Seligkeit – in ihm seid auch ihr, als ihr gläubig wurdet, versiegelt worden mit dem Heiligen Geist“ (Epheser 1,13).

„Betrübt nicht den Heiligen Geist Gottes, mit dem ihr versiegelt seid für den Tag der Erlösung“ (Epheser 4,30).

517

Wirkte der Heilige Geist schon in der Zeit des Alten Testaments?

Ja, der Heilige Geist als Person der Dreieinigkeit Gottes wirkt wie der Vater und der Sohn von Ewigkeit her. Im Alten Bund erfüllte er einzelne Menschen, die von Gott für bestimmte Aufgaben ersehen waren.

→ ***Alter Bund und Neuer Bund:*** *siehe Frage 175*

„Da nahm Samuel sein Ölhorn und salbte ihn [David] mitten unter seinen Brüdern. Und der Geist des Herrn geriet über David von dem Tag an und weiterhin.“
1. Samuel 16,13

„Verwirf mich nicht von deinem Angesicht, und nimm deinen Heiligen Geist nicht von mir.“
Psalm 51,13

518

Gibt es Hinweise im Alten Testament für die Ausgießung des Heiligen Geistes im Neuen Bund?

Ja, das Alte Testament gibt mehrere Hinweise (z.B. Hesekiel 36,27) darauf, dass Gottes Geist über viele Menschen ausgegossen wird. Ein wichtiger Hinweis findet sich in Joel 3,1.2: „Und nach diesem will ich meinen Geist ausgießen über alles Fleisch, und eure Söhne und Töchter sollen weissagen, eure Alten sollen Träume haben, und eure Jünglinge sollen Gesichte sehen. Auch will ich zur selben Zeit über Knechte und Mägde meinen Geist ausgießen“ (siehe auch Apostelgeschichte 2,15 ff.).

519

Hat Jesus die Ausgießung des Heiligen Geistes verheißen?

Ja, Jesus verhieß seinen Aposteln mehrfach, den Heiligen Geist zu senden, so zum Beispiel: „Wenn aber der Tröster kommen wird, den ich euch senden werde vom Vater, der Geist der Wahrheit, der vom Vater ausgeht, der wird Zeugnis geben von mir" (Johannes 15,26).

520

Wann erfüllte sich die Verheißung der Ausgießung des Heiligen Geistes?

Zu Pfingsten in Jerusalem erfüllte sich diese Verheißung, als der Heilige Geist auf die Apostel und die Jünger und Jüngerinnen ausgegossen wurde.

> „Und als der Pfingsttag gekommen war, waren sie alle an einem Ort beieinander. Und es geschah plötzlich ein Brausen vom Himmel wie von einem gewaltigen Wind und erfüllte das ganze Haus, in dem sie saßen. Und es erschienen ihnen Zungen, zerteilt wie von Feuer; und er setzte sich auf einen jeden von ihnen, und sie wurden alle erfüllt von dem Heiligen Geist und fingen an zu predigen in andern Sprachen, wie der Geist ihnen gab auszusprechen."
> **Apostelgeschichte 2,1-4**

521

Wann geschah die Salbung Jesu mit dem Heiligen Geist?

Nach der Taufe Jesu kam der Heilige Geist auf ihn herab. Johannes der Täufer bezeugte: „Ich sah, dass der Geist herabfuhr wie eine Taube vom Himmel und blieb auf ihm" (Johannes 1,32). Dieses Geschehen kann als „Salbung" bezeichnet werden.

> „Schafft euch Speise, die nicht vergänglich ist, sondern die bleibt zum ewigen Leben. Die wird euch der Menschensohn geben; denn auf dem ist das Siegel Gottes des Vaters."
> **Johannes 6,27**

→ ***Taufe Jesu:*** *siehe Fragen 129 f.*

522

Was bedeuten die Taufe Jesu und die anschließende Salbung mit dem Heiligen Geist?

Die Taufe Jesu durch Johannes den Täufer und das Herabkommen des Heiligen Geistes auf Jesus sind Hinweise auf die Sakramente der Heiligen Wassertaufe und der Heiligen Versiegelung.

Die Salbung Jesu mit Heiligem Geist stellt ihn als den Messias heraus. Sie ist Hinweis auf das Sakrament der Heiligen Versiegelung. Darauf nimmt auch Apostelgeschichte 10,37.38 Bezug: „Ihr wisst, was in ganz Judäa geschehen ist, angefangen von Galiläa nach der Taufe, die Johannes predigte, wie Gott Jesus von Nazareth gesalbt hat mit Heiligem Geist und Kraft."

> Schon im Alten Bund wurden Menschen durch **Salbung** mit Salböl für bestimmte Aufgaben geweiht. Solche Salbung wurde Propheten, Königen und Priestern zuteil.
> Siehe auch „Messias" (= „der Gesalbte"), Fragen 111 und 112.

523

Woraus ergibt sich, dass die Wassertaufe Voraussetzung für den Empfang der Gabe des Heiligen Geistes ist?

Apostel Petrus antwortete den Zuhörern der Pfingstpredigt auf ihre Frage, was sie tun sollten: „Tut Buße und jeder von euch lasse sich taufen auf den Namen Jesu Christi zur Vergebung eurer Sünden, so werdet ihr empfangen die Gabe des Heiligen Geistes" (Apostelgeschichte 2,38).

524

Was berichtet die Apostelgeschichte über die Heilige Versiegelung?

Einen wichtigen Hinweis auf die Versiegelung gibt Apostelgeschichte 8,14 ff.: „Als aber die Apostel in Jerusalem hörten, dass Samarien das Wort Gottes angenommen hatte, sandten sie zu ihnen Petrus und Johannes. Die kamen hinab und beteten für sie, dass sie den Heiligen Geist empfingen. Denn er war noch auf keinen von ihnen gefallen, sondern sie waren allein getauft auf den Namen des Herrn Jesus. Da legten sie die Hände auf sie und sie empfingen den Heiligen Geist."

Nach diesem Zeugnis der Schrift ist die Heilige Versiegelung an das Apostelamt gebunden. Dies bestätigt auch Apostelgeschichte 8,18: Simon, der früher Zauberei betrieben hatte, dann zum Glauben gekommen war und sich taufen ließ (vgl. Apostelgeschichte 8,9.11. ff.), „sah, dass der Geist gegeben wurde, wenn die Apostel die Hände auflegten".

An diesem Geschehen ist erkennbar, dass die Sakramente der Heiligen Wassertaufe und der Heiligen Versiegelung deutlich voneinander abgegrenzt sind. Ähnliches finden wir auch in Apostelgeschichte 19,1-6. In Ephesus hatten Jünger nur die Taufe zur Buße durch Johannes empfangen. Als sie zum Glauben an Jesus kamen, wurden sie zunächst auf den Namen des Herrn Jesus getauft. Danach empfingen sie durch den Apostel die Gabe des Heiligen Geistes: „Und als Paulus die Hände auf sie legte, kam der Heilige Geist auf sie."

→ ***Taufe zur Buße:*** *siehe Frage 485*

525

Wie wird das Sakrament der Heiligen Versiegelung gespendet?

Das Sakrament der Heiligen Versiegelung wird durch Apostel gespendet, indem sie dem Getauften in dem Namen Gottes, des Vaters, des Sohnes und des Heiligen Geistes, die Gabe des Heiligen Geistes vermitteln. Dabei legen sie die Hände auf das Haupt des Getauften und beten.

526

Welches sind die Voraussetzungen für den Empfang der Heiligen Versiegelung?

Die Heilige Versiegelung setzt beim Empfangenden den Glauben an den dreieinigen Gott und die von Jesus Christus gesandten Apostel voraus. Er muss zuvor formgerecht mit Wasser getauft worden sein. Er muss seinen Glauben bekennen und geloben, Christus nachzufolgen.

→ ***„formgerecht" (rite):***
siehe Erläuterung zu Frage 488

527

Wer kann die Heilige Versiegelung empfangen?

Die Heilige Versiegelung kann jeder Mensch empfangen, der die entsprechenden Voraussetzungen erfüllt. Das Sakrament wird sowohl Erwachsenen als auch Kindern gespendet. Bei einer Versiegelung von Kindern müssen die Eltern bzw. zur religiösen Erziehung Berechtigten stellvertretend den Glauben bekennen. Sie müssen geloben, die Kinder im neuapostolischen Glauben zu erziehen.

528

Was verstehen wir unter „Wiedergeburt aus Wasser und Geist"?

Die beiden Sakramente Heilige Wassertaufe und Heilige Versiegelung machen zusammen die „Wiedergeburt aus Wasser und Geist" aus. Durch sie schafft Gott die „neue Kreatur" – Leben aus Gott.

„Jesus antwortete: Wahrlich, wahrlich, ich sage dir: Es sei denn, dass jemand geboren werde aus Wasser und Geist, so kann er nicht in das Reich Gottes kommen."
Johannes 3,5

„Ist jemand in Christus, so ist er eine neue Kreatur; das Alte ist vergangen, siehe, Neues ist geworden."
2. Korinther 5,17

529

In welchem Zusammenhang stehen Heilige Versiegelung und Wiedergeburt aus Wasser und Geist?

Die Heilige Versiegelung ist ein Bestandteil der Wiedergeburt aus Wasser und Geist. In ihr wird vollendet, was Gott in der Wassertaufe begonnen hat. Die Erneuerung des Menschen geschieht durch Gott, den Heiligen Geist, der sich so als Neuschöpfer zeigt.

→ ***Heilige Wassertaufe:***
siehe Fragen 404, 481 ff.

530

Welches sind die Auswirkungen der Heiligen Versiegelung?

Bei der Heiligen Versiegelung wird der Mensch bleibend mit Heiligem Geist erfüllt. Gott schenkt ihm Anteil an seinem Wesen; dabei werden Gottes Kraft, Gottes Leben und Gottes Liebe dem Menschen geschenkt: „Die Liebe Gottes ist ausgegossen in unsre Herzen durch den Heiligen Geist, der uns gegeben ist" (Römer 5,5).

Der Versiegelte ist Eigentum Gottes; Gottes Geist hat bleibend Wohnung in ihm genommen (vgl. Römer 8,9).

Der Mensch ist nun Gotteskind, er ist zum Erstling berufen: Die Wiedergeburt hat also eine gegenwärtige Auswirkung in der Gotteskindschaft und eine zukünftige in der Erstlingsschaft.

Als Gotteskind ist der Glaubende Gottes Erbe und Miterbe Christi. Der „kindliche Geist", der durch die Heilige Versiegelung im Menschen wirkt, spricht Gott vertrauensvoll als „lieber Vater" an.

Gibt der Versiegelte dem Heiligen Geist Raum zur Entfaltung, entwickeln sich göttliche Tugenden. Sie werden bildhaft als „Frucht des Heiligen Geistes" bezeichnet (vgl. Galater 5,22).

→ ***Erstlingsschaft:*** *siehe Frage 428*

„Die Frucht aber des Geistes ist Liebe, Freude, Friede, Geduld, Freundlichkeit, Güte, Treue, Sanftmut, Keuschheit ..."
Galater 5,22.23

„... ihr habt einen kindlichen Geist empfangen, durch den wir rufen: Abba, lieber Vater! Der Geist selbst gibt Zeugnis unserm Geist, dass wir Gottes Kinder sind. Sind wir aber Kinder, so sind wir auch Erben, nämlich Gottes Erben und Miterben Christi ..."
Römer 8,15-17

Der Begriff „**Gotteskind**" hat unterschiedliche Aspekte:

- Jeder Mensch ist ein Kind Gottes, denn er ist von Gott erschaffen und darf daher den Allmächtigen „Vater" nennen.
- In alttestamentlicher Zeit sorgte Gott wie ein Vater für das Volk Israel. So wird Israel „Gottes erstgeborener Sohn" genannt (vgl. 2. Mose 4,22.23). Israel steht also in einem Kindschaftsverhältnis zu Gott. Als Jesus in der Bergpredigt zu den Juden sprach, bezeichnete er Gott auch als ihren „Vater im Himmel".
- Uns Christen ist das Vaterunser gegeben, und wir wenden uns in diesem Gebet vertrauensvoll an Gott, unseren Vater.
- Darüber hinaus ist mit „Gotteskindschaft" jene Situation vor Gott gemeint, die durch den Empfang aller Sakramente, durch den Glauben und die Ausrichtung des Lebens auf die Wiederkunft Christi gekennzeichnet ist. Erlangt wird die Gotteskindschaft durch die Wiedergeburt aus Wasser und Geist. Den Wiedergeborenen ist als „Kindern Gottes" verheißen, Erben des Allerhöchsten zu werden.

9

DAS LEBEN NACH DEM TOD

geistlicher Tod

Weiterleben

Auferstehung der Toten

Verstorbene

Heil nach dem leiblichen Tod

Jenseits

531

Gibt es ein Weiterleben nach dem Tod?

Ja, der Mensch ist sowohl ein leibliches als auch ein geistiges Wesen; er ist eine Einheit von Leib, Seele und Geist.

Der Leib des Menschen ist sterblich, er unterliegt der Vergänglichkeit. Er ist von Erde genommen und wird wieder zu Erde (vgl. 1. Mose 3,19). Dagegen leben Seele und Geist auch nach dem leiblichen Tod weiter, sind also unsterblich. Die Personalität des Menschen – das Wesentliche, was ihn ausmacht, was er erlebt, empfunden, geglaubt und gedacht hat – bleibt also nach dem leiblichen Tod erhalten.

„Denn Gott hat den Menschen zur Unvergänglichkeit geschaffen und ihn zum Abbild seines eignen Wesens gemacht."
Weisheit 2,23

532

Was ist der Tod?

Man unterscheidet zwischen dem leiblichen Tod und dem geistlichen Tod des Menschen. Der leibliche Tod bedeutet das Ende des Erdenlebens. Wenn er eingetreten ist, haben Seele und Geist den Leib verlassen. Der geistliche Tod ist die Trennung des Menschen von Gott. Sie ist Folge der Sünde.

Wenn die Bibel vom „zweiten" Tod (vgl. Offenbarung 20,6; 21,8) spricht, ist damit die Trennung von Gott gemeint, die nach dem Endgericht wirksam wird.

→ ***Endgericht:*** *siehe Fragen 579 f.*

> „Denn der Sünde Sold ist der Tod; die Gabe Gottes aber ist das ewige Leben in Christus Jesus, unserm Herrn."
> **Römer 6,23**

533

Was ist in der Bibel auch noch unter „Tod" zu verstehen?

In der Bibel wird mit „Tod" auch die gottwidrige Macht bezeichnet, die leibliches und geistiges Leben bedroht und zerstören will. So wird in der Offenbarung des Johannes der Tod bildlich als Person beschrieben: „Und ich sah, und siehe, ein fahles Pferd. Und der darauf saß, dessen Name war: Der Tod, und die Hölle folgte ihm nach" (Offenbarung 6,8).

534

Wer hat Macht über den Tod?

Der dreieinige Gott ist Herr über Leben und Tod. Jesus Christus hat durch seine Auferstehung den Tod besiegt. Damit hat er dem Menschen den Zugang zum ewigen Leben ermöglicht: „… Christus Jesus, der dem Tode die Macht genommen und das Leben und ein unvergängliches Wesen ans Licht gebracht hat durch das Evangelium" (2. Timotheus 1,10).

535

Welche Bedeutung hat die Auferstehung Jesu Christi?

Die Auferstehung Jesu Christi ist Grundlage für die Auferstehung der Toten. Da er auferstanden ist, werden die Toten auch auferstehen, „die einen zum ewigen Leben, die andern zu ewiger Schmach und Schande" (Daniel 12,2).

> „Siehe, ich sage euch ein Geheimnis: Wir werden nicht alle entschlafen, wir werden aber alle verwandelt werden; und das plötzlich, in einem Augenblick, zur Zeit der letzten Posaune. Denn es wird die Posaune erschallen und die Toten werden auferstehen unverweslich, und wir werden verwandelt werden."
> **1. Korinther 15,51.52**

536

Gibt es Hinweise auf das Weiterleben nach dem Tod in der Heiligen Schrift?

Ein Weiterleben nach dem leiblichen Tod wird schon im Alten Testament angedeutet, im Neuen Testament wird es mehrfach bezeugt. Beispielsweise heißt es in 1. Petrus 3,19.20: „In ihm ist er [Jesus Christus] auch hingegangen und hat gepredigt den Geistern im Gefängnis, die einst ungehorsam waren, als Gott harrte und Geduld hatte zur Zeit Noahs, als man die Arche baute, in der wenige, nämlich acht Seelen, gerettet wurden durchs Wasser hindurch."

537

Wo befinden sich die Menschen nach dem leiblichen Tod?

Seele und Geist von Menschen, die gestorben sind, gelangen in das Totenreich. Dies bezeichnen wir auch als „Jenseits".

538

Was verstehen wir unter dem „Jenseits"?

Der Begriff „Jenseits" bezieht sich im Allgemeinen auf alle Bereiche, Vorgänge und Zustände, die außerhalb der materiellen Welt liegen. Im engeren Sinn ist damit das Totenreich (hebräisch: „scheol", griechisch: „hades") gemeint.

539

Gibt es eine Reinkarnation der Toten?

Nein, Vorstellungen von wiederholten Erdenleben (Reinkarnation), ob als Mensch, Tier oder Pflanze, widersprechen den biblischen Aussagen und damit dem Inhalt des Evangeliums. Es ist „den Menschen bestimmt …, einmal zu sterben" (Hebräer 9,27).

> Mit dem Begriff **„Reinkarnation"** werden mit der christlichen Lehre nicht zu vereinbarende Vorstellungen von einem wiederholten Erdenleben des Menschen in unterschiedlicher Gestalt bezeichnet.

540

Können wir in Verbindung mit Verstorbenen treten?

Durch das Andenken an Verstorbene und das Beten für sie haben wir Verbindung mit ihnen.

Durch Totenbeschwörung oder Totenbefragung mit Verstorbenen in Verbindung zu treten, ist von Gott untersagt und somit Sünde: „… dass nicht jemand unter dir gefunden werde, der … Geisterbeschwörungen … vornimmt oder die Toten befragt. Denn wer das tut, der ist dem Herrn ein Gräuel" (5. Mose 18,10-12).

541

Wie ist der Zustand der Seelen im Jenseits?

Der Zustand der Seelen in der jenseitigen Welt ist Ausdruck der Gottnähe oder Gottferne. Die Seele des Menschen hat durch seinen leiblichen Tod keine Veränderung erfahren. Glaube oder Unglaube, Versöhnlichkeit oder Unversöhnlichkeit, Liebe oder Hass prägen den Menschen nicht nur in dieser Welt, sondern auch im Jenseits.

Dieser Zustand wird im Gleichnis Jesu vom reichen Mann und armen Lazarus (vgl. Lukas 16,19-31) auch angesprochen, wenn dort von einem Ort der Geborgenheit und einem Ort der Qual die Rede ist. Den Verstorbenen kann ihr Zustand bewusst werden. Diejenigen, die Qual leiden, erhoffen Hilfe.

542

Wer sind die, die „in Christus gestorben sind"?

In 1. Thessalonicher 4,16 ist von den Toten zu lesen, „die in Christus gestorben sind". Das sind die Verstorbenen, die aus Wasser und Geist wiedergeboren wurden und sich auf die Wiederkunft Christi vorbereiten lassen. Sie gehören mit zur Gemeinde des Herrn und befinden sich in einem Zustand der Gerechtigkeit vor Gott, die aus Gnade und Glaube erlangt wird.

→ ***Wiedergeburt aus Wasser und Geist:***
siehe Fragen 528 f.

„Aber die Seelen der Gerechten sind in Gottes Hand, und keine Qual rührt sie an. In den Augen der Unverständigen gelten sie als tot, und ihr Abscheiden wird für Strafe gehalten und ihr Weggehen von uns für Verderben; aber sie sind im Frieden."
Weisheit 3,1-3

543

Ist der Zustand der Seelen im Jenseits veränderbar?

Ja, seit dem Opfer Christi ist der Zustand der Seelen im Jenseits zum Guten hin veränderbar.

Jesus Christus ist nach seinem Tod ins Totenreich gegangen und hat dort gepredigt. Predigt des Evangeliums beinhaltet die Möglichkeit zur Veränderung für den, der sie im Glauben annimmt.

Heil kann also auch noch nach dem leiblichen Tod des Menschen erlangt werden.

→ **Heil:** *siehe Fragen 243 ff., 546*

544

Wie ist Veränderung der Seelen im Jenseits möglich?

Seelen im Jenseits, die nie vom Evangelium gehört, keine Sündenvergebung erfahren und kein Sakrament empfangen haben, befinden sich in einem Zustand der Gottferne. Dieser Zustand kann nur durch den Glauben an Jesus Christus und sein Opfer sowie durch den Empfang der Sakramente überwunden werden.

545

Welche Aussagen macht die Heilige Schrift zur Hilfe für Verstorbene?

In 2. Makkabäer 12 wird von solchen berichtet, die Götzen gedient hatten und im Kampf gefallen waren. Für sie betete man um Hilfe in ihrem sündigen Seelenzustand. Es wurde Geld gesammelt, mit dem Opfertiere für ein Sühneopfer gekauft werden sollten.

Biblischer Ausgangspunkt für die Sakramentsspendung für Verstorbene ist 1. Korinther 15,29: In Korinth wurden Lebende für Tote getauft. Diese Praxis wurde von den Aposteln der Neuzeit wieder aufgenommen. Es entwickelten sich die heute üblichen Gottesdienste für die Entschlafenen.

546

Können wir den Verstorbenen eine Hilfe zum Heil sein?

Ja, wir können für unerlöste Seelen fürbittend eintreten und den Herrn bitten, er möge ihnen helfen. Ebenso können wir darum beten, dass die Seelen zum Glauben an Jesus Christus gelangen und dafür aufgeschlossen und bereit sind, das Heil anzunehmen, das Gott ihnen schenken will.

Da die Toten und die Lebenden in Christus eine Gemeinschaft bilden, werden sie im Jenseits wie im Diesseits im Sinn Christi wirken, also Fürbitte für Unerlöste einlegen.

Erlösung selbst jedoch geschieht allein durch Jesus Christus.

→ **Erlösung:** *siehe Fragen 215 ff.*
→ **Heil:** *siehe Fragen 243, 248 ff.*

> Der Begriff „**Diesseits**" bezieht sich im Allgemeinen auf alle Bereiche, Vorgänge und Zustände, die innerhalb der materiellen Welt liegen.

547

Worin besteht die Heilsvermittlung an Verstorbene?

Jesus Christus ist Herr über Tote und Lebende. Es liegt im Willen Gottes, dass allen Menschen geholfen wird (vgl. 1. Timotheus 2,4-6). Dies geschieht durch die Predigt, die Sakramente und die Vergebung der Sünden. Dazu ist der Glaube an Jesus Christus unerlässlich. Dies gilt für Tote und Lebende gleichermaßen.

Dass auch den Verstorbenen das Evangelium verkündigt werden muss, sagt 1. Petrus 4,6: „Denn dazu ist auch den Toten das Evangelium verkündigt, dass sie zwar nach Menschenweise gerichtet werden im Fleisch, aber nach Gottes Weise das Leben haben im Geist."

„Denn also hat Gott die Welt geliebt, dass er seinen eingeborenen Sohn gab, damit alle, die an ihn glauben, nicht verloren werden, sondern das ewige Leben haben."
Johannes 3,16

548

Wie und durch wen geschieht die Heilsvermittlung an Verstorbene?

Die Spendung der Heiligen Wassertaufe, der Heiligen Versiegelung und des Heiligen Abendmahls für Verstorbene geschieht, indem Apostel die jeweilige

sichtbare Handlung an Lebenden vornehmen. Die Heilswirkung kommt hierbei nicht den Lebenden, sondern den Verstorbenen zugute.

Wie Jesus Christus sein Opfer auf Erden brachte, so geschieht auch Heilsvermittlung durch die Apostel auf Erden.

→ ***Heilige Wassertaufe:***
siehe Fragen 481 ff.
→ ***Heiliges Abendmahl:***
siehe Fragen 494 ff.
→ ***Heilige Versiegelung:***
siehe Fragen 515 ff.

10

DIE LEHRE VON DEN ZUKÜNFTIGEN DINGEN

Friedensreich

erste Auferstehung

Glaubensziel

Endgericht

Verheißung der Wiederkunft Christi

neue Schöpfung

549

Woher wissen wir von den Ereignissen in der Zukunft?

Die Lehre von den Ereignissen, die in der Zukunft geschehen werden (Eschatologie), hat ihre Grundlage in der Heiligen Schrift. Viele Hinweise zur künftigen Heilsgeschichte sind in den Evangelien und in den Briefen der Apostel enthalten. Zentrale Aussagen finden sich in der Offenbarung des Johannes, die in bildhafter Weise von den künftigen Dingen spricht.

→ ***Eschatologie:***
siehe Erläuterung bei Frage 40

550

Welches zukünftige Ereignis ist das Glaubensziel neuapostolischer Christen?

Jesus Christus kommt wieder – das ist eine Hauptaussage des Evangeliums. Seit seiner Himmelfahrt verkündigen die Apostel die Wiederkunft des Herrn. Bei diesem Ereignis von ihm angenommen zu werden, ist das Glaubensziel neuapostolischer Christen.

551

Wer hat die Wiederkunft Jesu Christi verheißen?

Jesus Christus selbst hat seinen Aposteln verheißen: „Wenn ich hingehe, euch die Stätte zu bereiten, will ich wiederkommen

und euch zu mir nehmen, damit ihr seid, wo ich bin“ (Johannes 14,3).

Diese Verheißung Jesu wurde bei seiner Himmelfahrt von Engeln bekräftigt: „Dieser Jesus, der von euch weg gen Himmel aufgenommen wurde, wird so wiederkommen, wie ihr ihn habt gen Himmel fahren sehen“ (Apostelgeschichte 1,11).

552

Wer kennt den Zeitpunkt der Wiederkunft Christi?

An welchem Tag und zu welcher Stunde Jesus Christus wiederkommt, wissen weder Menschen noch Engel, sondern allein der dreieinige Gott.

553

Was folgt aus der Tatsache, dass kein Mensch den Zeitpunkt der Wiederkunft Christi kennt?

Weil kein Mensch den Zeitpunkt der Wiederkunft Christi kennt, ist der Gläubige dazu aufgerufen, sich für dieses Geschehen an jedem Tag bereit zu halten. Der Gottessohn fasst dies in die Aufforderung: „Darum wachet; denn ihr wisst nicht, an welchem Tag euer Herr kommt“ (Matthäus 24,42). Dass man zu jeder Stunde im Glauben wach sein und ihn erwarten soll, verdeutlichte Jesus auch in Gleichnissen.

→ Gleichnisse zur Wiederkunft Christi: siehe Frage 157

„Dann wird das Himmelreich gleichen zehn Jungfrauen, die ihre Lampen nahmen und gingen hinaus, dem Bräutigam entgegen. Aber fünf von ihnen waren töricht und fünf waren klug ... Als nun der Bräutigam lange ausblieb, wurden sie alle schläfrig und schliefen ein. Um Mitternacht aber erhob sich lautes Rufen: Siehe, der Bräutigam kommt! Geht hinaus, ihm entgegen! Da standen diese Jungfrauen alle auf und machten ihre Lampen fertig. Die törichten aber sprachen zu den klugen: Gebt uns von eurem Öl, denn unsre Lampen verlöschen ... Und als sie hingingen zu kaufen, kam der Bräutigam; und die bereit waren, gingen mit ihm hinein zur Hochzeit, und die Tür wurde verschlossen. Später kamen auch die andern Jungfrauen ... Darum wachet! Denn ihr wisst weder Tag noch Stunde.“
Matthäus 25,1-13 (vgl. auch Matthäus 24,43-51; 25,14-30)

554

Wie sind die ersten Apostel mit der Verheißung der Wiederkunft Christi umgegangen?

Die Verheißung der Wiederkunft Christi spielte in der Verkündigung der ersten Apostel eine wichtige Rolle. Sie gehörte neben Opfertod und Auferstehung Jesu zu den wichtigsten Inhalten ihres Glaubens. Sie waren davon überzeugt, dass Jesus zu ihrer Zeit wiederkommt: „Siehe, ich sage euch ein Geheimnis: Wir werden nicht alle entschlafen, wir werden aber alle verwandelt werden" (1. Korinther 15,51).

Apostel Paulus sprach die Gemeinde zu Korinth mit dem urchristlichen Gebetsruf an: „Maranata!", was bedeutet: „Unser Herr kommt!" oder: „Unser Herr, komm!" (vgl. 1. Korinther 16,22).

Der Aufruf, immer für die Wiederkunft Christi bereit zu sein, kommt auch in der Offenbarung des Johannes in den Worten des Herrn zum Ausdruck: „Ich komme bald!" (Offenbarung 3,11; 22,7.12.20).

555

Was bedeutet die Verheißung der Wiederkunft Christi für uns?

Dass Jesus Christus wiederkommen und seine Brautgemeinde zu sich holen wird, ist eine der Grundgewissheiten des Evangeliums. Er selbst hat seine Wiederkunft verheißen (vgl. Johannes 14,3).

→ ***Brautgemeinde:*** *siehe Fragen 562 ff.*

556

Warum glauben wir, dass die Wiederkunft Christi nahe ist?

Dass das Apostelamt wieder besetzt wurde, ist Zeichen dafür, dass die Wiederkunft Christi nahe bevorsteht. Die Erwartung, dass sich diese Verheißung des Herrn erfüllt, steht heute ebenso im Zentrum des neuapostolischen Glaubens wie die Hoffnung des Einzelnen, persönlich die Wiederkunft Christi und die Entrückung zu ihm zu erleben.

→ ***Verwandlung und Entrückung:*** *siehe Fragen 559 ff.*

557

Wie erfolgt die Bereitung auf die Wiederkunft Christi?

Die Apostel bereiten die Gläubigen durch Wort und Sakrament auf die Wiederkunft Christi vor. Diese richten ihr Leben bewusst darauf aus.

558

Wie wird die Wiederkunft Christi in den Briefen des Apostels Paulus beschrieben?

In 1. Thessalonicher 4,15-17 heißt es: „Denn das sagen wir euch mit einem Wort des Herrn, dass wir, die wir leben und übrig bleiben bis zur Ankunft des Herrn, denen nicht zuvor kommen werden, die entschlafen sind. Denn er selbst, der Herr, wird, wenn der Befehl ertönt, wenn die Stimme des Erzengels und die Posaune Gottes erschallen, herabkommen vom Himmel, und zuerst werden die Toten, die in Christus gestorben sind, auferstehen. Danach werden wir, die wir leben und übrig bleiben, zugleich mit ihnen entrückt werden auf den Wolken in die Luft, dem Herrn entgegen; und so werden wir bei dem Herrn sein allezeit."

In 1. Korinther 15,51.52 steht: „Siehe, ich sage euch ein Geheimnis: Wir werden nicht alle entschlafen, wir werden aber alle verwandelt werden; und das plötzlich, in einem Augenblick, zur Zeit der letzten Posaune. Denn es wird die Posaune erschallen und die Toten werden auferstehen unverweslich, und wir werden verwandelt werden."

In Philipper 3,20.21 findet sich die Aussage: „Unser Bürgerrecht aber ist im Himmel; woher wir auch erwarten den Heiland, den Herrn Jesus Christus, der unsern nichtigen Leib verwandeln wird, dass er gleich werde seinem verherrlichten Leibe nach der Kraft, mit der er sich alle Dinge untertan machen kann."

559

Was geschieht bei der Wiederkunft Christi?

Zusammengefasst ergibt sich aus diesen Aussagen des Apostels Paulus:

Bei der Wiederkunft des Herrn werden zuerst die Toten, die in Christus gestorben sind, unverweslich auferstehen. Die Lebenden, die sich auf das Wiederkommen Christi vorbereiten ließen, werden die Verwandlung erleben, ohne den leiblichen Tod zu erleiden.

Die Toten und die Lebenden werden einen verherrlichten Leib empfangen. Dieser Leib gleicht dem Auferstehungsleib Christi. Sie werden gemeinsam zu Jesus Christus entrückt und gelangen so in die ewige Gemeinschaft mit dem dreieinigen Gott.

Diese Geschehnisse gehören zu der ersten Auferstehung, von der in Offenbarung 20,5.6 die Rede ist.

→ ***Auferstehung:*** *siehe Fragen 574 ff.*
→ ***Auferstehungsleib Christi:*** *siehe Frage 189*

„**Unverweslich**" bedeutet „unvergänglich, unverderblich". Anders als unser jetziger Leib, wird der Auferstehungsleib nicht dem Zerfall unterworfen sein.

560

Worauf beruht die Hoffnung des Gläubigen, den leiblichen Tod nicht erleiden zu müssen?

Die Hoffnung des Gläubigen, den leiblichen Tod nicht erleiden zu müssen, beruht auf der Aussage des Apostels Paulus: „Denn darum seufzen wir auch und sehnen uns danach, dass wir mit unserer Behausung, die vom Himmel ist, überkleidet werden ..., weil wir lieber nicht entkleidet, sondern überkleidet werden wollen, damit das Sterbliche verschlungen werde von dem Leben. Der uns aber dazu bereitet hat, das ist Gott, der uns als Unterpfand den Geist gegeben hat" (2. Korinther 5,2.4.5).

Der Apostel meint mit „Behausung" den verherrlichten Leib, den nicht nur die empfangen, die vom Tod auferstehen, sondern auch die, die bei der Wiederkunft Christi verwandelt werden. „Überkleiden" heißt, einen neuen Leib zu erhalten, ohne vorher sterben zu müssen. „Entkleiden“ ist hier ein Ausdruck für „sterben“.

561

Wer wird bei der Wiederkunft Christi entrückt?

Die Entrückung bei der Wiederkunft Christi ist zunächst jenen zugesagt, denen die Wiedergeburt aus Wasser und Geist zuteil geworden ist und die an Jesus Christus glauben und ihm nachfolgen. Diese Schar wird auch „die Brautgemeinde“ oder der „Knabe“ (Offenbarung 12,5) genannt.

Ob darüber hinaus Gott Anderen die Gnade der Entrückung zuteilwerden lässt, entzieht sich menschlicher Beurteilung und unterliegt der Entscheidung Gottes.

→ ***Wiedergeburt aus Wasser und Geist:*** *siehe Frage 528*

Mit „**Entrückung**“ ist gemeint, dass Menschen bei der Wiederkunft Christi direkt in unmittelbare Gemeinschaft mit Gott gelangen.

562

Wer zählt zur "Brautgemeinde"?

Jesus Christus hat seinen Aposteln den Auftrag gegeben, die Kirche Christi auf die Vereinigung mit ihm bei seiner Wiederkunft vorzubereiten. Apostel Paulus schreibt dazu: „Ich eifere um euch mit göttlichem Eifer; denn ich habe euch verlobt mit einem einzigen Mann, damit ich Christus eine reine Jungfrau zuführte“ (2. Korinther 11,2). Das Bild von der „reinen Jungfrau“ verweist auf die „Braut“ (Offenbarung 19,7). Wer dazu zählt und mit Jesus Christus vereinigt wird, zeigt sich erst bei der Wiederkunft Christi.

563

Gibt es Kennzeichen für jene, die der Brautgemeinde angehören?

Ja – ein herausragendes Kennzeichen ist, dass sie täglich auf die Wiederkunft Christi warten und beständig sind im Beten: „Herr, komme bald!“ (vgl. Offenbarung 22,17.20).

564

Werden in der Bibel weitere Kennzeichen für die Brautgemeinde genannt?

Ja, weitere Kennzeichen der Brautgemeinde sind in Offenbarung 14,1-5 genannt. Hier wird das Bild einer Schar von „Hundertvierundvierzigtausend“ für die Brautgemeinde verwendet. Die Zahl „144.000“ ist nicht wörtlich zu verstehen, sondern hat symbolischen Charakter. Sie ist abgeleitet von der Zwölfzahl der Stämme Israels. Sie wird mit folgenden Bildern beschrieben: „Das Lamm stand auf dem Berg Zion und mit ihm hundertvierundvierzigtausend, die hatten seinen Namen und den Namen seines Vaters geschrieben auf ihrer Stirn …, die folgen dem Lamm nach, wohin es geht. Diese sind erkauft aus den Menschen als Erstlinge für Gott und das Lamm, und in ihrem Mund wurde kein Falsch gefunden; sie sind untadelig."

565

Was bedeuten die Bilder in Offenbarung 14,1-5?

Die Kennzeichnung („Siegel") mit dem Namen des „Lammes" und des Vaters bedeutet, dass die Hundertvierundvierzigtausend Eigentum Gottes sind.

„Untadelig" sein, „im Mund kein Falsch" haben und „dem Lamm nachfolgen" bedeutet, dass in Wort und Tat ein Leben nach dem Evangelium geführt wird.

Der Begriff „Erstlinge" bezeichnet diejenigen, die Christus bei seiner Wiederkunft zu sich nimmt: Es sind die, die zuerst umfängliches Heil empfangen werden.

Mit „Lamm" ist Jesus Christus gemeint: „Siehe, das ist Gottes Lamm, das der Welt Sünde trägt!" (Johannes 1,29).

Offenbarung 5,12 drückt aus, dass das geschlachtete Lamm den Sieg davonträgt. Dies bedeutet, dass der erniedrigte und gekreuzigte Gottessohn zugleich triumphiert und siegt.

→ ***Heil:*** *siehe Fragen 243 ff.*

„Das Lamm, das geschlachtet ist, ist würdig, zu nehmen Kraft und Reichtum und Weisheit und Stärke und Ehre und Preis und Lob."
Offenbarung 5,12

566

Wann findet die „Hochzeit des Lammes" statt?

Die „Hochzeit des Lammes", also die Vereinigung der Brautgemeinde mit dem Bräutigam Jesus Christus, findet statt, wenn er wiedergekommen ist und seine Brautgemeinde verwandelt und entrückt wurde.

567

Was geschieht bei der „Hochzeit des Lammes"?

Die Brautgemeinde darf die Herrlichkeit Christi teilen und ist in der unmittelbaren und unauflöslichen Gemeinschaft mit Gott.

→ ***Brautgemeinde:*** *siehe Fragen 562 ff.*

„Halleluja! Denn der Herr, unser Gott, der Allmächtige, hat das Reich eingenommen! Lasst uns freuen und fröhlich sein und ihm die Ehre geben; denn die Hochzeit des Lammes ist gekommen, und seine Braut hat sich bereitet. Und es wurde ihr gegeben, sich anzutun mit schönem reinem Leinen. Das Leinen aber ist die Gerechtigkeit der Heiligen. Und er sprach zu mir: Schreibe: Selig sind, die zum Hochzeitsmahl des Lammes berufen sind."
Offenbarung 19,6-9

568

Was geschieht auf Erden nach der Wiederkunft Christi?

Nach der Wiederkunft Christi beginnt eine Zeit, in der die Menschen und die Schöpfung leiden, da sie der Macht Satans ausgesetzt sind. Diese Zeit wird als „große Trübsal" bezeichnet.

→ ***große Trübsal:*** *siehe Fragen 405, 409*

569

Wird es in der Zeit der „großen Trübsal" eine Bewahrung geben?

Ja, in der Zeit der „großen Trübsal" wird es für diejenigen eine geistliche Bewahrung geben, die zur Kirche Jesu Christi zählen, aber nicht zu Jesus Christus entrückt worden sind.

In der Offenbarung werden sie durch das Bild der Frau dargestellt, die mit der Sonne bekleidet ist und einen Knaben geboren hat. Sie erfahren weiterhin göttliche Begleitung und geistliche Versorgung, so dass ihr Glaube erhalten bleibt (vgl. Offenbarung 12,6).

Es werden in der Zeit der „großen Trübsal" Menschen, die sich zu Christus bekennen, getötet. Diese standhaften Bekenner werden also zu Märtyrern (Blutzeugen).

570

Was geschieht mit den Märtyrern aus der Zeit der „großen Trübsal"?

Die Menschen, die sich in der Zeit der „großen Trübsal" zu Christus bekennen und deshalb getötet werden, haben an der ersten Auferstehung teil, wie zuvor die Brautgemeinde.

→ ***erste Auferstehung:***
siehe Fragen 574 ff.

571

Was geschieht nach der „Hochzeit des Lammes" und der „großen Trübsal"?

Nach der „Hochzeit des Lammes" kommt Jesus Christus mit der Brautgemeinde auf die Erde zurück und beendet die Zeit der „großen Trübsal".

572

Was geschieht nach der Zeit der „großen Trübsal" mit Satan?

Satan und sein Anhang, die widergöttlichen Kräfte, werden gemäß Offenbarung 20,1-3 „gefesselt" und „in den Abgrund geworfen". Es wird ihnen also jede Macht genommen. Damit kann niemand mehr von Satan verführt werden.

573

Was geschieht, wenn Satan gebunden und seine Macht genommen ist?

Wenn Satan gebunden und den widergöttlichen Mächten alle Macht genommen ist, findet die Auferstehung der Märtyrer aus der „großen Trübsal" statt. Damit haben die Märtyrer teil an der ersten Auferstehung.

574

Welche Ereignisse umfasst die erste Auferstehung?

Bei der ersten Auferstehung werden die „Toten in Christus" auferstehen und gemeinsam mit den Lebenden, die zur Brautgemeinde gehören, entrückt.

Nach der „Hochzeit im Himmel" werden die Märtyrer aus der „großen Trübsal" auferstehen und zur königlichen Priesterschaft gezählt.

Diese beiden Ereignisse werden als „erste Auferstehung" bezeichnet: „Selig ist der und heilig, der teilhat an der ersten Auferstehung. Über diese hat der zweite Tod keine Macht; sondern sie werden Priester Gottes und Christi sein und mit ihm regieren tausend Jahre" (Offenbarung 20,6).

→ ***Entrückung / Verwandlung:***
siehe Fragen 559 ff.
→ ***große Trübsal:*** *siehe Fragen 569 ff.*

575

Was folgt nach Abschluss der ersten Auferstehung?

Nach Abschluss der ersten Auferstehung richtet Christus auf Erden sein Friedensreich auf und übt seine Königsherrschaft „tausend Jahre" aus. Diese „tausend Jahre" stehen als Symbol für eine lange, jedoch begrenzte Zeit.

576

Werden die Menschen in dieser Zeit noch sündigen?

Ja. Zwar ist Satan entmachtet und kann niemanden mehr zur Sünde verführen, dennoch bleiben die Menschen weiterhin Sünder und sind sterblich, da die Geneigtheit zur Sünde nicht aufgehoben ist. Davon ausgenommen sind diejenigen, die an der ersten Auferstehung teilhatten.

→ ***Geneigtheit zur Sünde:***
siehe Frage 227 und Erklärung
→ ***erste Auferstehung:*** *siehe Frage 574*

577

Was geschieht in dem Zeitraum des Friedensreichs auf Erden?

Im Zeitraum des Friedensreichs Christi wird Jesus Christus mit der königlichen Priesterschaft das Evangelium ungehindert verkündigen. Das Evangelium wird allen auf Erden lebenden Menschen und ebenso allen Seelen in den Bereichen der Entschlafenen nahegebracht. Am Ende des Friedensreichs werden alle Menschen aller Zeiten das Evangelium Jesu Christi kennengelernt haben.

*→ **königliche Priesterschaft:***
siehe Fragen 259, 409 und 574

578

Was geschieht am Ende des Friedensreichs?

Am Ende des Friedensreichs wird Satan losgelassen; er hat zum letzten Mal Gelegenheit, Menschen zu verführen. Nach Christi Sieg über ihn wird er „geworfen in den Pfuhl von Feuer und Schwefel“ (vgl. Offenbarung 20,7-10). Das Böse ist dann für ewig unwirksam.

579

Was erfolgt, wenn das Böse für immer seine Macht verloren hat?

Wenn das Böse für immer seine Macht verloren hat, erfolgt die Auferstehung der Toten zum Gericht. Dann wird Jesus Christus alle Menschen richten, die je gelebt haben. Ausgenommen von diesem Endgericht sind nur jene, die an der ersten Auferstehung teilhatten.

Das „**Endgericht**“ ist das abschließende Gericht über alle Menschen, die nicht an der ersten Auferstehung teilhatten. Dieses Gericht wird in Offenbarung 20,11–15 beschrieben.

„Und die Toten wurden gerichtet nach dem, was in den Büchern geschrieben steht, nach ihren Werken.“
Offenbarung 20,12

580

Was geschieht mit denjenigen, die in das Endgericht kommen?

Diejenigen, die im Endgericht Gnade finden, werden – zusammen mit jenen, die an der ersten Auferstehung teilhatten – Bewohner von Gottes neuer Schöpfung sein. Sie alle dürfen dann ewige Gemeinschaft mit Gott haben. Die anderen verbleiben im Elend der Gottferne.

581

Was wird in der Bibel über Gottes neue Schöpfung gesagt?

Gott wird nach dem Endgericht eine neue Schöpfung an die Stelle der alten setzen: „Er [Gott] wird bei ihnen wohnen, und sie werden sein Volk sein und er selbst, Gott mit ihnen, wird ihr Gott sein“ (Offenbarung 21,3). Damit erfüllt sich die Erwartung, die in 2. Petrus 3,13 ausgedrückt wird: „Wir warten aber auf einen neuen Himmel und eine neue Erde nach seiner Verheißung, in denen Gerechtigkeit wohnt.“ Dieses Reich Gottes wird ewig sein; dann wird Gott sein alles in allem (vgl. 1. Korinther 15,28).

11

AUS DER GESCHICHTE DES CHRISTENTUMS

Evangelium für Juden und Heiden

Gemeinden

Reformation

Katholisch-apostolische Kirche

Neuapostolische Kirche

Wiederbesetzung des Apostelamtes

582

Wie entstanden die ersten christlichen Gemeinden?

In Jerusalem entstand an Pfingsten die erste christliche Gemeinde (vgl. Apostelgeschichte 2,37 ff.), die allein aus Juden bestand. Aufgrund von Verfolgungen flohen viele Gläubige aus Jerusalem (vgl. Apostelgeschichte 8,1; 11,19). In ihrer neuen Umgebung verkündigten sie das Evangelium, das dort auch Glauben fand. So bildeten sich an weiteren Orten christliche Gemeinden.

583

Wie kam das Evangelium zu den Heiden?

Die Apostel gingen zunächst davon aus, dass das Evangelium allein den Juden verkündigt werden sollte. Gott jedoch machte dem Apostel Petrus durch eine Erscheinung deutlich, dass das Evangelium auch den Heiden zugedacht ist (vgl. Apostelgeschichte 10 und 11).

Auf der Apostelversammlung in Jerusalem wurden Fragen zur Heidenmission und zur Bedeutung des mosaischen Gesetzes für die getauften Heiden geklärt (vgl. Apostelgeschichte 15,1-29). Diese Entscheidungen trugen dazu bei, dass sich die christlichen Gemeinden schließlich von vielen Traditionen des jüdischen Glaubens lösten.

→ ***Heiden:***
siehe Erläuterung zu Frage 256
→ ***mosaisches Gesetz:***
siehe Fragen 272 ff.

Durch eine „**Erscheinung**" zeigt Gott Menschen, die er dazu ausersehen hat, in besonderen Fällen seinen Willen. Eine solche Erscheinung wird auch als „Vision" oder „Gesicht" bezeichnet.

584

Welcher Apostel verkündigte hauptsächlich den Heiden das Evangelium?

Vor allem Apostel Paulus verkündigte den Heiden das Evangelium. Dazu reiste er, zum Teil zusammen mit Apostel Barnabas, in die heutige Türkei, nach Griechenland, Zypern und schließlich auch nach Italien.

585

Wo entstand die Bezeichnung „Christ"?

In Antiochia wurden die Anhänger Jesu erstmals „Christen" genannt (vgl. Apostelgeschichte 11,26).

586

Wie lange wirkten die Apostel?

Die Apostel wirkten zunächst wohl bis Ende des ersten Jahrhunderts nach Christus. Johannes gilt als letzter Apostel der Urkirche. Danach begann die Zeit, in der das Apostelamt zwar bestand, doch personal nicht besetzt war. Erst im 19. Jahrhundert erfolgte erneut eine personale Besetzung des Apostelamts.

→ ***personale Besetzung des Apostelamts:***
siehe Frage und Erläuterung zu 450

*→ **Fortbestand des Apostelamts:** siehe Fragen 447 ff.*

587

Worin zeigte sich das Wirken des Heiligen Geistes nach dem Tod der ersten Apostel?

Der Heilige Geist sorgte dafür, dass die verbindliche Sammlung der Schriften des Alten und des Neuen Testaments (Kanon) zustande gekommen ist.

Durch das Wirken des Heiligen Geistes konnten in Kirchenversammlungen (Konzilien) wichtige Grundlagen der christlichen Lehre formuliert werden. Dazu gehören zum Beispiel die Lehre, dass Gott dreieinig ist, dass Jesus Christus wahrer Mensch und wahrer Gott ist, sowie die Erkenntnis, welche entscheidende Bedeutung das Opfer Jesu und seine Auferstehung für das Heil und die Erlösung der Menschen haben.

Auf das Wirken des Heiligen Geistes über die Jahrhunderte hinweg ist darüber hinaus zurückzuführen, dass sich christlicher Glaube weltweit ausbreiten konnte.

*→ **Bibel, Kanon:** siehe Fragen 12 ff.*
*→ **Konzil:** siehe Erläuterung zu Frage 33*
*→ **dreieiniger Gott:** siehe Fragen 61 ff.*
*→ **zwei Naturen von Jesus Christus:** siehe Fragen 103 ff.*

588

Wie fand in dieser Zeit Heilsvermittlung statt?

Heil wurde vor allem dadurch vermittelt, dass das Evangelium verkündigt und die Heilige Wassertaufe gespendet wurde.

*→ **Heil:** siehe Fragen 243 ff.*

589

Wie entwickelte sich das Christentum ab dem 2. Jahrhundert?

Was mit der Steinigung des Diakonen Stephanus begonnen hatte, wuchs sich zu Verfolgungswellen aus: Viele Christen wurden wegen ihres Glaubens getötet. Damit wurden sie zu Märtyrern.

Trotz der Verfolgungen und vieler Widerstände verbreitete sich der christliche Glaube im gesamten Römischen Reich.

*→ **Märtyrer:** siehe Erläuterung zu Frage 394*

590

Wer gab die Verkündigung der ersten Apostel an die Nachwelt weiter?

Die ursprüngliche Verkündigung der Apostel wurde von den „apostolischen Vätern“ weitergegeben und fortgesetzt. Es handelte sich um Kirchenlehrer von großem Einfluss. Zu ihnen werden Clemens von Rom (gestorben um 100), Ignatius von Antiochien (gestorben um 115), Polykarp, Bischof von Smyrna (geboren um 69, gestorben um 155), und Papias von Hierapolis (geboren um 70, gestorben um 130/140) gezählt. Es war ihr Anliegen, den christlichen Glauben gegenüber Heiden und Juden zu verteidigen und die Grundlagen der christlichen Lehre zu bewahren.

Eine für die Kirche prägende Persönlichkeit war Athanasius der Große (um 295 bis 373), unter dessen Einfluss im Jahr 325 das Glaubensbekenntnis von Nizäa formuliert wurde.

Ambrosius von Mailand

Hieronymus

Augustinus von Hippo

591

Wer waren die „Kirchenväter"?

„Kirchenväter" waren Gelehrte, die nach den „apostolischen Vätern" die grundlegenden christlichen Wahrheiten formulierten. Zu ihnen gehörten Ambrosius von Mailand (339 bis 397), Hieronymus (347 bis 420) und Augustinus von Hippo (354 bis 430).

592

Wann wurde das Christentum im Römischen Reich Staatsreligion?

Nach schweren Zeiten der Verfolgung verkündete der römische Kaiser Konstantin der Große im Jahr 313 Glaubensfreiheit für die Christen.

Im Jahr 381 erhob Kaiser Theodosius das Christentum im Römischen Reich zur Staatsreligion. Er verbot, heidnische Götter zu verehren.

„**Glaubensfreiheit**" bedeutet, dass Menschen ihre Religion und Weltanschauung frei wählen, bekennen und ausüben können.

593

Wie vollzog sich die Entwicklung des Christentums bis zum Mittelalter?

Zur Zeit der Völkerwanderung (4./5. Jahrhundert) gewann das Christentum in Europa und Asien an Stärke.

Bei der Ausbreitung des Christentums spielte das Mönchtum, das seit dem 3. Jahrhundert zuerst in Ägypten entstand, eine bedeutende Rolle. Eine Hauptaufgabe der Mönche war, ihr Leben in Armut nach dem Vorbild Christi zu führen und den christlichen Glauben weiterzutragen. Im Mittelalter erbrachten Mönche und Nonnen vielfach hervorragende Leistungen in der Wissenschaft und engagierten sich auf dem Gebiet der Landwirtschaft und im Sozialwesen.

Das Christentum bestimmte mehr und mehr das Leben der Menschen sowie Kultur, Politik und Gesellschaft in Europa.

Im Jahr 1054 kam es zu einer Spaltung in eine Westkirche (römisch-katholisch) und eine Ostkirche (orthodox).

Das **Mönchtum** ist eine Lebensform, in der man versucht, abgeschieden vom Weltlichen sein Leben ganz der Religion zu widmen. Zum „Mönchtum" zählen sowohl Männer als auch Frauen (Nonnen).

594

Womit mussten sich die Christen seit dem 7. Jahrhundert zunehmend auseinandersetzen?

Ab dem 7. Jahrhundert mussten sich die Christen in Teilen Asiens, Afrikas und auch Europas mit einer neuen Religion, dem Islam, auseinandersetzen. Viele Gebiete gingen für den christlichen Glauben verloren, zum Beispiel der vordere Orient und Nordafrika.

Es kam zu Kämpfen, beispielsweise bei den Kreuzzügen. Diese fanden zwischen 1095 und 1270 im Orient statt und hatten zum Ziel, Jerusalem und das Heilige Land für die Christenheit zu erobern.

Der **Islam** ist die jüngste große Weltreligion. Er wurde von Mohammed im 7. Jahrhundert nach Christus gegründet. Der Islam lehrt den Glauben an den einen Gott, allerdings nicht als den dreieinigen. Jesus gilt bei ihnen als Prophet. Die heilige Schrift des Islam ist der Koran.

Kreuzzüge: Palästina mit Jerusalem war unter islamischer Herrschaft. Zwischen dem 11. und 13. Jahrhundert riefen Päpste dazu auf, dieses Gebiet wieder unter christliche Herrschaft zu stellen. Die Heerzüge nennt man „Kreuzzüge" und die Kämpfer „Kreuzritter", weil man im Namen und zu Ehren des Kreuzes Christi auszog.

595

Warum kam es zu Bemühungen um eine Reform der Kirche?

Im Mittelalter kam es innerhalb der Kirche mehr und mehr zu einer Verweltlichung – Glaube und Lehre verloren immer mehr an Wert. Dies ist auf eine mangelnde Ausrichtung am Evangelium zurückzuführen.

Deshalb nahmen die Bemühungen um eine Kirchenreform zu. Zum einen bemühte sich das Mönchtum um eine Reform der Kirche, zum anderen Männer wie der Franzose Petrus Waldes (1140, gestorben vor 1218), der englische Theologe Johannes Wiclif (1330 bis 1384) und der Rektor der Prager Universität, Johannes Hus (1369 bis 1415). Sie alle waren konsequente Kritiker einer verweltlichten Kirche. Die von ihnen angestoßenen und begleiteten Bewegungen ergriffen weite Teile Europas und führten schließlich zur Reformation.

596

Was ist die Reformation?

Die Reformation (aus dem Lateinischen „reformatio": Wiederherstellung, Erneuerung) ist eine religiöse Erneuerungsbewegung in Europa, die auf dem Wunsch nach einer Rückbesinnung auf das Evangelium gründet.

Sie ist eng mit dem deutschen Mönch Martin Luther (1483 bis 1546) verbunden. Alleinige Grundlage für die Lehre sollte nach seiner Überzeugung das biblische Zeugnis von Jesus Christus sein. Luther übersetzte die Bibel aus der hebräischen und griechischen Sprache

Martin Luther

Ulrich Zwingli

Johannes Calvin

ins Deutsche und machte sie so dem Volk zugänglich.

Eigenständig entstand 1534 in England die anglikanische Staatskirche.

597

Wer sind die bedeutendsten Reformatoren?

Neben Martin Luther aus Wittenberg sind dies der Reformator Ulrich Zwingli (1484 bis 1531), der in Zürich wirkte, und Johannes Calvin (1509 bis 1564), der in Genf eine eigenständige Reformbewegung einleitete.

598

Wie reagierte die römisch-katholische Kirche auf die Reformation?

Als Reaktion auf die Reformation leitete das Konzil von Trient (ab 1545) eine Erneuerung der Kirche ein und bereitete den Boden für die Gegenreformation. Dies führte zum Wiedererstarken des Papsttums.

Mit „**Gegenreformation**“ wird die Gegenbewegung der römisch-katholischen Kirche auf die Reformation bezeichnet.

599

Welche Folgen hatte die Auseinandersetzung zwischen Protestantismus und Katholizismus?

Im Zuge der Auseinandersetzungen zwischen Protestanten und Katholiken kam es in Europa zum Dreißigjährigen Krieg (1618 bis 1648), dessen Ergebnis unter anderem die Festigung des Einflusses war, den der Staat auf die Kirche nahm. Der Herrscher bestimmte die Religionszugehörigkeit seiner Untertanen.

Als „**Protestanten**“ bezeichnet man die Anhänger der Reformation.

600

Wie war die Lage des Christentums im Europa des 18. Jahrhunderts?

Im 18. Jahrhundert verband sich der christliche Glaube oft mit einem Denken, das den menschlichen Verstand als einzigen Maßstab ansah („Aufklärung"). Als Reaktion darauf gewann der Pietismus, eine Bewegung innerhalb der reformatorischen Kirche, zunehmend an Gewicht. Pietisten betreiben ein intensives Bibelstudium und sind sozial und missionarisch engagiert.

→ ***missionarisch, Mission:***
siehe Erläuterung zu Frage 393

601

Wie war die Lage des Christentums im 19. Jahrhundert?

Im 19. Jahrhundert wurde der Versuch unternommen, Menschen, für die der christliche Glaube aufgrund ihrer Armut und Unwissenheit fremd geworden war, wieder für das Evangelium zu gewinnen („Innere Mission"). Darüber hinaus wurden „Missionsgesellschaften" gegründet: Sie sorgten für eine weitere Ausbreitung des Christentums in außereuropäischen Ländern, vor allem in Afrika.

602

Welche wichtigen Entwicklungen gab es im Christentum des 19. Jahrhunderts?

Von großer Bedeutung – vor allem innerhalb des Protestantismus in England und den USA – waren die sogenannten „Erweckungsbewegungen": Gläubige Christen riefen dazu auf, von einem „Gewohnheitschristentum" zu einem lebendigen christlichen Glauben zurückkehren. Dieser Ruf nach Besinnung auf das Evangelium verband sich oft mit der Hoffnung auf die Wiederkunft Christi.

Dies ist der geschichtliche Hintergrund, vor dem Gott das erneute Wirken von Aposteln vorbereitete.

603

Wie kam es im 19. Jahrhundert zur Wiederbesetzung des Apostelamtes?

Zwischen 1826 und 1829 kamen gläubige Männer zu Konferenzen in Albury (Südengland) zusammen, um sich gemeinsam mit der Offenbarung des Johannes zu beschäftigen. Diese Konferenzen erfolgten auf Einladung des Bankiers Henry Drummond (1786 bis 1860) in enger Zusammenarbeit mit Edward Irving (1792 bis 1834), der Geistlicher der schottischen Nationalkirche war. Die Konferenzteilnehmer wollten Klarheit über biblische Aussagen zum Wirken des Heiligen Geistes und zur Wiederkunft Christi erlangen.

Auch in Schottland warteten Gläubige verschiedener Konfessionen auf ein verstärktes Wirken des Heiligen Geistes. Unter ihnen traten 1830 viel beachtete Krankenheilungen, Zungenreden (Reden in unbekannten Sprachen) und Weissagungen auf.

Im Herbst 1832 wurde John Bate Cardale (1802 bis 1877) in London vom

Albury-Konferenz

Heiligen Geist zum Apostel berufen und durch Henry Drummond als Apostel bezeichnet.

Ab September 1833 wurden weitere elf Apostel durch Weissagungen – vor allem durch den Propheten Oliver Taplin (1800 bis1862) – gerufen.

604

Wie entstand die Katholisch-apostolische Kirche?

Die Apostel zogen sich 1835 für ein Jahr nach Albury zu intensiven gemeinsamen Beratungen zurück. Sie erarbeiteten das „Große Testimonium“ (1837), eine Bekenntnisschrift, die allen geistlichen und weltlichen Führern der Christenheit zugestellt wurde.

Im Testimonium forderten die Apostel die Christen dazu auf, sich unter ihrer Leitung zu sammeln, und sich auf die Wiederkunft Christi vorzubereiten. Man wollte also keine neue Kirche gründen, sondern die verschiedenen vorhandenen Kirchen unter Aposteln zusammenführen.

Doch nahmen die meisten Christen den Ruf der Apostel nicht an. Die wenigen Christen, die den Aposteln Glauben schenkten, verbanden sich in einer neuen Kirche, nämlich der Katholisch-apostolischen Kirche.

605

Wann fanden die ersten Versiegelungen statt?

Die ersten Versiegelungen, die damals „apostolische Handauflegung“ genannt wurden, fanden 1847 in England, Kanada und Deutschland statt.

606

Was geschah, als einige der Apostel starben?

Im Jahr 1855 starben drei Apostel. Von den Propheten Oliver Taplin und Heinrich Geyer (1818 bis 1896) wurden Nachfolger im Apostelamt benannt. Diese Rufungen wurden jedoch von den verbliebenen Aposteln nicht anerkannt. Es wurden keine Apostel mehr ordiniert.

Diese Sehensweise hatte schließlich zur Folge, dass es in der Katholisch-apostolischen Kirche nach dem Tod des zuletzt noch lebenden Apostels Francis V. Woodhouse im Jahr 1901 keine Apostel mehr gab. Es wurden auch keine Amtsträger mehr ordiniert.

607

Wie ist die Neuapostolische Kirche entstanden?

Am 10. Oktober 1862 wurde in Königsberg der Priester Rudolf Rosochacky (1815 bis 1894), Vorsteher der dortigen katholisch-apostolischen Gemeinde, durch den Propheten Geyer als Apostel benannt. Die Apostel der Katholisch-apostolischen Kirche erkannten diese Rufung nicht an.

Prophet Heinrich Geyer und der Leiter der katholisch-apostolischen Gemeinde in Hamburg, Friedrich Wilhelm Schwartz (1815 bis 1895), waren jedoch davon überzeugt, dass diese Berufung ein Werk des Heiligen Geistes war.

Die Gemeinde in Hamburg erkannte am 4. Januar 1863 diese Apostelrufung an und wurde daraufhin aus der Katholisch-apostolischen Kirche ausgeschlossen.

Im Januar 1863 ist somit der Beginn der Neuapostolischen Kirche anzusetzen.

Auch als Apostel Rosochacky kurz darauf von seinem Amt zurücktrat, hielten Geyer, Schwartz und die Hamburger Gemeinde daran fest, dass es sich um einen göttlichen Ruf gehandelt hatte.

608

Was geschah in der Folgezeit?

Der Priester Carl Wilhelm Louis Preuß (1827 bis 1878) und wenig später Friedrich Wilhelm Schwartz wurden zu Aposteln gerufen. Apostel Preuß wirkte in Norddeutschland, während Apostel Schwartz die Niederlande als Arbeitsgebiet hatte.

Weitere Rufungen von Aposteln folgten in kurzer Zeit. Die neu entstandene Gemeinschaft nannte sich „Allgemeine christliche apostolische Mission“.

Im Jahr 1872 wurde Friedrich Wilhelm Menkhoff (1826 bis 1895) als Apostel für Westfalen und das Rheinland berufen.

Apostel Menkhoff gründete 1884 in Deutschland die Kirchenzeitschrift „Der Herold“. Unter seinem Einfluss schaffte

Carl Wilhelm Louis Preuß

Friedrich Wilhelm Schwartz

Friedrich Wilhelm Menkhoff

Apostel Schwartz zunächst in seinem Tätigkeitsbereich die liturgischen Gewänder und viele Elemente der von der Katholisch-apostolischen Kirche übernommenen Liturgie ab. Im Jahr 1885 wurden diese Änderungen von allen anderen Gemeinden übernommen.

Mit „**Liturgie**“ bezeichnet man die Festlegungen zum Ablauf von Gottesdiensten.

609

Wie kam es zum Namen „Neuapostolische Kirche“?

Zur Unterscheidung von den katholisch-apostolischen Gemeinden nannten sich die ab 1863 entstehenden Gemeinden im amtlichen Schriftverkehr bald „neuapostolische Gemeinden“. 1907 erfolgte die offizielle Bezeichnung „Neuapostolische Gemeinde“ und ab etwa 1930 „Neuapostolische Kirche“.

610

Wie lange wirkte das Prophetenamt?

Gegen Ende des 19. Jahrhunderts trat das Apostelamt als zentrales Amt, das umfassende Vollmachten hat, in der Kirche immer mehr hervor. Zugleich ging die Bedeutung des Prophetenamts zurück. Seit Ende der 1920er-Jahre sind keine Propheten mehr in den Gemeinden tätig.

611

Wer war der erste Stammapostel?

1881 wurde Friedrich Krebs (1832 bis 1905) aus Braunschweig (Deutschland) zum Apostel berufen. Nach dem Tod der Apostel Schwartz und Menkhoff nahm er die leitende Funktion in der Kirche ein. Die Einheit unter den Aposteln war ihm ein wichtiges Anliegen. Ab 1897 bildete sich das Stammapostelamt heraus. Friedrich Krebs war der erste Stammapostel im heutigen Sinn.

612

Welche weiteren Träger des Stammapostelamts gibt es?

- Hermann Niehaus (1848 bis 1932, Stammapostel von 1905 bis 1930),
- Johann Gottfried Bischoff (1871 bis 1960, Stammapostel von 1930 bis 1960),
- Walter Schmidt (1891 bis 1981, Stammapostel von 1960 bis 1975),
- Ernst Streckeisen (1905 bis 1978, Stammapostel von 1975 bis 1978),
- Hans Urwyler (1925 bis 1994, Stammapostel von 1978 bis 1988),
- Richard Fehr (1939 bis 2013, Stammapostel von 1988 bis 2005),
- Wilhelm Leber (geboren 1947, Stammapostel von 2005 bis 2013),
- Jean-Luc Schneider (geboren 1959, Stammapostel seit 2013).

Friedrich Krebs

Hermann Niehaus

Johann Gottfried Bischoff

Walter Schmidt

Ernst Streckeisen

Hans Urwyler

Richard Fehr

Wilhelm Leber

Jean-Luc Schneider

12

GOTTESDIENST, SEGENSHANDLUNGEN UND SEELSORGE

Sündenvergebung

Gemeinschaft

Predigt

kirchliche Unterrichte

Konfirmation

Trauerbegleitung

Vaterunser

613

Was ist ein Gottesdienst?

Gottesdienst ist Wirken Gottes am Menschen. Zugleich ist er Werk des Menschen für Gott.

Zum Gottesdienst kommen Menschen zusammen, um miteinander Gott anzubeten, ihn zu loben und ihm zu danken. Ebenso versammeln sie sich, um Gottes Wort zu hören und um die Sakramente zu empfangen.

So ist ein Gottesdienst eine Begegnung von Gott und Mensch. Im Gottesdienst nimmt die Gemeinde die Gegenwart des dreieinigen Gottes wahr und erlebt, dass Gott ihr in Liebe dient.

614

Wie war der Gottesdienst in alttestamentlicher Zeit?

In alttestamentlicher Zeit bestand der Gottesdienst hauptsächlich aus dem Opferdienst, bei dem die Priester Gott Gaben darbrachten. Sie hatten zudem den Auftrag, dem Volk den Segen Gottes zu übermitteln (vgl. 4. Mose 6,22-27).

Aus der Zeit des Königs David wird berichtet, dass im Gottesdienst Sänger und Musiker mitwirkten und Gott mit Psalmen priesen (vgl. 1. Chronik 25,6).

In der Zeit der Babylonischen Gefangenschaft – 597 v. Chr. bis 539 v. Chr. – versammelten sich gläubige Juden in dazu erbauten Häusern (Synagogen), um miteinander zu beten, die heiligen Schriften zu lesen und auszulegen. Hier liegt ein Ursprung der späteren christlichen Form des Gottesdienstes.

615

Welche Elemente enthielt der Gottesdienst in den ersten christlichen Gemeinden?

Wie der Gottesdienst in den ersten christlichen Gemeinden genau ablief, ist nicht überliefert. Es gab in ihm die Verkündigung des Evangeliums, Bekenntnisse der Gemeinde, gemeinsame Gebete, Gesänge und Abendmahlsfeiern.

616

Wie entwickelte sich der christliche Gottesdienst weiter?

Der christliche Gottesdienst hatte über Jahrhunderte einen liturgischen Charakter. Das heißt, der Gottesdienst war überwiegend bestimmt durch Rituale, nämlich festgelegte Worte und Gesänge.

Dies änderte sich nach der Reformation in vielen Kirchengemeinschaften. Bei ihnen stand nun die Predigt im Mittelpunkt. An diese Tradition knüpft auch der neuapostolische Gottesdienst mit der Predigt in freier Rede an.

→ ***Predigt, Wortverkündigung:*** *siehe Fragen 623 ff.*
→ ***Reformation:*** *siehe Fragen 595 ff.*

617

Ist Gott im Gottesdienst gegenwärtig?

Ja, zu Gottesdienstbeginn wird Gott mit den Worten „In dem Namen Gottes, des Vaters, des Sohnes und des Heiligen Geistes“ angerufen. Diese

Anrufung Gottes wird als „trinitarische Eingangsformel“ bezeichnet. So wird dem Besucher im Gottesdienst deutlich gemacht, dass Gott gegenwärtig ist, wie es der Gottessohn verheißen hat (vgl. Matthäus 18,20).

618

Was sind die Grundelemente des Gottesdienstes?

Von der ersten Christen in Jerusalem wird bezeugt: „Sie blieben aber beständig in der Lehre der Apostel und in der Gemeinschaft und im Brotbrechen und im Gebet“ (Apostelgeschichte 2,42). Davon leiten sich die Grundelemente des Gottesdienstes ab: die Lehre der Apostel, die Gemeinschaft, das Brotbrechen und das Gebet.

619

Was ist mit „Lehre der Apostel“ gemeint?

Mit „Lehre der Apostel“ ist gemeint, dass die Apostel die Lehre Jesu Christi, also das Evangelium von Tod, Auferstehung und Wiederkunft des Gottessohnes, verkündigen. Diese Lehre wird auch durch die im Auftrag der Apostel tätigen Amtsträger im Gottesdienst verkündigt.

620

Was verstehen wir unter „Brotbrechen“?

„Brotbrechen“ ist die Feier des Heiligen Abendmahls. Es ist das zentrale Geschehen im Gottesdienst, das in Dankbarkeit für das Opfer Jesu gefeiert wird.

→ ***Heiliges Abendmahl:***
siehe Fragen 494 ff.

621

Was bedeutet „Gemeinschaft“ im Gottesdienst?

„Gemeinschaft“ im Gottesdienst bedeutet, die Erfüllung der Worte Jesu Christi zu erleben: „Denn wo zwei oder drei versammelt sind in meinem Namen, da bin ich mitten unter ihnen“ (Matthäus 18,20).

„Gemeinschaft“ im Gottesdienst bedeutet weiter, dass die Glaubenden miteinander Gott anbeten und ihm Lob und Dank darbringen. So haben sie auch Gemeinschaft untereinander.

622

Welche Rolle spielt „Gebet“ im Gottesdienst?

Gebet ist unverzichtbarer Bestandteil des Gottesdienstes.

Im Gottesdienst verbindet sich die Gemeinde in den Gebeten des Gottesdienstleiters. Dabei kommen Anbetung Gottes, Dank, Fürbitte und Bitte zum Ausdruck.

Gemeinsam wird vor der Sündenvergebung das Gebet „Unser Vater“ gesprochen. Nach dem Empfang des Heiligen Abendmahls dankt der Glaubende Gott in einem stillen Gebet.

623

Was verstehen wir unter „Wortverkündigung“ (Predigt)?

In den Gottesdiensten wird Gottes Wort verkündigt. Amtsträger sprechen Gedanken aus, die der Heilige Geist in ihnen erweckt. Dies nennt man „Wortverkündigung“ oder „Predigt“.

Die Predigt ist im neuapostolischen Gottesdienst kein vorgefertigter Text. Ihr liegt ein Wort aus der Bibel zugrunde, das der Amtsträger in freier Rede entfaltet.

624

Was vermag die Predigt?

Da die Predigt von Gott erweckt wird, erleben die Zuhörer, dass das gesprochene Wort „lebendig“ ist: dass also

- Lebens- und Glaubensfragen beantwortet werden,
- der Glaube gestärkt wird,
- Trost geschenkt wird,
- Zuversicht vermittelt wird,
- Entscheidungshilfen und auch Ermahnungen gegeben werden.

Das Wort vom Altar gibt Orientierung, um nach Gottes Willen zu leben.

Die Predigt ist „Speise“ für die Seele gemäß den Worten Jesu: „Der Mensch lebt nicht vom Brot allein, sondern von einem jeden Wort, das aus dem Mund Gottes geht“ (Matthäus 4,4).

625

Wer ist dazu berufen, im Gottesdienst das Wort zu verkündigen?

Die Apostel und die hierzu von ihnen beauftragten Amtsträger sind berufen, im Gottesdienst das Wort Gottes zu verkündigen.

626

Was ist Hauptinhalt und Ziel der Predigt?

Hauptinhalt der Predigt ist das Evangelium Jesu Christi, die frohe Botschaft davon, dass Jesus das Opfer gebracht hat, auferstanden ist und wiederkommen wird.

Der Heilige Geist spricht durch den Amtsträger. So wird Glaube geweckt und gestärkt. Die Wortverkündigung hat immer das Ziel, die Gemeinde auf das Kommen Jesu Christi vorzubereiten (vgl. 2. Korinther 11,2).

627

Sind Fehler beim Verkündigen und beim Hören der Predigt ausgeschlossen?

Jeder Mensch, der Gottes Wort verkündigt, ist Sünder; er hat Fehler und er macht Fehler. Das Amt jedoch, das er trägt, ist von Gott gegeben und damit heilig. Wenn nun der unvollkommene Mensch Gottes Wort verkündigt, kann es Fehlerhaftes enthalten. Trotzdem legt Gott in die vom Menschen gesprochenen Worte Kraft hinein.

Auch der Zuhörer ist Sünder; er hat Fehler und er macht Fehler. Deshalb sind bei ihm Fehler im Verständnis des Gehörten nicht ausgeschlossen. Doch wenn er das Wort im Glauben annimmt, wird er trotz menschlicher Unvollkommenheiten und Fehler die göttlichen Kräfte, die in der Predigt liegen, in die Seele aufnehmen können.

628

Welche Aufgabe haben die Hörer der Predigt?

Vor der Predigt sollen die Hörer darum beten, dass der Herr ihnen aus dem Wort Stärkung und Frieden schenkt. Sie sollen das Wort im Glauben annehmen und haben die Aufgabe, es im Alltag – im Denken, Reden, Tun – zu verwirklichen. Sie sind also aufgerufen, ein Leben in der Nachfolge Christi zu führen.

629

Wie werden die Sündenvergebung und die Feier des Heiligen Abendmahls vorbereitet?

Die Zuhörer werden durch den Gottesdienstleiter mit entsprechenden Worten auf die Sündenvergebung und die Feier des Heiligen Abendmahls eingestimmt. Zur direkten Vorbereitung darauf dient ein gemeinsam gesungenes Bußlied. In ihm bringt die Gemeinde das Bekenntnis ihrer Sündhaftigkeit und Hilfsbedürftigkeit zum Ausdruck.

630

Welches Gebet wird im Gottesdienst in einem festgelegten Wortlaut gebetet?

Das Gebet, das Jesus gelehrt hat, ist das „Unser Vater" (Vaterunser). Es ist das einzige Gebet, das die Glaubenden im Gottesdienst miteinander in einem festgelegten Wortlaut beten.

Es ist in einer Fassung mit fünf Bitten (vgl. Lukas 11,2-4) und in einer ausführlicheren Fassung mit sieben Bitten überliefert (vgl. Matthäus 6,9-13).

631

In welchem Wortlaut wird das Vaterunser im Gottesdienst gebetet?

Im Gottesdienst wird das Vaterunser nach dem Wortlaut aus dem Matthäus-Evangelium gebetet:

„Unser Vater im Himmel!
Dein Name werde geheiligt.
Dein Reich komme.
Dein Wille geschehe wie im Himmel so auf Erden.
Unser tägliches Brot gib uns heute.
Und vergib uns unsere Schuld, wie auch wir vergeben unsern Schuldigern.
Und führe uns nicht in Versuchung, sondern erlöse uns von dem Bösen.
Denn dein ist das Reich und die Kraft und die Herrlichkeit in Ewigkeit.
Amen."

632

Was bedeutet die Anrede „Unser Vater"?

Die Anrede „Unser Vater" zeigt, dass dieses Gebet ein Gemeinschaftsgebet ist. Sprechen Menschen Gott als „Vater" an, kommt damit zum Ausdruck, dass er sie erschaffen hat, ihr Herr ist und für sie sorgt. Sie dürfen zu Gott ohne Furcht, in Liebe, vertrauensvoll „Vater" sagen.

→ ***Gotteskind:***
siehe Erläuterung zu Frage 530

633

Was bedeutet: „... im Himmel“?

Die Worte „im Himmel“ betonen, dass Gott größer und höher ist als alles Irdische. Und dennoch ist er in seiner Allgegenwart den Menschen nahe.

634

Was bedeutet: „Dein Name werde geheiligt“?

Das ist die erste Bitte im Vaterunser. Gott ist heilig. Die Gläubigen heiligen seinen Namen, indem sie ihm alle Ehre geben und sich bemühen, seinem Willen gemäß zu leben. Diese Bitte erinnert zugleich an das zweite Gebot.

635

Was bedeutet: „Dein Reich komme“?

Das Reich Gottes ist in Christus zu den Menschen gekommen. Mit der Bitte „Dein Reich komme“ wird darum gebetet, dass das Wesen Christi mehr und mehr in der Gemeinde wahrnehmbar werde. Außerdem wird mit diesen Worten darum gebetet, dass das zukünftige Reich Gottes offenbar werde: Dieses beginnt mit der Wiederkunft Christi zur Heimholung seiner Brautgemeinde.

636

Was bedeutet: „Dein Wille geschehe wie im Himmel so auf Erden"?

Im Himmel, dem Bereich, wo Gott thront, herrscht sein Wille uneingeschränkt. Die Bitte richtet sich darauf, es möge sich auch auf Erden alles nach Gottes Willen vollziehen. Auch beten die Gläubigen mit diesen Worten darum, dass es ihnen gelingen möge, Gottes Willen zu tun.

637

Was bedeutet: „Unser tägliches Brot gib uns heute"?

Damit wird um alles gebetet, was der Mensch zum Leben braucht. Auch schließt die Bitte ein, dass Gott die Schöpfung erhalten möge. Im übertragenen Sinn geht die Bitte dahin, Gott möge sein Wort als „Speise" für die unsterbliche Seele geben.

638

Was bedeutet: „Vergib uns unsere Schuld, wie auch wir vergeben unsern Schuldigern"?

Alle Menschen laden wegen ihrer Sünden Schuld auf sich. Mit diesen Worten bekennen sich die Gläubigen vor Gott als Sünder und bitten ihn um Vergebung. Weil Gott gnädig ist und vergibt, erwartet er, dass auch wir denen vergeben, die uns Unrecht zugefügt haben. Daher wird uns Vergebung nur dann zuteil, wenn wir selbst versöhnlich und vergebungsbereit sind.

> „Da trat Petrus zu ihm und fragte: Herr, wie oft muss ich denn meinem Bruder, der an mir sündigt, vergeben? Genügt es siebenmal? Jesus sprach zu ihm: Ich sage dir: nicht siebenmal, sondern siebzigmal siebenmal."
> **Matthäus 18,21.22**

639

Was bedeutet: „Führe uns nicht in Versuchung"?

Die Gläubigen bitten darum, dass Gott ihnen hilft, mit ganzer Kraft der Sünde zu widerstehen. Auch wird damit die Bitte ausgedrückt, Gott möge vor schweren Glaubensprüfungen bewahren.

640

Was bedeutet: „Erlöse uns von dem Bösen"?

Diese Bitte drückt den Wunsch aus, Gott möge aus der Macht des Bösen befreien. Letztlich geht es darum, dass Gott die endgültige Erlösung schenkt, indem er uns für immer vom Bösen befreit. Im Sohn Gottes ist „die Erlösung …, nämlich die Vergebung der Sünden" (Kolosser 1,14).

→ ***das Böse:*** *siehe Fragen 217 ff.*

641

Was bedeutet: „Dein ist das Reich und die Kraft und die Herrlichkeit in Ewigkeit"?

Diese Worte sind ein Lobpreis Gottes („Doxologie"). Damit wird der Allmächtige verherrlicht, und ihm wird die

Ehre dargebracht, die ihm zukommt. Der Blick richtet sich auf die Vollendung seines Heilsplans, wenn die Erlösten auf ewig bei Gott die Herrlichkeit erleben dürfen.

→ **Heilsplan:** *siehe Frage 243 ff.*

642

Was bedeutet: „Amen"?

Dieses Wort stammt aus dem Hebräischen und heißt übersetzt: „So sei es!" Damit wird das Vaterunser beendet und es wird alles, was Gott in diesem Gebet gesagt wurde, nochmals bekräftigt.

643

Wann erfolgt die Verkündigung der Sündenvergebung im Gottesdienst?

Die Verkündigung der Sündenvergebung geschieht unmittelbar nach dem gemeinsamen Beten des Vaterunsers.

644

Mit welchen Worten wird die Vergebung der Sünden verkündigt?

Die Apostel verkündigen die Sündenvergebung unter unmittelbarer Bezugnahme auf Jesus Christus: „Ich verkündige euch die frohe Botschaft: In dem Namen unseres Herrn Jesus Christus, Sohn des lebendigen Gottes, sind euch die Sünden vergeben. Der Friede des Auferstandenen sei mit euch! Amen."

Die priesterlichen Amtsträger verkündigen die Vergebung der Sünden mit Bezug auf das Apostelamt: „Im Auftrag meines Senders, des Apostels, verkündige ich euch die frohe Botschaft: In dem Namen unseres Herrn Jesus Christus, Sohn des lebendigen Gottes, sind euch die Sünden vergeben. Der Friede des Auferstandenen sei mit euch! Amen."

→ **priesterliche Amtsträger:**
siehe Fragen 415, 508, 661

645

Ist Sündenvergebung ein Sakrament?

Nein, die Vergebung der Sünden („Freisprache", „Absolution") ist kein Sakrament. Sie ist jedoch eine der Voraussetzungen zum würdigen Empfang der Sakramente.

646

Was ist der Grund dafür, dass Sünden vergeben werden können?

Sünden können vergeben werden, weil Gott – als Gott der Liebe – seinen Sohn zu den Menschen auf die Erde sandte. Dieser brachte durch seinen Tod am Kreuz das ewig gültige Opfer zur Vergebung der Sünden. Durch die freiwillige Hingabe seines Lebens hat Jesus Christus die Macht Satans gebrochen und ihn und seine Werke, nämlich Sünde und Tod, besiegt. Seitdem besteht die Möglichkeit, dass Menschen von Sünden befreit werden (vgl. Matthäus 26,28).

Jesus hat sein Leben für uns geopfert, damit uns die Sünden vergeben werden können und wir nicht unter der Herrschaft der Sünde bleiben müssen.

„Siehe, das ist Gottes Lamm, das der Welt Sünde trägt!“
Johannes 1,29
„Denn wenn wir mit Gott versöhnt worden sind durch den Tod seines Sohnes ...“
Römer 5,10a

647

Wer vergibt die Sünden?

Der dreieinige Gott ist es, der die Sünden vergibt. Der Mensch ist aus eigener Kraft nicht in der Lage, Sünden zu vergeben und von Sünden frei zu werden. „Selig ist der Mann, dem der Herr die Sünde nicht zurechnet!“ (Römer 4,8).

648

Ist die Verkündigung der Sündenvergebung notwendig?

Ja, Sündenvergebung muss verkündigt werden. Die Apostel verkündigen die Vergebung der Sünden im Auftrag Jesu gemäß seinen Worten: „Welchen ihr die Sünden erlasst, denen sind sie erlassen“ (Johannes 20,23). Sie machen also den Glaubenden das Opfer Jesu zugänglich. Die priesterlichen Amtsträger sind von den Aposteln bevollmächtigt, ebenso zu handeln.

649

Was muss der Mensch tun, um Sündenvergebung zu erlangen?

Um Sündenvergebung zu erlangen, ist notwendig:

- Der Mensch muss an Jesus Christus als seinen Erlöser glauben (vgl. Johannes 8,24).
- Erforderlich ist zudem der Glaube, dass Sündenvergebung durch die Apostel verkündigt wird.
- Notwendig ist auch die Einsicht, dass man gesündigt und Schuld auf sich geladen hat und somit Gnade benötigt.
- Es muss der Wunsch im Herzen stehen, mit Gott versöhnt zu werden.
- Der Sünder muss seine Sünden bereuen und vor Gott im Vaterunser bekennen: „Vergib uns unsere Schuld …“
- Es muss der ernste Vorsatz bestehen, Schwächen und Fehler zu überwinden.
- Der Sünder muss sich mit demjenigen versöhnen wollen, der ihm etwas angetan hat und somit ihm gegenüber schuldig geworden ist.

„Darum habe ich euch gesagt, dass ihr sterben werdet in euren Sünden; denn wenn ihr nicht glaubt, dass ich es bin, werdet ihr sterben in euren Sünden.“
Johannes 8,24

650

Was gehört zur Erkenntnis, gesündigt zu haben?

Zur Erkenntnis, gesündigt zu haben, gehört das Wahrnehmen der eigenen Schwächen und Fehler. Dies setzt eine Selbstprüfung voraus.

Diese Erkenntnis führt zu Buße und Reue.

651

Was bedeuten Buße und Reue?

Buße bedeutet die Einsicht, dass man sich falsch verhalten hat, dass man Reue zeigt und den ernsthaften Vorsatz fasst, Fehler und Schwächen zu überwinden.

Reue ist das Gefühl von Leid über Unrecht, das man begangen hat, sei es durch eine Tat oder durch eine Unterlassung. Aufrichtige Reue zeigt sich auch darin, dass der Wille vorhanden ist, sich mit dem Nächsten zu versöhnen und angerichteten Schaden, soweit möglich, wieder gutzumachen.

652

Welche Wirkungen hat die Sündenvergebung?

Die Sündenvergebung reinigt von Sünden und hebt die Schuld auf, die Gott gegenüber besteht.

Den Gläubigen, denen die Sünden vergeben worden sind, wird der Friede Jesu Christi mit den Worten zugesprochen: „Der Friede des Auferstandenen sei mit euch!" Wenn dieser Friede gläubig im Herzen aufgenommen wird, kann die Furcht vor den Folgen der Sünde weichen.

Unabhängig von der Sündenvergebung muss der Mensch für die Konsequenzen und Verantwortlichkeiten einstehen, die sich aus seinem sündigen Verhalten ergeben, etwa materieller oder rechtlicher Art.

653

Gibt es Sünden, die nicht vergeben werden?

Ja, die Lästerung des Heiligen Geist ist eine Sünde, für die es keine Vergebung gibt. Davon sagte der Sohn Gottes: „Wer aber den Heiligen Geist lästert, der hat keine Vergebung in Ewigkeit, sondern ist ewiger Sünde schuldig" (Markus 3,29).

654

Wer begeht die Lästerung gegen den Heiligen Geist?

Lästerung gegen den Heiligen Geist begeht, wer aus feindseligen oder niedrigen Beweggründen bewusst und mutwillig den Heiligen Geist als teuflisch und verführerisch darstellt.

655

Wer spendet die Sakramente im Gottesdienst?

Die Sakramente Heilige Wassertaufe und Heiliges Abendmahl werden von Aposteln oder von priesterlichen Amtsträgern im Auftrag der Apostel gespendet. Das Sakrament Heilige Versiegelung wird nur von Aposteln gespendet.

656

Wie oft werden die Sakramente gespendet?

Die Heilige Wassertaufe und die Heilige Versiegelung werden dem Menschen nur einmal gespendet. Das Heilige Abendmahl wird ihm wiederholt gespendet.

657

Wird das Heilige Abendmahl in jedem Gottesdienst gefeiert?

Das Heilige Abendmahl wird in der Regel in jedem Gottesdienst gefeiert.

Zu bestimmten Anlässen (z. B. Trauung, Todesfall) werden „Wortgottesdienste" – also Gottesdienste ohne Abendmahlsfeier – durchgeführt (Traugottesdienst, Trauerfeier).

658

Empfangen auch Kinder die Sakramente?

Ja, auch Kinder können alle drei Sakramente empfangen. Wenn möglich, nehmen die Kinder mit der Gemeinde an der Feier des Heiligen Abendmahls teil.

Die Kinder empfangen die Sakramente Heilige Wassertaufe, Heilige Versiegelung und Heiliges Abendmahl entsprechend den Worten Jesu: „Lasst die Kinder zu mir kommen und wehret ihnen nicht" (Markus 10,14).

→ ***Taufe von Kindern:*** *siehe Frage 489*

659

Werden die Sakramente auch Entschlafenen gespendet?

Ja, im Gottesdienst am Sonntag und an kirchlichen Feiertagen spenden der Stammapostel, die Bezirksapostel oder von ihnen beauftragte Apostel nach der Feier des Heiligen Abendmahls mit der Gemeinde dieses Sakrament auch Entschlafenen. Zwei Amtsträger nehmen dabei stellvertretend für Verstorbene Leib und Blut Christi entgegen.

Dreimal im Jahr – jeweils am ersten Sonntag im März, Juli und November – werden Gottesdienste gefeiert, in denen der Stammapostel, die Bezirksapostel oder von ihnen beauftragte Apostel alle drei Sakramente Entschlafenen spenden. Auch diese Handlungen werden an zwei Amtsträgern stellvertretend vollzogen.

Dass die **Sakramentsspendung für Verstorbene** stellvertretend an Lebenden vollzogen wurde, geht aus 1. Korinther 15,29 hervor: „Was soll es sonst, dass sich einige für die Toten taufen lassen? Wenn die Toten gar nicht auferstehen, was lassen sie sich dann für sie taufen?"

→ ***Hilfe für Verstorbene:*** *siehe Frage 545*

660

Was sind „Segenshandlungen"?

Gott begleitet den Menschen in den unterschiedlichen Lebenssituationen mit Segen. Unter „Segenshandlungen" verstehen wir all jene kirchlichen Handlungen, die zu bestimmten Anlässen vorgenommen werden. Segenshandlungen sind keine Sakramente.

→ ***Sakramente:*** *siehe Fragen 472 ff.*

661

Was geschieht bei einer Segenshandlung?

Bei einer Segenshandlung wendet sich Gott dem Menschen zu, der aufrichtig um den Segen bittet. Durch Apostel und priesterliche Amtsträger segnet Gott den Verlangenden und bietet ihm Hilfe, Gnade und Barmherzigkeit an.

Auch die Weihe eines Kirchengebäudes bzw. der Versammlungsstätte einer Gemeinde stellt im erweiterten Sinn eine Segenshandlung dar.

662

Welche Segenshandlungen finden im Gottesdienst statt?

Im Gottesdienst finden folgende Segenshandlungen statt: Konfirmation, Aufnahme in die Neuapostolische Kirche, Spendung des Verlobungssegens, des Trausegens und des Segens zu Hochzeitsjubiläen. Ordinationen und sonstige, ein geistliches Amt betreffende Handlungen werden ebenfalls im Gottesdienst durchgeführt.

663

Was ist die Konfirmation?

Die Konfirmation (lateinisch „confirmatio“: „Bestärkung, Bestätigung“) ist jene Segenshandlung, bei der junge Christen die Verpflichtungen übernehmen, die ihre Erziehungsberechtigten stellvertretend für sie bei der Heiligen Wassertaufe und der Heiligen Versiegelung übernommen haben.

Die Konfirmanden verpflichten sich zur Treue gegenüber Gott und bekennen sich öffentlich, vor der Gemeinde, zum neuapostolischen Glauben.

Von der Konfirmation an tragen sie als nun mündige Christen vor Gott die Verantwortung für ihr Glaubensleben.

→ ***Erziehungsberechtigte, Verantwortung bei der Taufe:*** *siehe Frage 489*

→ ***Erziehungsberechtigte, Verantwortung bei der Versiegelung:*** *siehe Frage 527*

664

Was ist notwendig, um konfirmiert zu werden?

Die erste Voraussetzung, um konfirmiert zu werden, ist, dass man die Heilige Wassertaufe und die Heilige Versiegelung empfangen hat. Weitere Voraussetzungen sind der regelmäßige Besuch der Gottesdienste und des Konfirmandenunterrichts.

Die Konfirmanden sollen die Grundzüge des neuapostolischen Glaubens und die Glaubensartikel kennen und bereit sein, ihr Leben nach dem Evangelium zu führen.

665

Wie erfolgt die Segenshandlung der Konfirmation?

Die Konfirmation findet im Gottesdienst statt. Zunächst beantworten die Konfirmanden vor dem Altar die Frage, ob sie ihren zukünftigen Lebensweg als neuapostolische Christen in der Treue zu Gott gehen wollen, mit einem Ja. Nach diesem Bekenntnis vor Gott und der Gemeinde sprechen die jungen Christen das Konfirmationsgelübde. Damit geloben sie öffentlich, Jesus Christus als ihren Herrn anzunehmen und entsprechend zu leben.

Daraufhin empfangen die Konfirmanden – nach einem Gebet des Gottesdienstleiters – den Segen. Er wird ihnen unter Handauflegung gespendet.

666

Was bewirkt der Segen zur Konfirmation?

Der Segen stärkt den Konfirmanden in dem Bestreben, das Konfirmationsgelübde zu halten und sich in Wort und Tat zu Jesus Christus zu bekennen.

667

Wie lautet das Konfirmationsgelübde?

Das Konfirmationsgelübde lautet: „Ich entsage dem Teufel und all seinem Werk und Wesen und übergebe mich dir, o dreieiniger Gott, Vater, Sohn und Heiliger Geist, im Glauben, Gehorsam und ernstlichen Vorsatz: Dir treu zu sein bis an mein Ende. Amen."

Damit kommt zum Ausdruck, dass der Konfirmand den festen Willen hat, alles Böse, Widergöttliche zu meiden und konsequent den Weg des Evangeliums zu gehen. Er bekennt sich zum Glauben an den dreieinigen Gott und dazu, sein

ganzes Leben im Glauben und Gehorsam Gott gegenüber zu führen.

668

Was verstehen wir unter der Segenshandlung „Aufnahme"?

Die „Aufnahme" stellt die Handlung im Gottesdienst dar, bei der Christen anderer Denominationen in der Neuapostolischen Kirche willkommen geheißen werden.

→ ***Denomination:*** *siehe Frage 365*

669

Was geschieht bei der Aufnahme?

Bei der Aufnahme von Christen legen die Betreffenden öffentlich das Bekenntnis zum neuapostolischen Glauben ab. Nach einem Gebet werden sie im Namen des dreieinigen Gottes in die Neuapostolische Kirche aufgenommen. Die Aufgenommenen sind nun berechtigt, auf Dauer an der Feier des Heiligen Abendmahls teilzunehmen. Es stehen ihnen alle weiteren Segenshandlungen der Kirche offen.

670

Was ist der Verlobungssegen?

Der Verlobungssegen ist ein Segen, der gespendet wird, wenn sich ein Paar verlobt hat. Die Verlobung ist ein ernsthaftes Eheversprechen. Das Verlobungspaar bekundet bei der Segenshandlung vor Gott und der Gemeinde, sich in Gott wohlgefälliger Weise auf die Ehe vorbereiten zu wollen. Dazu empfängt es den Segen.

671

Was ist der Trausegen?

Der Trausegen ist ein Segen, der nach der Eheschließung gespendet wird.

Die Ehepartner werden gefragt, ob sie in gegenseitiger Treue einander in allen Verhältnissen beistehen und in Liebe miteinander den Lebensweg gehen wollen. Dies geloben die beiden vor Gott und der Gemeinde mit ihrem Jawort. Daraufhin empfangen sie den Segen des dreieinigen Gottes. Der Segen soll ihnen helfen, dieses Gelübde zu halten, das gemeinsame Leben harmonisch zu führen und mit Gottes Hilfe schwierige Situationen zu meistern.

672

Zu welchen Hochzeitsjubiläen wird ein Segen gespendet?

Auf Wunsch der Ehepaare wird der Segen zu folgenden Ehejubiläen gespendet:

- silberne Hochzeit (nach 25 Jahren)
- Rubinhochzeit (nach 40 Jahren)
- goldene Hochzeit (nach 50 Jahren)
- diamantene Hochzeit (nach 60 Jahren)
- eiserne Hochzeit (nach 65 Jahren)
- Gnadenhochzeit (nach 70 Jahren)
- Kronjuwelenhochzeit (nach 75 Jahren)

Dabei wird auf den Ehebund erneut der Segen Gottes gelegt und die Ehepartner werden der weiteren Fürsorge und Begleitung Gottes anbefohlen.

673

Was geschieht bei der Weihe eines Kirchengebäudes?

Ein Kirchengebäude wird anlässlich des ersten Gottesdienstes seiner Bestimmung übergeben. Im Weihegebet wird es im Namen des dreieinigen Gottes zur Offenbarungsstätte des Heiligen Geistes geweiht, also zu dem Ort, an dem Gottes Wort verkündigt wird und die Sakramente gespendet werden.

Die geweihte Kirche ist ein Raum der Anbetung Gottes und auch ein Zufluchtsort für Heil suchende Menschen. Hier werden göttliche Gnade und Trost, Stärkung des Glaubens und Seelenfrieden in den Gottesdiensten angeboten.

674

Was geschieht bei der Entwidmung eines Kirchengebäudes?

Wird eine geweihte Kirche nicht mehr für Gottesdienste genutzt, wird sie entwidmet: Im letzten Gottesdienst wird die in der Weihe vorgenommene Bestimmung des Kirchengebäudes als heilige Stätte göttlichen Wirkens aufgehoben. Nach der Entwidmung ist die vormalige Kirche wieder ein gewöhnliches Gebäude, das einer anderen Verwendung zugeführt werden kann.

675

Wann werden im Gottesdienst Sakramente gespendet und Segenshandlungen vorgenommen?

Die Sakramente werden im Gottesdienst nach der Sündenvergebung und dem anschließenden Gebet gespendet.

Die Segenshandlungen finden grundsätzlich nach der Abendmahlsfeier statt. Da die Konfirmation in direktem Zusammenhang mit den Sakramenten Heilige Wassertaufe und Heilige Versiegelung steht, wird sie vor der Feier des Heiligen Abendmahls durchgeführt. Auch die Aufnahme wird, da sie die Berechtigung zur Teilnahme am Heiligen Abendmahl beinhaltet, vor der Abendmahlsfeier vollzogen.

676

Wann werden Ordination, Beauftragung, Amtsbestätigung und Ruhesetzung im Gottesdienst vorgenommen?

Die Ordination – also die Einsetzung in ein geistliches Amt –, die Beauftragung zum Vorsteher einer Gemeinde oder eines Bezirks, die Bestätigung eines Amtsträgers in einem Amt und die Ruhesetzung eines Amtsträgers schließen sich an die Spendung der Sakramente an. Sie erfolgen also nach der Feier des Heiligen Abendmahls.

→ ***Ordination:*** *siehe Fragen 462 ff.*

677

Wie geschieht die Ordination?

Ordinationen werden ausschließlich von Aposteln durchgeführt. Der zu Ordinierende wird nach einer Ansprache vom Apostel gefragt, ob er bereit ist, das Amt anzunehmen. Er wird zudem gefragt, ob er Gott treu und gehorsam dienen, für das Evangelium Jesu Christi einstehen und das Amt entsprechend dem neuapostolischen Glaubensbekenntnis ausüben will. Ebenso wird er gefragt, ob er bereit ist, das Amt im Sinne Jesu Christi, in Liebe zu den Gläubigen und im Gehorsam des Glaubens auszuüben.

Dies alles gelobt er vor Gott, der ihn zum Dienst ruft, und der Gemeinde mit einem Ja. Kniend empfängt er durch Handauflegung und Gebet des Apostels das Amt.

678

Was ist die Aufgabe der Musik im Gottesdienst?

Durch die Musik im Gottesdienst soll Gott Lob und Ehre dargebracht werden (vgl. Psalm 150). Sie hat also dienende Funktion.

So kann sie im Innersten bewegen, stimmt die Gemeinde auf die Wortverkündigung ein und unterstreicht das Wort Gottes. Durch Gesang von Gemeinde und Chor oder durch Instrumentalmusik werden Mut, Kraft und Zuversicht ausgedrückt und vermittelt. In Traurigkeit und Bedrängnis kann durch Musik Trost erfahren werden.

Musik und Andacht vor dem Gottesdienst dienen der inneren Sammlung der Gottesdienstbesucher und bereiten die Wortverkündigung vor. Durch den

Gemeindegesang sind alle Anwesenden aktiv in das gottesdienstliche Geschehen einbezogen.

Vor der Feier des Heiligen Abendmahls kann die Gemeinde in einem Lied bußfertige Gesinnung bezeugen. Im zur Feier des Heiligen Abendmahls gesungenen Lied wird Liebe und Dankbarkeit Gott gegenüber zum Ausdruck gebracht.

679

Wie wird der Gottesdienst beendet?

Am Ende des Gottesdienstes wird allen Anwesenden der Segen des dreieinigen Gottes gespendet. Zusammen mit der trinitarischen Eingangsformel bildet der Schlusssegen den Rahmen, der das gottesdienstliche Geschehen umschließt. Dadurch wird deutlich, dass alles, was im Gottesdienst geschieht, vom dreieinigen Gott ausgeht.

→ ***trinitarisch:***
siehe Erläuterung zu Frage 490

680

Wie lautet der Schlusssegen?

Der Schlusssegen wird der Gemeinde mit den Worten aus 2. Korinther 13,13 übermittelt: „Die Gnade unseres Herrn

Jesus Christus und die Liebe Gottes und die Gemeinschaft des Heiligen Geistes sei mit euch allen!"

681

Was veranlasst die Gläubigen, die Gottesdienste regelmäßig zu besuchen?

Die Gläubigen wollen Gott in der Gemeinschaft anbeten. Sie wissen, dass im Gottesdienst der Glaube durch die Predigt gefestigt und die Hoffnung auf die baldige Wiederkunft Christi gestärkt wird. Auf dieses Ereignis lassen sie sich in jedem Gottesdienst vorbereiten. Weiter wollen sie die Vergebung der Sünden erleben und das Heilige Abendmahl empfangen. Zudem werden sie im Gottesdienst gesegnet.

682

Welche Folgen hat es, wenn man die Gottesdienste versäumt?

Dem, der die Gottesdienste leichtfertig versäumt, entgehen der Segen, die Gnade und die Kräfte, die im Wort Gottes und im Heiligen Abendmahl liegen.

Bleibt man häufig den Gottesdiensten ohne zwingenden Grund fern, kann es sein, dass der Glaube nachlässt und das Verlangen nach dem Wort Gottes schwindet.

Sünde ist es, wenn der Gottesdienst und die Gnade bewusst abgelehnt oder als gering geachtet werden.

683

Gibt es Segenshandlungen, die nicht im Gottesdienst stattfinden?

Ja, die Spendung des vorgeburtlichen Segens wird immer außerhalb des Gottesdienstes vorgenommen. Sie findet in der Regel im familiären Kreis statt.

684

Was ist der vorgeburtliche Segen?

Der vorgeburtliche Segen ist die erste sichtbare Handlung Gottes am noch ungeborenen Menschen. Der Segen kommt der Seele des Ungeborenen zugute. Die Segenshandlung wird an der werdenden Mutter vollzogen. Durch den vorgeburtlichen Segen stärkt Gott die Mutter, ihr Kind in der vorgeburtlichen Entwicklung glaubensmäßig zu fördern und zu pflegen.

Mit dem vorgeburtlichen Segen ist der Beistand Gottes für die Zeit der Schwangerschaft und für die Geburt des Kindes verbunden. Dies bedeutet jedoch nicht die Zusage einer problemlosen Schwangerschaft oder der Geburt eines gesunden Kindes.

685

Was ist eine kirchliche Trauerfeier?

Die kirchliche Trauerfeier ist ein Gottesdienst zur Tröstung und Stärkung der Hinterbliebenen. Der Trost liegt vor allem in der Hoffnung auf die Wiederkunft Christi, auf die damit verbundene Auferstehung der in Christus Gestorbenen und die Vereinigung mit ihnen (vgl. 1. Thessalonicher 4,13-18).

Das in der Trauerfeier verkündigte Wort gilt auch der unsterblichen Seele des Verstorbenen, die der Gnade Gottes anbefohlen wird.

Die zur Trauerfeier versammelte Trauergemeinde umgibt die Hinterbliebenen, um ihnen Anteilnahme zu bekunden und das Gefühl von Geborgenheit zu vermitteln. Darüber hinaus wird damit dem Verstorbenen die letzte Ehre erwiesen.

686

Was geschieht bei einer kirchlichen Trauerfeier?

Bei der Trauerfeier wird das Leben des Verstorbenen in angemessener Weise gewürdigt. Seele und Geist des Verstorbenen werden der Liebe des Erlösers Jesus Christus mit segnendem Zuspruch anbefohlen, dass er sie bewahren möge zur Auferstehung zum ewigen Leben. Der entseelte, vergängliche Leib wird seiner Bestimmung übergeben.

„Im Schweiße deines Angesichts sollst du dein Brot essen, bis du wieder zu Erde werdest, davon du genommen bist. Denn du bist Erde und sollst zu Erde werden."
1. Mose 3,19

687

Hat die Bestattung Einfluss auf die Auferstehung von den Toten?

Ob und in welcher Weise ein Leichnam bestattet wird, ist für die Auferstehung von den Toten ohne Bedeutung.

688

Was bedeutet Seelsorge?

Was Seelsorge bedeutet, lässt sich aus dem Verhalten Jesu erkennen: Er wandte sich ohne Ansehen der Person den Sündern zu und ließ sie seine Liebe empfinden. Er hörte zu, half, tröstete, gab Rat, mahnte, stärkte, betete, lehrte.

689

Wie erfüllen die Amtsträger der Kirche Seelsorgeaufgaben?

Seelsorge durch die Amtsträger hat zum Ziel, den Glaubenden beizustehen und sie auf die Wiederkunft Christi vorzubereiten. Die Seelsorger begleiten die Glaubensgeschwister in den unterschiedlichen Lebenssituationen. Dazu gehört auch, für sie zu beten.

Jedem neuapostolischen Christen wird persönliche Seelsorge angeboten. Sie findet vor allem in Besuchen durch die priesterlichen Amtsträger (Seelsorger) statt. Seelsorgebesuche können aber auch durch Diakone durchgeführt werden.

690

Was ist Aufgabe des Seelsorgebesuchs?

Beim Seelsorgebesuch steht das Bemühen im Vordergrund, die Liebe zu Gott und seinem Werk zu vertiefen, das Glaubensleben zu fördern und die Erkenntnis über Gottes Heilswirken zu vermehren. Vor allem geschieht dies dadurch, dass ein Gedankenaustausch über Glaubensfragen stattfindet. Zum Seelsorgebesuch gehört das gemeinsame Gebet.

Im Krankheitsfall erfährt der neuapostolische Christ Zuwendung durch Besuche, sei es zu Hause oder im Krankenhaus. Der Amtsträger stärkt im Glauben, tröstet, betet und feiert, wenn möglich, mit dem Kranken, wenn möglich, das Heilige Abendmahl.

Vorbild für die persönliche seelsorgerische Betreuung ist die Arbeit Jesu Christi, der wiederholt Besuche machte, so etwa bei Maria, Marta und Lazarus oder beim Zöllner Zachäus: „Jesus aber sprach zu ihm: Heute ist diesem Hause Heil widerfahren" (Lukas 19,9).

691

Kennen wir in der Seelsorge die Beichte?

Ja, wir kennen die Beichte. Man versteht darunter das Sündenbekenntnis, das Eingestehen von Schuld, vor einem kirchlichen Amtsträger.

Zwar bedarf es zur Vergebung der Sünde keiner Beichte, doch besteht die Möglichkeit zu beichten, wenn trotz der Sündenvergebung die Schuld noch als belastend empfunden und kein innerer Friede erlangt wird. Die Beichte wird dann vor einem Apostel abgelegt. Ist in dringendem Fall kein Apostel erreichbar, kann ausnahmsweise jeder priesterliche Amtsträger die Beichte abnehmen und im Auftrag des Apostels und im Namen Jesu Christi die Vergebung verkündigen.

692

Ist Seelsorge nur Aufgabe der Amtsträger?

Seelsorge ist in einem weiteren Sinn auch eine Aufgabe der ganzen Gemeinde. Sie bezieht sich auch auf praktische Lebenshilfe.

Es gelten die Worte Jesu: „Ich bin hungrig gewesen und ihr habt mir zu essen gegeben. Ich bin durstig gewesen und ihr habt mir zu trinken gegeben. Ich bin ein Fremder gewesen und ihr habt mich aufgenommen. Ich bin nackt gewesen und ihr habt mich gekleidet. Ich bin krank gewesen und ihr habt mich besucht. Ich bin im Gefängnis gewesen und ihr seid zu mir gekommen. … Was ihr getan habt einem von diesen meinen geringsten Brüdern, das habt ihr mir getan“ (Matthäus 25,35.36.40).

693

Wie findet Seelsorge für Kinder statt?

Seelsorge für Kinder ist vor allem Aufgabe der Eltern. Sie sollen ihren Kindern die Grundwerte des Evangeliums vermitteln. Dazu gehört, sie zur Liebe zu Gott und dem Nächsten anzuleiten und ihnen im Gebetsleben und in der Opfertreue ein Vorbild zu sein.

Amtsträger und die als kirchliche Lehrkräfte beauftragten Brüder und Schwestern unterstützen die Eltern in ihrer Verantwortung, so dass die Kinder zu überzeugten und selbstverantwortlichen neuapostolischen Christen heranwachsen können.

694

Was ist Ziel der kirchlichen Unterrichte?

In den kirchlichen Unterrichten werden die Heranwachsenden mit Glaubensinhalten vertraut gemacht und angeleitet, ihr Leben verantwortungsbewusst vor Gott zu führen. Dieses Ziel leitet sich aus dem Evangelium Jesu Christi ab. Zudem werden die Gemeinschaft und

das Zusammengehörigkeitsgefühl unter den Heranwachsenden gefördert.

Das Unterrichtsangebot ist auf Alter und Entwicklungsstufe der Kinder abgestimmt.

695

Was ist Aufgabe der Vorsonntagsschule?

Die Vorsonntagsschule hat das Ziel einer kindgemäßen Hinführung zu Gott und seinem Wirken. So können schon die noch nicht schulpflichtigen Kinder eine vertrauensvolle Beziehung zu Gott entwickeln. In der Vorsonntagsschule geht es nicht in erster Linie um Wissensvermittlung. Vielmehr soll Geborgenheit geschenkt und Freude am Glauben in die Herzen der Kinder gelegt werden.

696

Was ist Aufgabe der Sonntagsschule?

Mit Eintritt in die Schule bzw. in das schulpflichtige Alter besuchen Kinder die Sonntagsschule. Aufgabe der Sonntagsschule ist:

- die Freude an der Gemeinschaft der Gotteskinder sowie an den Gottesdiensten zu wecken und zu stärken,
- den Kindern anhand von biblischen Geschichten altersgerecht Gottes Wirken zu vermitteln,
- den Glauben an göttliche Verheißungen zu festigen,
- den Kindern den Ablauf des Gottesdienstes, die Bedeutung der Sakramente, Segenshandlungen und der kirchlichen Feiertage zu erklären.

697

Was ist Inhalt und Ziel der Kindergottesdienste?

Zusätzlich zur Sonntagsschule finden von Zeit zu Zeit in kleinerem oder größerem Rahmen Kindergottesdienste statt. Das Wort Gottes wird durch priesterliche Amtsträger entsprechend dem Verständnis der Kinder vermittelt. Die Amtsträger helfen so den Kindern, Gott und sein Werk zu verstehen. Was die Kinder aus dem eigenen Erleben

nachvollziehen können, wird zu einer Grundlage des Glaubens auf ihrem Lebensweg.

Der Kindergottesdienst geht auf die Bedürfnisse der Kinder ein. Sie fühlen sich verstanden, geborgen und geliebt. Es ist für sie ein besonderes Erlebnis, in ihrem Kreis Gottesdienst und dabei das Heilige Abendmahl zu feiern.

698

Was ist Aufgabe des kirchlichen Religionsunterrichts?

Im Religionsunterricht lernen die Kinder durch Berichte von Erfahrungen, die Menschen mit Gott machten: Die Heilsgeschichte wird mit Bezug auf das Glaubensleben der Kinder behandelt. Glaubensinhalte werden vertieft, Erkenntnisse gefördert und Zusammenhänge des göttlichen Heilsplans erläutert. So werden den Kindern Werte vermittelt, die Bestand haben.

Im Weiteren soll der Religionsunterricht sie in die Lage versetzen, ihren Glauben freimütig zu bekennen.

→ ***Heilsplan, Heilsgeschichte:***
siehe Fragen 243 ff.

699

Was ist Aufgabe des Konfirmandenunterrichts?

Im Konfirmandenunterricht werden die Heranwachsenden darauf vorbereitet, bei der Konfirmation vor der Gemeinde ihr Treuegelübde Gott gegenüber abzulegen und als mündige Christen die Verantwortung für ihr Glaubensleben zu übernehmen. Inhaltlicher Schwerpunkt des Konfirmandenunterrichts ist die Beschäftigung mit dem Glaubensbekenntnis, dem Vaterunser und den Zehn Geboten.

700

Wie erfolgt die Seelsorge für die Jugendlichen?

Die Jugendlichen erleben eine altersgemäße Betreuung und Begleitung. Jugendbetreuer stehen ihnen als persönliche Ansprechpartner auch für vertrauliche Gespräche in unterschiedlichen Lebenssituationen und Glaubensfragen zur Verfügung.

701

Was ist Aufgabe der Jugendseelsorge?

Die seelsorgerische Betreuung der Jugendlichen dient dazu, dass die Jugendlichen sich zu glaubensstarken und verantwortungsbewussten Persönlichkeiten entwickeln. Die Jugendlichen sollen in den Werten des christlichen Glaubens gefestigt und für sie begeistert werden. So finden sie Entscheidungsgrundlagen für ihre Lebensführung. Sie werden ermutigt, den Glauben zu praktizieren und in ihrer Umgebung zu bekennen und zu vertreten. Darüber hinaus wird die Bereitschaft gefördert, sich in die Gemeinde einzubringen.

Eine wichtige Aufgabe der Jugendbetreuung ist auch die Pflege der Gemeinschaft der Jugendlichen untereinander.

Für Jugendliche gibt es spezielle Gottesdienste. Sie finden in der Regel auf Bezirksebene und überregional bei Jugendtagen statt.

702

Wie geschieht Seelsorge an Todkranken und Sterbenden?

Todkranke und Sterbende benötigen besondere Zuwendung.

Auch gläubige Menschen haben Angst vor Sterben und Tod. Diese Angst darf nicht als Zeichen mangelnden Glaubens gedeutet werden. Auf dem schweren Weg, den der Sterbende geht, soll sich der Seelsorger seiner in seinen Ängsten und Nöten annehmen.

Es gilt, die Hoffnung auf ein Leben mit Gott und den in dieser Hoffnung enthaltenen Trost wachzuhalten.

Zur Sterbebegleitung gehört, dass der Seelsorger dem Sterbenden die Sündenvergebung verkündigt, ihm den Frieden des Auferstandenen zuspricht und mit ihm das Heilige Abendmahl feiert. Der Genuss von Leib und Blut des Herrn verbürgt die Lebensgemeinschaft mit dem Gottessohn. So wird der Sterbende auf seinem letzten Weg getröstet und gestärkt.

Auch die Zuversicht des Wiedersehens mit denen, die bereits in das Jenseits voraufgegangen sind, trägt den Sterbenden durch die Phase des Abschiednehmens.

→ ***Heiliges Abendmahl:*** *siehe Fragen 494 ff.*
→ ***Leben nach dem Tod:*** *siehe Frage 531*

703

Wie erfolgt Seelsorge für die Angehörigen eines Sterbenden?

Die seelsorgerische Betreuung auch der Angehörigen eines Sterbenden ist notwendig. In einer Phase, in der sie sich bewusst werden, einen ihrer Lieben zu verlieren, sollen sie die Sicherheit erfahren, nicht allein gelassen zu werden. Besonders stärkend werden gemeinsame Gebete empfunden.

Die Gewissheit des Wiedersehens hilft, die Schwere des Abschiednehmens tragen zu können. Es ist für Angehörige zudem hilfreich, wenn ihnen gegenüber bewusst gemacht wird, was sie für den Sterbenden tun konnten.

704

Was gehört zur Trauerbegleitung?

Trauer muss zugelassen werden. Wichtig ist es, die Leidtragenden aufzusuchen, Anteilnahme zu bekunden und mit den Trauernden zu beten. Den Trauernden muss das Gefühl wahren Mitempfindens vermittelt werden. Trotz aller möglichen Berührungsängste soll man auf sie zugehen. „Lass die Weinenden nicht ohne Beistand, sondern traure mit den Trauernden“ (Sirach 7,38).

Vor allem ist es zur Trauerbewältigung hilfreich, wenn bewusst gemacht wird, dass auch Jesus Christus gelitten hat und gestorben ist. In seiner Auferstehung ist auch die Auferstehung des Entschlafenen begründet; er hat Anteil am Sieg Christi über den Tod (vgl. Römer 14,7-9).

705

Wozu dient die Trauerbegleitung?

Die Trauerbegleitung dient der Ermutigung der Trauernden, über den Verlust zu sprechen und ihren Gefühlen Ausdruck zu verleihen. Traurigkeit, Angst, Wut, Hadern mit Gott und Schuldgefühle dürfen zur Sprache kommen und dem Seelsorger gegenüber vorbehaltlos geäußert werden.

Bei der Trauerbegleitung ist es hilfreich, auch an das Positive, an beglückende Erlebnisse oder Erfahrungen mit dem Verstorbenen zu erinnern.

Eine Trost bewirkende seelsorgerische Betreuung der Trauernden bis zur Bewältigung der Trauer kann sich über Wochen und Monate, manchmal sogar Jahre über den Tod des geliebten Menschen hinaus erstrecken.

706

Welche Feiertage werden in der Neuapostolischen Kirche begangen?

In der Neuapostolischen Kirche werden folgende Feiertage begangen: Weihnachten, Palmsonntag, Karfreitag, Ostern, Himmelfahrt, Pfingsten und Erntedank.

707

Welche Bedeutung hat Weihnachten?

Am Weihnachtsfest erinnern wir uns an die Geburt Jesu Christi, ein Fest, das auf ein zentrales Geschehen der Heilsgeschichte hinweist. Die Erinnerung an das erste Kommen des Gottessohnes bestärkt uns auch in dem Glauben an sein baldiges Wiederkommen.

→ ***Heilsgeschichte:*** *siehe Fragen 243 ff.*

708

Welche Bedeutung hat der Palmsonntag?

An Palmsonntag wird an den Einzug Jesu in Jerusalem anlässlich der Feier des jüdischen Passafestes erinnert.

→ ***Passa:*** *siehe Erläuterung zu Frage 496*

709

Welche Bedeutung hat der Karfreitag?

An Karfreitag wird an die Kreuzigung und den Opfertod Jesu Christi gedacht. Durch seinen Opfertod hat der Gottessohn die Macht Satans und der Sünde gebrochen.

„... sprach er: Es ist vollbracht!, und neigte das Haupt und verschied."
Johannes 19,30

710

Welche Bedeutung hat Ostern?

Diesem Fest liegt die Tatsache zugrunde, dass Jesus Christus von den Toten auferstanden ist.

Die Auferstehung Jesu Christi von den Toten vollzog sich am ersten Tag der Woche, am Sonntag. Später wurde ein bestimmter Sonntag im Jahresablauf für das Osterfest festgelegt.

Mit seiner Auferstehung zeigt Jesus Christus, dass er auch die Macht des Todes gebrochen hat. Die Auferstehung Jesu Christi von den Toten ist Grundlage des Glaubens an die Auferstehung der Toten und begründet die Hoffnung auf das ewige Leben.

→ ***Auferstehung Christi:***
siehe Fragen 184, 535
→ ***Auferstehung der Toten:***
siehe Fragen 92, 186, 535, 579

711

Welche Bedeutung hat Himmelfahrt?

An Himmelfahrt wird daran erinnert, dass Jesus Christus am vierzigsten Tag nach Ostern aus dem Kreis der Apostel gen Himmel gefahren ist. Er wurde „zusehends aufgehoben, und eine Wolke nahm ihn auf vor ihren Augen weg." Durch zwei Engel empfingen die Apostel die Verheißung: „Dieser Jesus, der von euch weg gen Himmel aufgenommen wurde, wird so wiederkommen, wie ihr ihn habt gen Himmel fahren sehen" (Apostelgeschichte 1,3-11).

712

Welche Bedeutung hat Pfingsten?

Das Pfingstfest – fünfzig Tage nach Jesu Auferstehung – wird zum Gedächtnis an den Tag begangen, an dem der Heilige Geist ausgegossen wurde. Man spricht von Pfingsten auch als dem „Geburtstag der Kirche Christi". Apostel Petrus hielt nach der Ausgießung des Heiligen Geistes eine Predigt, in der der gekreuzigte, auferstandene und gen Himmel gefahrene Christus im Mittelpunkt stand.

Pfingsten ist zudem ein Fest der Freude darüber, dass der Heilige Geist in der Kirche gegenwärtig ist und wirkt.

→ ***Pfingsten:***
siehe Fragen 209, 422, 520, 582

713

Welche Bedeutung hat Erntedank?

Erntedank ist das Fest, an dem Gott als dem Schöpfer gedankt wird.

An einem Sonntag im Jahr – dem Erntedanksonntag – wird ein Gottesdienst gehalten, in dem der Dank gegenüber Gott für alles, was er dem Menschen an Gaben schenkt, im Mittelpunkt steht.

Aus Dankbarkeit bringen die Gläubigen ein besonderes Opfer: „Wer Dank opfert, der preiset mich, und da ist der Weg, dass ich ihm zeige das Heil Gottes" (Psalm 50,23).

714

Wie werden die Gottesdienste an den kirchlichen Feiertagen gestaltet?

Die Gottesdienste an den kirchlichen Feiertagen werden grundsätzlich wie die Gottesdienste mit Heiligem Abendmahl gefeiert.

Das geschichtliche Ereignis wird durch Bibellesungen thematisiert und seine Bedeutung für das Heil der Menschen beleuchtet.

→ **Heil:** *siehe Fragen 243 ff.*

13 DER NEUAPOSTOLISCHE CHRIST UND SEIN GLAUBENSLEBEN

Fürbitte

beten

Achtung und Toleranz

Dank

Opfer und Opferbereitschaft

Anbetung

Staat und Gesellschaft

715

Was verstehen wir unter Gebet?

Das Gebet ist eine Möglichkeit, die Gott dem Menschen gegeben hat, um mit ihm in Verbindung zu treten. Im Gebet spürt der Glaubende: Gott ist gegenwärtig, Gott hört, Gott antwortet. So verneigt sich der gläubige Mensch in Demut vor Gottes Majestät und Liebe. Der Heilige Geist gibt Impulse zum rechten Gebet.

716

Ist Beten notwendig?

Beten wird manchmal als das „Atmen der Seele" bezeichnet. Dieses Bild soll die Notwendigkeit des Betens für den Glauben verdeutlichen.

Ein Glaube ohne Gebet ist kein lebendiger Glaube. Ein Gebet ohne Glauben ist kein rechtes Gebet.

717

Welche Hinweise gibt das Alte Testament zum Gebet?

Im Alten Testament finden sich viele Zeugnisse der Anbetung Gottes. Beispielhaft sei das Lied Moses erwähnt: „Ich will den Namen des Herrn preisen. Gebt unserm Gott allein die Ehre! Er ist ein Fels. Seine Werke sind vollkommen; denn alles, was er tut, das ist recht. Treu ist Gott und kein Böses an ihm, gerecht und wahrhaftig ist er“ (5. Mose 32,3.4).

Wesentliches Anliegen der Psalmen ist es, Gott in Gebeten zu danken, ihn zu loben und zu preisen. Auch Gebete, die Gottes Hilfe und Beistand erflehen, finden sich vielfach im Alten Testament.

718

Welche Hinweise gab Jesus zum Beten?

In der Bergpredigt gab Jesus wichtige Hinweise zum Beten (vgl. Matthäus 6,5-8): Man soll sein Beten nicht zur Schau stellen und muss auch nicht viele Worte machen. Gott darf als „Vater“ angesprochen werden. Das Gebet soll von Herzen kommen.

Im Blick auf seine Wiederkunft ermahnte Jesus: „So seid allezeit wach und betet, dass ihr stark werdet, zu entfliehen diesem allen, was geschehen soll, und zu stehen vor dem Menschensohn“ (Lukas 21,36).

719

Was berichtet die Bibel über das Gebetsleben Jesu?

Die Evangelien bezeugen, dass Jesus sich oft zurückzog, um zu beten. Im Lukas-Evangelium wird berichtet, dass Jesus insbesondere vor entscheidenden Ereignissen betete:

- bevor der Heilige Geist auf ihn herabkam (vgl. Lukas 3,21.22),
- bevor er die zwölf Apostel erwählte (vgl. Lukas 6,12),
- bevor der Vater ihn vor den Zeugen aus dem Diesseits und dem Jenseits verklärte (vgl. Lukas 9,28-36),
- bevor sein Leiden begann (vgl. Lukas 22,41-46),
- bevor er am Kreuz starb (vgl. Lukas 23,46).

Auffällig ist, dass Jesus bereits dankte, bevor sein Gebet Erhörung gefunden hatte (vgl. Johannes 11,41.42).

720

Was ist das „hohepriesterliche Gebet“?

In Johannes 17 ist das „hohepriesterliche Gebet“ überliefert. Es ist das große Gebet, das Jesus vor seinem Leidensweg gesprochen hat. Er hat für die Apostel und für die zukünftige Gemeinde, also auch für uns, gebetet: „Ich bitte aber nicht allein für sie [die Apostel], sondern auch für die, die durch ihr Wort an mich glauben werden, damit sie alle eins seien“ (Johannes 17,20.21).

721

Was wissen wir über das Gebet der ersten Christen?

Die ersten Christen beteten in der Gemeinschaft: „Diese alle waren stets beieinander einmütig im Gebet samt den Frauen und Maria, der Mutter Jesu, und seinen Brüdern" (Apostelgeschichte 1,14).

Von intensiven Gebeten wird im Zusammenhang mit wesentlichen Geschehnissen berichtet, so beispielsweise bei der Erwählung des Matthias zum Apostel oder bei der Einsetzung der ersten sieben Diakone.

Auch wurden die Apostel in Gefahrensituationen von Gebeten der Gemeinde begleitet (vgl. Apostelgeschichte 12,1-12).

→ ***Diakone:*** *siehe Frage 470*

> „Wir aber wollen ganz beim Gebet und beim Dienst des Wortes bleiben."
> **Apostelgeschichte 6,4**

722

Wie sollen wir beten?

Das Gebet ist an keine äußere Form gebunden. Jedoch kann die Intensität des Betens beispielsweise durch das Schließen der Augen, das Falten der Hände oder das Knien gefördert werden. Der Betende zieht sich damit von der Geschäftigkeit des Alltags zurück, er hält inne und beugt sich in Demut vor Gott.

Neuapostolische Christen beginnen und beenden den Tag mit Gebet. Ebenso beten sie vor dem Essen. Auch wenden sie sich im Laufe des Tages immer wieder einmal an Gott, um seine Nähe zu spüren und seine Hilfe zu suchen.

In den Familien beten Eltern mit ihren Kindern und führen sie so in ein eigenes Gebetsleben hinein.

723

Welchen Inhalt hat das Gebet?

Der Inhalt des Gebets ist bestimmt von Anbetung, Dank, Bitte und Fürbitte.

724

Wie geschieht Anbetung?

Das Wissen um die Majestät Gottes drängt dazu, ihn anzubeten: „Kommt, lasst uns anbeten und knien und niederfallen vor dem Herrn, der uns gemacht hat" (Psalm 95,6).

725

Was beinhaltet der Dank im Gebet?

Der Dank im Gebet schließt alles ein, was aus Gottes Güte hervorgegangen ist: Wort, Gnade und Sakrament sowie irdische Gaben, wie Nahrung, Kleidung, Wohnung.

726

Welche Bitten tragen wir vor Gott?

In den Bitten werden Gott alle Anliegen dargebracht. Das betrifft Bewahrung im Glauben, Engelschutz oder seine Hilfe im Alltag. Die bedeutendste Bitte richtet sich auf die baldige Wiederkunft Christi und das Verlangen, dann in Gnaden angenommen zu werden.

727

Warum leisten wir Fürbitte?

Die Fürbitte ist Ausdruck von Nächstenliebe. Sie ist nicht auf die eigene Familie oder die Gemeinde beschränkt; vielmehr umschließt sie alle, die Gottes Hilfe brauchen, sei es im Diesseits oder im Jenseits.

728

Welche Wirkungen hat das Gebet?

Das Gebet stärkt den Glauben, das Vertrauen zu Gott und schenkt die Gewissheit der Geborgenheit in Gott. Der Betende ist nach dem Gebet sicher, dass all seine Anliegen nun in Gottes Hand liegen: „Befiehl dem Herrn deine Wege und hoffe auf ihn, er wird's wohlmachen" (Psalm 37,5).

729

Was ist „Opferbereitschaft"?

Im Allgemeinen versteht man unter „Opferbereitschaft" die innere Bereitschaft eines Menschen, seine Kräfte und Gaben zum Wohl anderer einzusetzen und seine eigenen Interessen dafür zurückzustellen.

730

Was versteht man allgemein unter „Opfer"?

Im üblichen Sprachgebrauch sind „Opfer" Gaben, die Gott dargebracht werden. Ebenso können darunter Taten von Menschen verstanden werden, die sich im Dienst für andere hingeben. Auch Geldmittel, die für religiöse Zwecke gespendet werden, sind im religiösen Sprachgebrauch Opfer.

731

Wie verstehen wir unser „Opfer"?

Unser „Opfer" verstehen wir als den Einsatz von Begabungen und Fähigkeiten, von Zeit und Kraft, die in den Dienst Gottes und seines Werkes gestellt werden.

Auch wenn zugunsten des Werkes Gottes Verzicht geübt wird, ist es ein Opfer.

Es ist dem Gläubigen ein Anliegen, seine Dankbarkeit und Liebe Gott gegenüber auch in konkreten Gaben (Opfern) auszudrücken, seien es Geldmittel oder Naturalien. Nach Maleachi 3,10 sollte man den „Zehnten" aller Erträge in das Haus des Herrn bringen. Der „Zehnte“ kann als Orientierung für die Opfergaben der Glaubensgeschwister dienen.

Letztlich ist alles Opfer, was der Glaubende aus Liebe zu Gott tut oder unterlässt.

> „Bringt aber die Zehnten in voller Höhe in mein Vorratshaus, auf dass in meinem Hause Speise sei, und prüft mich hiermit, spricht der Herr Zebaoth, ob ich euch dann nicht des Himmels Fenster auftun werde und Segen herabschütten die Fülle.“
> **Maleachi 3,10**

732

Welche Bedeutung hat das Opfer im Alten Bund?

Opfer haben im Alten Bund eine herausragende Bedeutung. Mit dem Opfer soll Dankbarkeit zum Ausdruck gebracht, göttliche Strafe abgewendet oder auch Versöhnung herbeigeführt werden.

Die Opfer wurden in vielfältiger Form dargebracht. Das mosaische Gesetz legte alle Einzelheiten des Opferdienstes genau fest (vgl. 3. Mose 1-7).

→ ***Alter Bund:***
siehe Erläuterung zu Frage 175
→ ***mosaisches Gesetz:***
siehe Fragen 272 ff.

733

Welche Bedeutung hat das Opfer im Neuen Bund?

Der alttestamentliche Opferdienst, der den Menschen mit Gott versöhnen sollte, hat durch das Opfer Christi seine Bedeutung verloren (vgl. Hebräer 8-10). Opfer im neutestamentlichen Sinn bedeutet, dass man sein Leben nach dem Evangelium führt. So rief Apostel Paulus die Christen auf, „dass ihr eure Leiber hingebt als ein Opfer, das lebendig, heilig und Gott wohlgefällig ist“ (Römer 12,1).

→ ***Neuer Bund:*** *siehe Erläuterung zu Frage 175*

> „Wo aber Vergebung der Sünden ist, da geschieht kein Opfer mehr für die Sünde.“
> **Hebräer 10,18**

734

Wer ist das Vorbild der Opferbereitschaft?

Jesus Christus ist das Vorbild der Opferbereitschaft. Er hat sich selbst, aus Liebe zu den Menschen, als Gabe und Opfer gegeben.

Wenn auch kein anderes Opfer mit dem des Herrn verglichen werden darf, steht doch seine Opferbereitschaft als Vorbild da, das zur Nachfolge aufruft.

> „So folgt nun Gottes Beispiel als die geliebten Kinder und lebt in der Liebe, wie auch Christus uns geliebt hat und hat sich selbst für uns gegeben als Gabe und Opfer ...“
> **Epheser 5,1.2**

735

Was ist der Grund für die Opferbereitschaft?

Opfer im christlichen Sinn darf nicht erzwungene Pflicht sein, soll auch nicht in Erwartung einer Gegenleitung stehen. Opferbereitschaft erwächst vielmehr aus Glaube, Dankbarkeit und Liebe gegenüber Gott.

736

Wie zeigt sich Opferbereitschaft im Gemeindeleben?

Opferbereitschaft zeigt sich unmittelbar im Gemeindeleben: Zahlreiche Glaubensgeschwister bringen unentgeltlich einen erheblichen Teil ihrer Freizeit, Kraft und Begabung in den Dienst der Gemeinde ein. Viele wirken im Musik- und Unterrichtswesen der Kirche mit. Bis auf wenige Ausnahmen sind auch die Amtsträger ehrenamtlich tätig.

737

Was ist ein „geistliches Opfer"?

Ein „geistliches Opfer" ist es, wenn man den eigenen Willen unter den Willen Gottes stellt und sich von dem leiten lässt, was Gott will.

738

In welchem Zusammenhang stehen Opfer und Segen?

Grundsätzlich kann der Mensch nur opfern, weil ihn Gott zuvor schon gesegnet hat. Die Opfer sind deshalb Ausdruck der Dankbarkeit für das Empfangene.

Bei allen Opfern ist die Gesinnung entscheidend. Wird das Opfer freiwillig aus Dankbarkeit und Liebe erbracht, ist damit auch Segen verbunden. Dieser kann im Irdischen erlebt werden, zum Beispiel in Wohlergehen. In erster Linie ist der Segen jedoch geistlicher Art: Darunter wird die Zuwendung göttlichen Heils aus dem Verdienst Christi verstanden (vgl. Epheser 1,3-7).

„Wer da kärglich sät, wird auch kärglich ernten; und wer da sät im Segen, der wird auch ernten im Segen. Ein jeder, wie er's sich im Herzen vorgenommen hat, nicht mit Unwillen oder aus Zwang; denn einen fröhlichen Geber hat Gott lieb. Gott aber kann machen, dass alle Gnade unter euch reichlich sei, damit ihr in allen Dingen allezeit volle Genüge habt und noch reich seid zu jedem guten Werk ..."
2. Korinther 9,6-8

739

Was ist die Ehe?

Die Ehe ist die Lebensgemeinschaft von Mann und Frau, die Gott unter seinen Segen stellt. Sie bildet die Grundlage für die Familie. Ihr liegt ein öffentliches Treueversprechen zugrunde, das beide Ehepartner freiwillig gegeben haben. Gegenseitige Liebe und Treue sind für das Gelingen der Ehe unerlässlich.

Die Vielehe (polygame Ehe) steht nicht in Übereinstimmung mit der christlichen Lehre und Tradition.

740

Was ist aus der Schöpfungsgeschichte zur Ehe zu entnehmen?

„Gott schuf den Menschen zu seinem Bilde, zum Bilde Gottes schuf er ihn; und schuf sie als Mann und Frau. Und Gott segnete sie und sprach zu ihnen: Seid fruchtbar und mehret euch und füllet die Erde und machet sie euch untertan" (1. Mose 1,27.28). – Beide, Mann und Frau, sind zum Ebenbild Gottes erschaffen. Unterschiedlich, aber gleichwertig stehen beide unter Gottes Segen.

Der Mensch ist auf Gemeinschaft hin angelegt; im Ehepartner haben Mann und Frau ein Gegenüber, dem sie eine Hilfe sein sollen. „Gott der Herr sprach: Es ist nicht gut, dass der Mensch allein sei; ich will ihm eine Gehilfin machen, die um ihn sei" (1. Mose 2,18).

Mit der Eheschließung werden Mann und Frau zu einer Einheit zusammengefügt, die auf das ganze Leben angelegt ist: „Darum wird ein Mann seinen Vater und seine Mutter verlassen und seiner Frau anhangen, und sie werden sein ein Fleisch" (1. Mose 2,24).

741

Welche Bedeutung hat der Ehesegen?

Der Ehesegen kann sich auf vielfältige Weise auswirken: Er stärkt die Kraft zur dauerhaften Liebe und Treue; er fördert die Bereitschaft zum Dienen, Helfen und Verstehen; er trägt dazu bei, dass Fehler verziehen werden und man sich aussöhnt. Jedoch kann sich der empfangene Segen nur dann auswirken, wenn die Ehepartner sich entsprechend verhalten.

→ ***Segenshandlungen, Trausegen:***
siehe Fragen 660 ff., 671

742

Welche Bedeutung hat der christliche Glaube für den Bestand der Ehe?

Es ist erstrebenswert, dass die Ehepartner in Glaubensfragen übereinstimmen. Allerdings ist die Ausgangssituation, dass die Ehepartner Christen sind, keine Garantie für ein harmonisches Eheleben.

Insbesondere wenn ein Ehepartner einem anderen Kulturkreis, einer anderen Religion oder Konfession angehört, sollten alle Fragen eines gemeinsamen Lebens vor der Eheschließung geklärt werden.

743

Welche Bedeutung hat die Sexualität in der Ehe?

Wenn gegenseitiges Einverständnis und Liebe im Vordergrund stehen, kann die Sexualität als ein wichtiges Bindeglied die eheliche Gemeinschaft stärken und zum Wohlbefinden beider Ehepartner beitragen. Die Sexualität in der Ehe soll von Wertschätzung und Einfühlungsvermögen geprägt sein.

744

Wie steht die Neuapostolische Kirche zur Familienplanung?

Die Familienplanung ist Angelegenheit der Ehepartner. Jedoch lehnt die Kirche empfängnisverhütende Methoden und Mittel ab, die als wesentliche Wirkung haben, dass bereits befruchtete Eizellen abgetötet werden. Der künstlichen Befruchtung wird grundsätzlich zugestimmt; es werden aber alle Maßnahmen abgelehnt, durch die Leben aufgrund menschlicher Auswahl vernichtet wird.

745

Wie steht die Neuapostolische Kirche zur Pflichterfüllung in Beruf und Gesellschaft?

Orientierung bei der Erfüllung von Pflichten in Beruf und Gesellschaft geben die Zehn Gebote.

Es ist Aufgabe des Christen, zum Wohl der Gesellschaft beizutragen. Jeder ist dafür mitverantwortlich.

„So gebt nun jedem, was ihr schuldig seid: Steuer, dem die Steuer gebührt; Zoll, dem der Zoll gebührt ..."
Römer 13,7

746

Wie nimmt die Neuapostolische Kirche Verantwortung in der Gesellschaft wahr?

Im Rahmen ihrer Möglichkeiten und ihres Auftrags hilft die Neuapostolische Kirche, das Allgemeinwohl der Menschen zu fördern. Die Neuapostolische Kirche tritt ein für Frieden in der Welt, ruft zur Versöhnung und mahnt zur Vergebung. Jegliche Art von Gewalttätigkeit lehnt sie ab.

747

Betätigen sich neuapostolische Christen im öffentlichen Leben?

Ja, neuapostolische Christen betätigen sich im öffentlichen Leben. Auf die politischen Auffassungen und Tätigkeiten ihrer Mitglieder übt die Kirche keinen Einfluss aus.

Die Neuapostolische Kirche fordert ihre Mitglieder auf, allen Menschen, unabhängig von sozialer Herkunft, Alter, Sprache und anderer Unterschiede mit Achtung und Toleranz zu begegnen.

748

Welche Stellung hat die Neuapostolische Kirche zum Staat?

Die Neuapostolische Kirche legt Wert auf offene und konstruktive Beziehungen zu Regierungen und Behörden. Sie ist parteipolitisch neutral. In ihrem Handeln richtet sie sich nach den Gesetzen des jeweiligen Landes unter Berücksichtigung von Römer 13,1: „Jedermann sei untertan der Obrigkeit, die Gewalt über ihn hat. Denn es ist keine Obrigkeit außer von Gott; wo aber Obrigkeit ist, die ist von Gott angeordnet." Dies setzt voraus, dass sich auch die Staatsgewalt an göttlichen Geboten messen lässt.

Die Kirche erfüllt ihre aus den Gesetzen und Verordnungen des jeweiligen Landes bestehenden Verpflichtungen. Sie erwartet auch, dass sie in ihrer Position respektiert und anerkannt wird.

→ ***Verhältnis zur Obrigkeit:***
siehe 10. Glaubensartikel

749

Wie ist das Verhältnis der Neuapostolischen Kirche zu anderen Kirchen, Religionsgemeinschaften und Religionen?

Die Neuapostolische Kirche und ihre Mitglieder achten die Religionsausübung anderer Menschen und äußern sich nicht abwertend über Andersgläubige, über andere Religionen und Religionsgemeinschaften. Sie bemühen sich um ein gutes, friedliches Verhältnis auf der Basis gegenseitigen Respekts. Jede Art von religiösem Fanatismus lehnt die Kirche ab.

Im Dialog mit anderen christlichen Kirchen werden – ungeachtet der unterschiedlichen Lehrpositionen – die Gemeinsamkeiten des christlichen Glaubens betont.

750

Wie ist das soziale Engagement der Neuapostolischen Kirche?

Die Neuapostolische Kirche ist dem Evangelium verpflichtet. Sie sieht ihre Aufgabe unter anderem in „praktizierter Nächstenliebe", die den Menschen ohne Ansehen der Person zugutekommt. Getragen wird das soziale Engagement durch viele ehrenamtliche Helfer aus den Gemeinden, aber auch durch materielle Hilfeleistung.

Die Kirche plant, fördert und unterstützt im Rahmen ihrer Möglichkeiten gemeinnützige und wohltätige Projekte, Einrichtungen sowie Hilfsaktionen in aller Welt, auch in Zusammenarbeit mit Hilfsorganisationen.

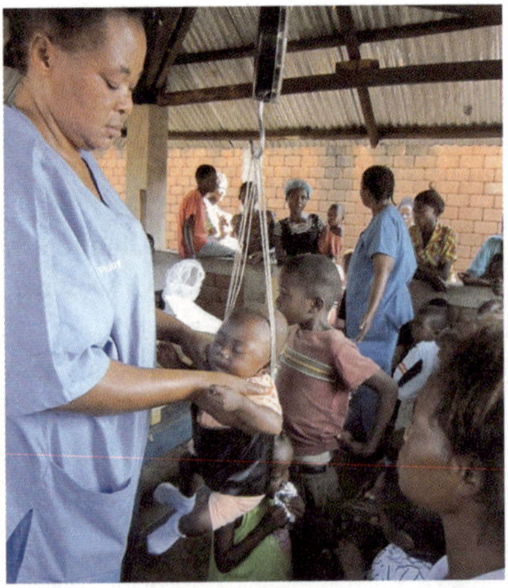

NEW APOSTOLIC CHURCH

Das neuapostolische Glaubensbekenntnis

Der erste Glaubensartikel:
Ich glaube an Gott, den Vater, den Allmächtigen, den Schöpfer des Himmels und der Erde.

Der zweite Glaubensartikel:
Ich glaube an Jesus Christus, Gottes eingeborenen Sohn, unsern Herrn, der empfangen ist durch den Heiligen Geist, geboren von der Jungfrau Maria, gelitten unter Pontius Pilatus, gekreuzigt, gestorben, begraben, eingegangen in das Reich des Todes, am dritten Tag auferstanden von den Toten, aufgefahren in den Himmel; er sitzt zur Rechten Gottes, des allmächtigen Vaters, von dort wird er wiederkommen.

Der dritte Glaubensartikel:
Ich glaube an den Heiligen Geist, die eine, heilige, allgemeine und apostolische Kirche, die Gemeinschaft der Heiligen, Vergebung der Sünden, Auferstehung der Toten und das ewige Leben.

Der vierte Glaubensartikel:
Ich glaube, dass der Herr Jesus seine Kirche regiert und dazu seine Apostel gesandt hat und noch sendet bis zu seinem Wiederkommen mit dem Auftrag, zu lehren, in seinem Namen Sünden zu vergeben und mit Wasser und Heiligem Geist zu taufen.

Der fünfte Glaubensartikel:
Ich glaube, dass die von Gott für ein Amt Ausersehenen nur von Aposteln eingesetzt werden und dass aus dem Apostelamt Vollmacht, Segnung und Heiligung zu ihrem Dienst hervorgehen.

Der sechste Glaubensartikel:
Ich glaube, dass die Heilige Taufe mit Wasser der erste Schritt zur Erneuerung des Menschen im Heiligen Geist ist und dass dadurch der Täufling aufgenommen wird in die Gemeinschaft derer, die an Jesus Christus glauben und ihn als ihren Herrn bekennen.

Der siebte Glaubensartikel:
Ich glaube, dass das Heilige Abendmahl zum Gedächtnis an das einmal gebrachte, vollgültige Opfer, an das bittere Leiden und Sterben Christi, vom Herrn selbst eingesetzt ist. Der würdige Genuss des Heiligen Abendmahls verbürgt uns die Lebensgemeinschaft mit Christus Jesus, unserm Herrn. Es wird mit ungesäuertem Brot und Wein gefeiert; beides muss von einem vom Apostel bevollmächtigten Amtsträger ausgesondert und gespendet werden.

Der achte Glaubensartikel:
Ich glaube, dass die mit Wasser Getauften durch einen Apostel die Gabe des Heiligen Geistes empfangen müssen, um die Gotteskindschaft und die Voraussetzungen zur Erstlingsschaft zu erlangen.

Der neunte Glaubensartikel:
Ich glaube, dass der Herr Jesus so gewiss wiederkommen wird, wie er gen Himmel gefahren ist, und die Erstlinge aus den Toten und Lebenden, die auf sein Kommen hofften und zubereitet wurden, zu sich nimmt; dass er nach der Hochzeit im Himmel mit diesen auf die Erde zurückkommt, sein Friedensreich aufrichtet und sie mit ihm als königliche Priesterschaft regieren. Nach Abschluss des Friedensreiches wird er das Endgericht halten. Dann wird Gott einen neuen Himmel und eine neue Erde schaffen und bei seinem Volk wohnen.

Der zehnte Glaubensartikel:
Ich glaube, dass ich der weltlichen Obrigkeit zum Gehorsam verpflichtet bin, soweit nicht göttliche Gesetze dem entgegenstehen.

Die zehn Gebote

(vgl. 2. Mose 20,2-17; 5. Mose 5,6-21)

Das erste Gebot
Ich bin der Herr, dein Gott. Du sollst keine anderen Götter neben mir haben.

Das zweite Gebot
Du sollst den Namen des Herrn, deines Gottes, nicht missbrauchen; denn der Herr wird den nicht ungestraft lassen, der seinen Namen missbraucht.

Das dritte Gebot
Du sollst den Feiertag heiligen.

Das vierte Gebot
Du sollst deinen Vater und deine Mutter ehren, auf dass dir's wohlgehe und du lange lebest auf Erden.

Das fünfte Gebot
Du sollst nicht töten.

Das sechste Gebot
Du sollst nicht ehebrechen.

Das siebte Gebot
Du sollst nicht stehlen.

Das achte Gebot
Du sollst kein falsch Zeugnis reden wider deinen Nächsten.

Das neunte und zehnte Gebot
Du sollst nicht begehren deines Nächsten Haus.
Du sollst nicht begehren deines Nächsten Frau, Knecht,
Magd, Vieh oder alles, was sein ist.

Das Vaterunser

(nach Matthäus 6,9-13)

„Unser Vater im Himmel!
Dein Name werde geheiligt.
Dein Reich komme.
Dein Wille geschehe wie im Himmel so auf Erden.
Unser tägliches Brot gib uns heute.
Und vergib uns unsere Schuld, wie auch wir vergeben unsern Schuldigern.
Und führe uns nicht in Versuchung, sondern erlöse uns von dem Bösen.
Denn dein ist das Reich und die Kraft und die Herrlichkeit in Ewigkeit.
Amen.“

Sachregister

Frage Nummer

Frage Nummer

Frage Nummer

Frage Nummer

Frage Nummer

Bibelstellenregister

Bibelstelle *Frage Nummer*

Bibelstelle *Frage Nummer*

Bibelstelle *Frage Nummer*

Anmerkung zur Textgestalt

Rechtschreibung, Grammatik und Zeichensetzung entsprechen grundsätzlich den Regeln, die im „Duden" zu finden sind (siehe „Duden. Die deutsche Rechtschreibung", 25. Auflage 2010). Doppelnennungen – männliche und weibliche Form – werden zumeist vermieden. Wo eine neutrale Ausdrucksweise möglich war, wurde sie verwendet, ansonsten die männliche Form. Diese sprachliche Ungleichbehandlung will nicht diskriminieren, sondern wurde wegen des leichteren Leseflusses gewählt.

Bei den Begriffserklärungen wurden allgemein zugängliche Nachschlagewerke herangezogen.

Bildnachweis

© Alaska-Tom / fotolia.com *(S. 179);* © asab974 / fotolia.com *(S. 97);* © Banana Republic / fotolia.com *(S. 58-59);* Hermann Bethke/Neuapostolische Kirche Nordrhein-Westfalen *(S. 114, 154, 210, 231 unten rechts);* Armin Brinkmann/Neuapostolische Kirche Nordrhein-Westfalen *(S. 142 unten);* © Brocreative / fotolia.com *(S. 92);* © by-studio / fotolia.com *(S. 64);* © charlietuna1 / fotolia.com *(S. 238);* © Dmitry Naumov / fotolia.com *(S. 22);* © Dušan Zidar / fotolia.com *(S. 192-193);* © f11photo / fotolia.com *(S. 70);* Marcel Felde/Neuapostolische Kirche Hessen/Rheinland-Pfalz/Saarland *(S. 45, 165, 221 rechts, 224 unten rechts, 227 rechts);* © foto_abstract / iStock.com *(S. 105 links);* © foto-aldente / fotolia.com *(S. 146-147);* © Georgios Kollidas / fotolia.com *(S. 200);* © gmnicholas / iStock.com *(S. 83);* © Iakov Kalinin / fotolia.com *(S. 234-235);* Igreja Nova Apostólica Brasil *(S. 89);* © ILYA AKINSHIN / fotolia.com *(S. 34);* © janaka Dharmasena / fotolia.com *(S. 31);* © Jenny Sturm / fotolia.com *(S. 232);* © Jeka84 / fotolia.com *(S. 48-49);* © jorisvo / fotolia.com *(S. 198 mitte und rechts);* © juannovakosky / fotolia.com *(S. 87);* © justinkendra / fotolia.com *(S. 19);* Horst-Dieter Kämpfer/Neuapostolische Kirche Berlin-Brandenburg *(S. 230);* © kentauros / fotolia.com *(S. 53);* © kmiragaya / fotolia.com *(S. 37);* Jessica Krämer/Neuapostolische Kirche Hessen/Rheinland-Pfalz/Saarland *(S. 138 mitte, 149, 161 links, 168, 212, 213, 220, 229 rechts, 241);* © Kzenon / fotolia.com *(S. 115);* © laumao / fotolia.com *(S. 152);* © LVDESIGN / fotolia.com *(S. 16);* © mma23 / fotolia.com *(S. 106);* © muro / fotolia.com *(S. 105 rechts);* © MyWorld / fotolia.com *(S. 78-79);* NAK-karitativ e.V. *(S. 246, 247);* NAK Zentralarchiv NRW *(S. 202, 203, 205 (Stammapostel Krebs, Niehaus und Bischoff));* Neuapostolische Kirche Norddeutschland *(S. 224 unten links);* New Apostolic Church Canada *(S. 228);* Andreas Otto/Neuapostolische Kirche Nordrhein-Westfalen *(S. 163, 209);* © Patryk Kosmider / fotolia.com *(S. 12-13);* © Phase4Photography / fotolia.com *(S. 118);* © Rafael Ben-Ari / fotolia.com *(S. 120);* Susanne Raible *(S. 138 oben und unten);* Björn Renz/Neuapostolische Kirche Norddeutschland *(S. 126-127, 224 oben rechts, 229 links);* © Robert Kneschke / fotolia.com *(S. 116);* Frank Rößler/Neuapostolische Kirche Sachsen-Anhalt *(S. 161 rechts);* Daniel Rudolph/Neuapostolische Kirche Berlin-Brandenburg *(S. 142 oben, 169);* Daniel Rudolph/Neuapostolische Kirche Schweden *(S. 172);* Oliver Rütten/Neuapostolische Kirche International *(S. 227 links);* Oliver Rütten/Neuapostolische Kirche Nordrhein-Westfalen *(S. 130, 137, 224 oben links);* Joachim Schäfer - Ökumenisches Heiligenlexikon (www.heiligenlexikon.de) *(S. 198 links);* Frank Schuldt/Neuapostolische Kirche Nordrhein-Westfalen *(S. 26-27, 113, 181, 221 links, 223, 226, 231 oben links, oben rechts und unten links, 243);* Karlheinz Schumacher *(S. 67);* © Sergey Nivens / fotolia.com *(S. 63);* © Sunitha Pilli / iStock.com *(S. 61);* © Sunny studio / fotolia.com *(S. 40);* © Tom-Hanisch / fotolia.com *(S. 176);* © Verlag Friedrich Bischoff GmbH, Frankfurt am Main *(S. 7, 205 (Stammapostel Schmidt, Streckeisen, Urwyler, Fehr, Leber und Schneider));* © zhu difeng / fotolia.com *(S. 184-185)*